"十三五"国家重点出版物出版规划项目

诺贝尔经济学奖获得者丛书
Library of Nobel Laureates in Economic Sciences

报酬递增的源泉

Origins of Increasing Returns

西奥多·W·舒尔茨（Theodore W. Schultz）　著

李海明　赵波　译

李海明　校

中国人民大学出版社

·北京·

致　谢

　　正如第一卷一样，在为本文集选择和组织论文时，伊丽莎白·约翰逊丰富的经济学编辑经验使我受益良多。玛格丽特·舒尔茨借助图书馆对各种文献进行了检索。她也找出了论文中含糊不清和不适当的表述之处。长期担任我的秘书、技能娴熟的凯茜·格洛弗，一直协助我对论文进行持续不断的修订，直到本文集得到"出版许可"和完成导论部分。

西奥多·W·舒尔茨

目　录

第一部分　搜寻报酬递增

第四部分　现代农业的起源

导　论

经济学家对报酬递增源泉的探索并非徒劳无功。它已经带来了引起收入增长的各种知识进步。不过，似乎每种知识进步，从发展过程来看，最终都出现了报酬递减。这意味着不存在不为人知的、独特的持续收入增长过程。

本论文集主要体现了亚当·斯密有关劳动分工依赖市场规模的著名定理。[1]斯密很大程度上预见到了劳动生产率提高产生的巨大收益，而劳动生产率的提高来自"……作为劳动分工结果的技能、技巧和判断力的更大增进"。斯密也指出了人力资本的不同组成部分。很明显，市场规模的扩大是重要的，但斯密并没有分析产生市场扩展的条件、源泉及由此而导致的收入增长。

本书的第一篇论文从阿林·杨的《报酬递增与经济进步》开始。[2]不过，在我的研究生学习时期并不知道阿林·杨的经济学，几十年以后我才接触到它。

当我1930年进入艾奥瓦州立大学时，经济学正遭受正统的报酬递减理论的束缚，这在我的专业领域农业经济学尤其表现极端。我的第一篇论文就是《基于农业生产进步的观点看报酬递减》。[3]我得到了40年的强大数据，借以驳斥马歇尔关于农业技术进步慢于土壤退化速度的预言。

接下来20年我专心研究土地、其他自然资源和食品价格方面的经济难题。为什么在大部分欧洲地区、英格兰、加拿大和美国，家庭个人收入用于食品的支出会下降到只占其个人收入的极小部分？按照我在本论文集前两部分使用的概念，这些国家已经变成"低食物消耗体"。用1990年的流行看法来说，很明显基本食物产品的实际价格已经下降了。我不断地问自己，"正统的报酬递减到底怎么啦？"

本书接下来第二部分的三篇论文，为识别和分析各种报酬递增过程中出现的根本问题提供了基础。杨的报酬递增概念同我们所观察到的高

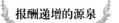

收入国家农业土地重要性的下降是相一致的。

1. 研究的回报

在 20 世纪 40 年代期间，我日益发现，美国有组织的农业研究的回报能解释农业产出增长的很大一部分，为此而发生的支出已经变得很高。早在 1953 年我就对此有所研究："如果把芝加哥、哥伦比亚、杜克、哈佛、霍普金斯、普林斯顿、斯坦福和耶鲁等大学得到的所有捐赠加总起来，并以 4％的收益率计算，所得到的收益也只能支持 20 世纪 50 年代初期农业研究的四分之一。"[4] 按我的估计，1950 年因为引进新的更好技术而在农业投入上至少节约了 11 亿美元，而同一年，联邦和州在农业研究上的总支出只有 1.03 亿美元。[5]

要想找到农业产出的增长超过其投入增长的源泉，必须找到我们所看到的每一项新技术的源泉，确定其成本与回报，这要求把它视作内生变量。兹维·格里利谢斯（Zvi Griliches）就使用这种方法在他的论文《杂交玉米：技术进步经济学的一个探索》中作出了经典贡献。[6] 已经取得进展的另一种方法是把技能提高和知识进步作为人力资本的一个组成部分。

农业研究的高速增长很大程度上可以解释这些研究所产生的价值。从 1950 年到 1988 年，世界人口增长了两倍多，世界粮食生产也是如此。对农业研究需求的一个表现就是，在相同时期全世界范围内农业研究的实际支出增长了七倍多。

我进一步研究了下列事实的经济意义。在杂交玉米种子被引入之前，1933 年美国玉米种植面积是 1.098 亿英亩。到 1987 年，只有 0.767 亿英亩土地在种植玉米。尽管种植面积减少了 0.33 亿英亩，1987 年的玉米产出却比 1933 年增长了三倍以上，二者的数量分别是 82.5 亿蒲式耳和 24 亿蒲式耳。我们也可以估算从玉米种植面积中减少的农田所应该得到的产出，玉米生产成本的下降，牲畜、家禽饲养成本的减少，尤其是巨大的消费者剩余。所有这些都是绿色革命的表现。

农业研究的持续进步也依赖于科学进步。科学研究投资的回报可能是递减的。大型科学研究的成本已经变得非常高昂，并且充满了政治因素。大学的自主性正受到损害。学术型科学家和经济学家承担了太多政府的义务。严酷的真相是我们正在逐步走向组织研究的计划控制。

经济研究上的扭曲，部分起因于某些基金和政府代理机构在配置经济研究资金上的经济政策倾向，部分原因则在于某些学术型经济学家为了获得这些资金而迎合这种倾向。就经济学而言，对经济学教条和社会制度的批评正处于衰退之中。学术研究的激励为这些扭曲所困扰。

在大学内部，学术型企业家创新精神的重要性一般被低估了。校长、学部主任、系主任和研究项目主持人发现，要想不变成企业家很难。

在一个动态经济中，人们终其一生难以避免成为企业家。不过，无论一个人在这方面干得好与坏，都是另外的问题了。

研究所产生的收入增加在实现经济增长方面无处不在。新知识已经提高了土地的生产能力，并发展出了新的物质资本形式和人力技能。长期经济增长的根本原因在于经济学的研究部门。

研究是对未知领域或部分已知领域的一种冒险活动。无疑资金、组织和有能力的科学家是必要的，但仅此还是不够的。产生知识的一个重要因素是人的能力，这一能力我定义为研究型企业家才能。这是一种稀缺的能力；要想识别它很难；在非营利部门它只是偶尔得到回报；在许多研究型企业中它往往被过度组织化所滥用和损害。

在申请研究资金的时候，一个便利的假设是高度组织起来、为主持人所严密控制的研究机构才能胜任重要的研究功能。然而，事实上，这类大型组织最终无法产生创造性研究，无论是国家科学基金、政府机构、大型私人基金还是大型研究型大学。在华盛顿的国家研究主管人员中，没有人懂得科学知识前沿所形成的研究选择序列。我曾经是一位颇有能力的实验基金主管的研究咨询委员会成员，看到过基金所资助的各种各样的研究人员，我确信大多数科学家都是研究型企业家。然而，要设计好的制度去利用这些专用性才能是极为困难的。组织是必要的。同时，也需要创业活动。农业研究已经从各种实验基金、专用型大学实验室以及近期变得成熟的国际农业研究中心中受益。不过，也产生了过度组织化、自上而下指导研究、要求科学家花更多的时间准备报告来为自己所从事的研究辩护、似乎把研究当作是一种常规活动等前所未有的危险情况。

有组织地进行农业研究及其推广活动以取得发展和成就的历史，可以让人免予受到世界末日、增长的极限、新经济危机反复爆发等悲观论调的影响。在华盛顿和美国其他地方，没有人能够确切地知道未来几十年使得我们的评价等同于我们所使用的资源的环境特点。要想知道研究

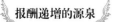

的需要，研究人员要了解相关知识的状态，它的前沿所在，以及它所提出的各种假说。

知识的生产是有成本的。同样需要作出资源配置决策。无论研究人员是否对市场感兴趣，市场所提供的价格信号不容忽视，它是向研究活动配置资金以及向研究机构配置个人时间时所应参考信息的基本组成部分。

2. 传统农业的经济基础

我的一本著作——《改造传统农业》[7]的核心是对贫穷国家以农业作为增长源泉的经济基础进行分析。下面我将总结与两个关键经济特征有关的逻辑和实证结果。

第一，让人惊奇的是，穷国的农民在使用（配置）他们具有支配权的农业生产要素时通常并不是无效率的。原因搞懂了就很简单。这些农民受到传统农业中典型存在的特殊经济约束；特别是他们受到获得和持有财富的偏好、农业技术水平的约束，这些约束实质上维持了好几代都不会变化。结果他们长期处于静态均衡。这样看来，那种认为改变这些国家现有农业生产要素的集合，使用不同的（更好的？）配置就能增加农业产出的流行观念，同应用于上述静态均衡中的农业行为的经济逻辑，以及可以获得的经验证据，都是不一致的。尽管看上去很奇怪，事实上，严格的配置检验证明，这些农民比现代农业的大多数农民都要有效率，因为后者处于一种失衡状态，这种失衡是由快速的现代化所造成的。

第二，考虑增加农业产出的投资，传统农业中的农民一般会耗尽所有盈利机会以投资到自己所能支配的农业生产要素上，这意味着农民长期以来所使用的生产要素投资的边际回报率很低，以至对储蓄和投资的激励很小或者不产生激励。传统农业若要产生经济增长，其代价将过于昂贵。这表明，从更为实际的角度来说，增加更多的用于灌溉的水井和沟渠，增加更多的役畜工具，以及增加农民已经使用数代的其他可再生资本，能够提高的农业产出很少，少到难以产生具有吸引力的回报。

上述两个经济特点是理解传统农业农民行为的基础。第一点是现有资源已经得到有效率的配置，第二点是现有农业不存在有回报的投资机会。对于许多穷国以农业带动经济增长，这两个特点意味着，单一的以改进农民经济效率为目标的项目将必然失败。看上去很矛盾，以严格的经济标准衡量，在使用自己能支配的土地、劳动和可再生物质资本的特定配置方面，比之技术发达国家的农民，传统农业中的农民一般更有效率。同样地，只关注诱导传统农业中的农民增加对他们已经持续数代的生产要素的投资的项目也会失败，这种投资的收益太低而没有农民愿意接受。

区别一下由农业内部与外部提供的不同生产要素是有用的。除了少数例外情况，穷国农民自己所能提供的一切投入品都只有较低的回报。事实上真正有回报的所有农业投入要素都来自农业外部。明显的例子如商业化肥、机器、拖拉机、杀虫剂以及具有更优越基因的植物和动物。尽管不那么明显，类似正规学校教育及提高农民技能的其他方式也来自农业外部。

上述高回报资源是提高农业投入质量的主要途径；农民只能从非农企业和从事农业研究、推广活动与正规学校教育的代理商那里获得这些投入。因此有必要采用各种方式和方法，不仅要提高可再生物质投入的质量，而且要提高农业生产的人力资本质量。迄今为止，在试图帮助穷国实现农业现代化的过程中，我们不清楚经济增长的源泉所在，除了少数例外情况下碰巧走对了方向，我们并没有使用正确的方法，也没有使这些正确方法的程式得以制度化。

在结束我的埃尔姆赫斯特（Elmhurst）讲座"经济学、农业与政治经济学"[8]时，我作了下面的评论：

> 当社会主流思潮否定地租、利息和利润的存在性，宣扬市场竞争的盲目性时，相应的政治经济方法在配置农业生产的资源时受到严重的阻碍。各种资源配置方式被设计了出来，如通过配额来分配化肥和其他投入，控制农民从农场到农场和从农村到城市的流动，在一国范围内分割农产品市场，禁止不同区域之间的流通，除非得到政府的授权，甚至不准农民之间相互交易。

> 于是问题的核心变成了解物品真正的经济价值之所在——只有那些按照命令生产和消费的物品才具有真正的经济价值。在这种情形下无论什么人，不管是计划者、集体农庄的经理还是小型私人农场主，使用这里产生的信息来做经济决策，结果都没有经济效率。这并不是说提供正确且有用的经济信息是无成本的。在上述环境下对于许多国家提供这类信息变得异常昂贵有两个原因：经济信息的质量极为低下且成本高昂。也应当注意，农业科学家通过更优良的

植物、动物、化肥和设备所作的质量改进——这些在投入有效率使用时同样重要——也无法用来解决有关确定农业产品和投入的真实经济价值的难题。简单地使用更先进的计算机技术也不能解决这一问题。

农业产品未来的成本前景是什么呢？从技术可能性和纯粹的经济机会来看，降低成本的前景是乐观的，但从政治上的所作所为来看，这一前景不容易出现。同时，国际粮食会议形成了许多难有作为的报告，而社会思潮产生了强大的意识形态观念。但是报告和观念并不生产粮食。幸运的是，植物和动物并不读报告，它们也不会歧视任何政府的价值观念。有一件事是肯定的——农民的所作所为是问题的关键。

第四部分的最后一篇论文涉及家庭经济学。使用经济学方法分析家庭行为，我们已经得到了大量见解。

在这篇论文中，我假设自 1900 年以来美国每小时工作的实际工资的五倍增长已经使得家庭内部和代际的个人收入分配深陷困境。最重要的是人力价值的不断提高。

在我们从家庭行为的经济分析中获得大量知识的同时，我主张对分析框架进行扩展，把其他经济活动中的变化同家庭中的寿命增长变化，以及商品、耐用品和劳务相对价格的巨大变化联系起来。我们的分析框架对建立在持久性和暂时性收入概念上的高收入家庭研究进行了难以言喻的忽略，也忽略了经济条件变化时家庭的企业行为。

3. 重新发现阿林·杨的经济思想

阿林·杨 1928 年的论文《报酬递增与经济进步》直到最近仍然被人忽视。在 20 世纪 30 年代和 40 年代发生的经济事件对于经济进步观点而言并非好事。大萧条、大规模失业和收入急剧下降完全吸引了经济学家的眼球。阿林·杨英年早逝也使得有关其论文价值的讨论无法持续下去。

最近，由杜克大学 1990 年出版的罗杰·J·桑迪兰兹的著作《劳克林·柯里的生活与政治经济学》为杨的分析方法来源提供了新的证据。我非常感谢桑迪兰兹引导我找到杨 1928 年分析方法的源泉，并帮助我获得有用的公开发表的各种文献。罗杰·J·桑迪兰兹编辑并发表在

《经济研究杂志》1990 年第 17 卷第 3/4 期的《尼古拉斯·卡尔多有关阿林·杨 1927—1929 年在伦敦经济学院讲座的笔记》一文，对于发现杨的思想起源非常有用。

杨对报酬递增起源的分析继承了亚当·斯密的劳动分工深化思想。杨强调各种报酬递增活动的结合效果。他的目标是识别出各种报酬递增活动相互作用的总体影响。

大量因素可以用来解释已经内嵌入高收入国家现代化中的报酬递增的不断扩展。报酬递增的产生是由于：

劳动分工

专业化

技术进步

人力资本积累

　　正规学校教育，社会培训教育

　　干中学

　　获取知识

　　知识外溢

经济思想与知识

经济制度

经济组织

经济均衡的恢复

阿林·杨并没有使用数据来支持他的报酬递增思想。如果他活得更久些，考虑到他出色的统计能力，我们就能看到更好的实证分析。

现在我们可以得到能够反映生产力增长中无法解释的剩余的大量数据，这些剩余用作经济增长分析中忽略内容的测度。[9] 隐藏在这些未能解释的内容背后的就是各种报酬递增因素。

《经济学和政治学之间的矛盾》是本书最后一篇论文。它主要是对经济学与政治学整合的相互关系和局限的批评性意见。

杨已经肯定，经济学中最有成就和最有启发性的思想就是"劳动分工依赖于市场规模"这一定理。集体选择需要一个政治市场吗？当涉及劳动分工、专业化、技术进步、人力资本及其他报酬递增的源泉时，政治市场的性质能与经济市场的性质相比较吗？值得讨论的是，通过这些市场中的某些部分彼此相互替代，在多大程度上可以增进特定国家人民的福利？同时，这里也存在着冲突。

　　经济学与政治学之间的冲突，就像婚姻中的情况一样，是人类

生活的一部分。引入政治市场没有减少这些冲突，发展经济学也不会减少这些冲突。发展经济学的支配性影响，过度增加了政府部门所不能有效承担的经济功能。从政策传统来说，这已经成为政府的一种责任。

杰拉尔德·M·迈耶在他的论文《形成阶段》的末尾，对这一经济学的新分支进行了精彩的总结："人们可以把 20 世纪 50 年代主流的发展经济学视作结构主义，其特征在于贸易悲观主义，强调使用对新物质资本进行有计划的投资，利用剩余劳动储备军，接受进口替代产业政策，信奉中央计划的调控，依赖国外援助。"[10] 这正是我们批评这种发展经济学为什么会有如此糟糕的起点的原因所在。

在评价知识进步时，无论是政治学还是经济学，理论和证据都是至关重要的。[11] 不管是由于什么原因，农业已经成为这种糟糕经济学的牺牲者，其受害程度远远超过它在其中所占的比重。以 1910—1914 年相对价格为基础的农产品平价是一个粗糙的经济学概念。供给管理，使用播种面积配额来进行生产控制，嚷着和平的口号向国外倾销粮食，也是糟糕的经济学。

大部分这种新发展经济学的一个主要错误在于下述假设，即标准经济理论不能充分解释低收入国家人们的经济行为。在此目的上建立的各种模型得到广泛的赞赏，这种情况持续到它们被显示最多不过是一些智力上的好奇才结束。越来越多的经济学家认识到，正如在高收入国家所做的一样，标准经济理论是可以用来分析低收入国家所面临的稀缺性问题的。

另一个错误是对经济史的忽视。古典经济学形成之时，西欧大部分人只能从自己的土地获得维持生存所必需的产品，并且寿命短暂。因此，早期经济学家所面临的问题与今天那些低收入国家存在的主要问题相似。在李嘉图时代，英国家庭劳动收入的大约一半花费在食物上。这恰是现今许多低收入国家的状态。

当经济学家刚开始研究低收入国家的经济行为时，还没有产生一切有用的经济学分析工具。然而现在，我们有一个包含人力资本在内的解释力很强的资本概念；我们有知识的经济学概念，其经济价值已经得到确认和度量；我们有发生于现代化过程中的经济失衡概念，以及能够应对经济失衡的经济主体概念；我们也有关于经济激励受到扭曲的性质和意义的概念。

没有经济失衡的经济增长是不可能的。

忽视了企业家在经济现代化过程中所起作用的经济理论，就像在演出《哈姆雷特》时缺少了"丹麦王子"一样。

专业化、人力资本和经济现代化是结伴而行的。是的，我们经济体系最明显的特征是人力资本的增长。没有它，人们得到的只能是艰辛的体力劳动和贫穷，除非能从财产中获得收入。

4. 结论

阿林·杨的报酬递增概念是对亚当·斯密劳动分工引起的收入增长会受到市场规模限制思想的一种拓展。农业土地和其他自然资源在高收入国家经济地位的下降，反映了土地和其他自然资源的替代性途径对收入增长的作用。这些替代性途径的主要源泉在于有组织的研究活动。

农业研究的成功是毋庸置疑的，然而有理由对其进行深思。科学家和经济学家负担了太多的政府责任。具有倾向性的经济政策是有害的。对经济学教条和社会制度的经济学的学术批判处于衰退之中。设计的激励机制充满扭曲。学术型企业家才能的价值往往被低估。知识的生产是有成本的；必须作出相应的配置决策。在分配研究资金时必须考虑价格信号。

农业研究的进步使得绿色革命得以出现。大多数发展中国家采用的经济政策正在降低能促进农业现代化的激励。

农民家庭，尤其是农业中的农民家庭，都是灵活而强劲的经济实体。

有关阿林·杨经济思想的重新发现，推动了理论的进步，这一进步能够被应用来探寻世界上许多国家广泛存在的报酬递增。

同时，经济学与政治学之间存在的冲突是人类生活条件的一部分。尽管许多经济政策存在决策失误，全世界很多人的收入仍然获得了实实在在的增长。

注释和参考文献

[1] Theodore W. Schultz, *The Economics of Being Poor* (Blackwell, Oxford, 1993): see Part II, No. 8, "Adam Smith and Human Capital."

[2] Allyn Young, "Increasing Returns and Economic Progress," *Economic Journal* (Dec. 1928), 329 – 342.

[3] Theodore W. Schultz, "Diminishing Returns in View of Progress in Agricultural Production," *Journal of Farm Economics*, 14, No. 4 (Oct. 1932), 640 – 649.

［4］ Theodore W. Schultz，*The Economic Organization of Agriculture* (McGraw-Hill Book Co. , New York，1953)，pp. 114 - 115. 20 世纪 40 年代末这些大学的总捐赠是大约 6 亿美元。

［5］ Ibid. ，p. 115，table 7. 7.

［6］ Zvi Griliches，"Hybrid Corn: An Exploration in Economics of Technological Change," *Econometrica*，25（Oct. 1957），501 - 522.

［7］ Theodore W. Schultz，*Transforming Traditional Agriculture* （Yale University Press，New Haven，Conn. ，1964）.

［8］ See below，Part IV，No. 2.

［9］ Moses Abramovitz，"Resource and Output Trends in the United States since 1970," Occasional Paper 52，National Bureau of Economic Research （New York，1956），p. 11.

［10］ Gerald M. Meier，*Pioneers in Development*，2nd series （World Bank，Oxford University Press，1987），17 - 38.

［11］ 本段和接下来的各个段落，引自我的埃尔姆赫斯特讲座（本书第四部分，第 2 章）。

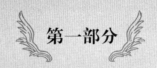

第一部分

搜寻报酬递增

第1章 来自专用性人力资本
投资的报酬递增*

阿林·杨的经典论文《报酬递增与经济进步》[1]的开头是这样写的："我的主题可能显得惊人地艰深，但我本意并非如此。"我的主题显得不会太艰深。通过配置资源以获得报酬递增并从中获得收益，看来超出了一般经济学能力的追求。

报酬递增思想在当前增长经济学中并未得到很好的研究，尽管在早期经济学家的思想中它具有重要地位。目前经济学的研究核心是内嵌于均衡理论中的报酬递减。可以肯定，没有经济学家想"回到报酬递减思想之前的无知状态……"[2]然而，我们似乎已经被锁定到现有均衡理论的报酬递减中了。这样，我们就放弃了一种能够分析产生报酬递增的各种变迁的增长理论。阿林·杨的论文本来可以打破这种锁定状态，它可以使经济学更为开放，从而经济学家能够追寻报酬递增。它本来应当为那些导致产出增长超过投入增长，包括从"亚当·斯密劳动分工依赖市场规模的著名定理"[3]中产生的收益，如此种种经济增长事件留下研究的空间。人们不禁想知道为什么经济学家没有因循杨的研究方法。原因可能在于他的断言使经济学家远离了这种方法，"事实上，我怀疑经济

* 本章首次发表于 Gustav Ranis and T. Paul Schultz (eds), *The State of Development Economics* (Basil Blackwell，1988)，pp. 339 - 352。感谢来自兹维·格里利谢斯就我在剩余问题上的疏忽所提出的批评和建议；感谢詹姆斯·赫克曼对我所使用的部分证据的批评性评价；感谢罗伯特·卢卡斯指出他的结果即使在规模报酬不变情况下也成立；感谢舍温·罗森在备忘录里给出的宝贵意见。乔治·托利提醒我要研究城市外部性问题；以及雅各布·弗伦克尔建议我加入对国际贸易的研究。T·保罗·舒尔茨提醒我注意熊彼特的失衡理论和我对专业化局限性的忽视。理查德·巴里罗为我提供了一些有益的建议。感谢乔治·施蒂格勒的评论并指出应用其奥卡姆剃刀经济学原理受到的约束。约翰·里奇非常爽快地帮助我澄清了各种问题，并提醒我国际经济学相关问题中新出现的大量文献（参见本章注释37）。

学家已经建立起来的分析工具……阻碍了我们对报酬递增现象在更一般或更基本的方面得到清晰认识……"[4]

一个基本但经常被忽视的问题是，一般均衡理论的公理化核心中并不存在报酬递增活动，而任何报酬递增事件都意味着失衡的存在。当这种失衡出现时，也会产生从资源重新配置中获利的机会。那些看到并会采取行动利用这种机会的人就是企业家。

对出现在增长过程中的失衡特性以及企业家应对这些失衡所作贡献的经济价值的忽视，导致了增长经济学的两个严重缺陷。对增长过程中出现的可观察的经济失衡现象进行解释，很大程度上受到经济学的忽视。熊彼特的经济发展分析方法是一个显著例外。[5]他的理论以形成于经济体系内部的经济条件变迁为基础。这些变迁是企业家在体系内部的一系列活动的结果。熊彼特认为企业家是创造特定经济变迁活动的创新者。

我从经济增长模型产生之前经济学家相关的特定思想开始阐述。这些早期思想中有些对经济进步进行了深入论述，而这些理解在目前高度专业化的经济学中已经消失。然后，我转向那些几乎完全排除了经济剩余的各种经济测度，这种做法掩盖了与报酬递增经济学有关的大多数证据。最后，我更为全面详尽地研究了与专业化和人力资本相关的报酬递增。

1. 增长理论产生前的思想

我们可以看到，最为耀眼的是有关劳动分工及其起源和收入创造能力的思想。劳动分工的重要性现在已经被低估了。它是理解专业化、人力资本专用性投资和各种类型报酬递增的关键。

早期思想对报酬递减的内涵与外延并没有很清晰的认识。它的讨论都同特定的土地有关，但却应用于所有生产要素。理性的生产者无法回避也并不试图去回避报酬递减情形；他不会试图"……在一个花盆里栽种全世界的粮食"（阿巴·勒纳语）[6]。李嘉图基于"土地天然的不可摧毁的生产能力"的概念，妨碍了人们对农业土地生产力提高的理解。

早期经济学家不仅看到了农业的土地专用性，也看到了土地位置的重要性和大自然的吝啬。考虑到当时同农业生产有关的知识状态的特点，他们的评价很大程度上是正确的。他们不可能预见到他们那个时代

14

之后才发生的农业用地各种替代方式的发展。

土地生产力的限制，事实上的确严重影响到英格兰那段历史时期粮食产量增长的经济潜力，因此也成为马尔萨斯人口理论的重要组成部分。这样看来，可以说当时这种"报酬递减"的特殊过时版本在经济思想史上留下了难以磨灭的痕迹。

我们不要忘了，那些杰出的早期经济学家都致力于土地改革。斯密、李嘉图和休谟把农业看作不思进取的部门。休谟指责农民具有懒惰倾向。他的看法简单明了："懒惰习性天然盛行。很多土地没人耕种。那些耕种的土地，由于农民缺乏技能和勤勉，也没有达到最大产出。"[7]斯密和李嘉图认为手工业和商业是进步的，而农业是那些游手好闲的土地贵族的温床。尽管从马歇尔《经济学原理》第一版（1890）到第八版（1920）期间农业产出有显著增长，第八版的前言表明尽管经济条件发生了变化，马歇尔并没有从李嘉图有关土地作为生产要素具有独特稀缺性的静态假设和逻辑中摆脱出来。[8]进而，在哈罗德的动态经济学中产生了一个没有土地的增长模型。[9]

罗马俱乐部的追随者也相信，农业无论何时何地都存在一种特殊的报酬递减法则。不只科林·克拉克一位经济学家在 1941 年得到这样的结论：全世界初级产品价格会急剧上升，即到 1960 年"……初级产品的贸易条件比 1925—1934 年的平均水平将改善 90％"[10]。（把如此迅猛的价格相对提高当作一种"改善"纯粹是一种扭曲解释。）他的预测走错了方向。错在哪里？问题不在于他的人口变量。人口急剧增长的程度远远超出他的假设。问题也不在于他的工业化增长率。克拉克简单地假设土地的报酬递减情况不会改变，而事实证明他错了。农业用地越少越好，难道不可能吗？——看看中国香港和新加坡！或许马克·吐温会欣赏经济学的这种方法。

克拉克的李嘉图式土地模型和土地消失的哈罗德经济增长模型都是难以接受的。相反，存在让人信服的理由和有力的经验证据来支持"农业土地的经济地位下降"这一观点。[11]

该观点的基本内容是农业受到那些导致报酬递增的经济条件变迁的影响。看看印度的小麦绿色革命：它始于 1966 年，当年小麦产量为1 100万吨；到1984 年，印度的小麦产量已经增加到4 600万吨。当我们等待一种经济增长理论为这一非凡的生产事件提供解释时，常识就已驱使人们探寻农业中的报酬递增了，尤其是看到旁遮普所发生的事情之后：在那里，土地、化肥、设备、劳动、农民企业家才能的回报率都提

高了。

早期英国经济学家看到的是英格兰制造业的产量增长。他们把一部分新增产出归因于报酬递增。他们时代经济条件的极好改善就是众所周知的产业革命。作为一种经济过程，它同今天农业中的绿色革命有很多共通之处。

对早期报酬递增观点的批评者认为，过于简化的概念，如"改善"之类，并不足以解释这些回报。批评者后来使用理论来说明报酬递增导致垄断。这显得更有说服力了。它意味着报酬递增与竞争不相容。最终，垄断会主导市场。然而，垄断并非普遍存在，因此报酬递增也不具有普遍性。

马歇尔在其《经济学原理》第四版中总结出的报酬递增趋势观点是：（a）规模效应产生的报酬递增或者是内部的，或者是外部的。（b）自然起作用的生产具有报酬递减倾向，人起作用的生产具有报酬递增倾向。农业生产中人的作用是同报酬递增法则相一致的（第四版，第十章第八节）。（c）报酬递增法则可以这样表达：劳动与资本投入的增加通常会引起组织方式的改进，进而提高劳动和资本的使用效率。本质上，"报酬递增是努力与牺牲的数量与产量之间的一种关系"。

马歇尔强调健康、活力和人的能力的经济重要性，这预见到了我们今天所谓的人力资本。他对知识的评价也具有先见之明："知识是生产最强大的发动机……在知识中的公共与私有产权的区别……其重要性日益增加：在某些方面比物质财产的公共与私有产权之分更为重要。"[12]

从一位伟大的经济学家欧文·费雪那里，我们可以得到一个广义的资本概念，它里面就包含了人力资本、进而专用性人力资本这些概念，它们是报酬递增的重要源泉。[13]

2. 经济测度

早期经济学家并没有过多地使用统计方法，因而回避了统计证明的负担。他们通常依靠历史和个人观察进行研究。现在我们则求助于那些被认为可以得到理论支持的强大数据。

国民经济研究局（NBER）资助的大量高水平研究都致力于经济测度，其中研究人员以阿布拉莫维茨[14]为首，包括施蒂格勒、库兹涅茨、肯德里克、法布里坎特[15]、穆尔、里斯、朗及其他人，他们研究了从全要素生产率所获得的巨大收益，全要素生产率则作为"剩余"或"对忽略部分的度量"而变得众所周知。为了消除这种忽略状态，一些经济学家认为基本事实出错了。其他人则称"……这些变化是一种技术进步或知识增进……"，结果，解释总产出增长这一问题并未得到解决。[16]

回顾一下那些研究被测度出的增长超过投入增长现象所提出的解释和观点是有启发性的。在对这一"剩余之谜"所作的众多解答之中，没有人提到报酬递增，也没有人提到斯密、马歇尔、阿林·杨的贡献。报酬递增思想不再适用于这类研究。

在这些解答中，丹尼森和乔根森-格里利谢斯的研究尤其突出。他们对基本数据进行了分类和修正。丹尼森的方法与乔根森-格里利谢斯的方法明显有所不同。他们在一系列文章中争论彼此关于测度和解释方面的不同。在经济学文献中，这些论文作用甚大。[17]在丹尼森看来，第二次世界大战后国民收入增长的很大一部分是因为生产率的提高；在乔根森-格里利谢斯看来，几乎所有这些增长都是由要素投入的增加造成的。[18]

在我早期把人力资本引入经济学的尝试中，利用了费雪的广义资本概念。我第一次对"教育形成人力资本"的估计[19]在原理上类似于乔根森-格里利谢斯的方法。回头看来，那些已经发表的对美国 1929—1957 年可再生有形资本、劳动力教育资本（包括在职培训资本）存量的估计有些过于简化了。[20]大量工作经验使我认识到，同质资本的简化假设对于资本理论来说是一场灾难[21]，被测度资本的各种异质形式，当经济条件变化时，可以在给定时点转化成同质资本，这种假设也存在严重的问题。

资本具有两面性。这种两面性所阐述的经济增长过程——这一过程通常是动态的——通常并不一致。这一结果是必然的，因为成本故事讲述的是沉没投资的寓言，另一个故事则同这些投资引起的期望服务流现值有关，它会随着经济增长而变化。但更糟糕的还是作为增长模型中资本加总基石的资本同质性假设。由于在失衡状态下资本回报率存在差异，经济增长动态学的基础表现为有差异的资本，无论资本加总方式是依据要素成本，还是依据资本在不同生命周期阶段所提供服务的现值。现有增长模型没有一个能够证明这些有差异的资本是同质的。但是我们为什么要作茧自缚呢？即使我们观察不到这些异质性，我们也得发明它们——因为它们是经济增长的主要源泉，因为它们是在增长过程中进行投资的激励所在。这样一来，经济增长的本质要素就被这些加总所掩盖了。[22]

17

乔根森-格里利谢斯的测度是一项重要成就；然而，他们的估计并未测算出随时间变动边际生产率和回报率的不同。这样，在加总过程中，过去年代每个时期对投资所产生的激励差异对于资本形成来说，即使没有被掩盖，也并不突出。人们必须到其他地方寻找伴随报酬递增事件的与生产率提高有关的证据。

当研究丹尼森《1929—1982 年美国经济增长的趋势》1985 年的新版本时[23]，我发现他在劳动要素构成上所作的变动与乔根森-格里利谢斯的方法很相似，后者使用这种方式的目的在于解释产生这些变动的原因。在对待资本要素时则很难比较这两种方法。在丹尼森的研究中土地投入并没有变化，这与我所知道的情况有所不同。

就丹尼森对投入要素的核算来看，他的"每单位投入的产出"看上去似乎是有道理的。在他给出的每单位投入（被测度）产出变动的 12 个解释中，从长远影响来看，其中有几个解释提供了分析工具，可以用于研究具有报酬递增性质的回报率的源泉。他认为规模效应可以加深专业化程度。这方面的问题吸引了我对丹尼森方法的关注，但他并没有提供能支持这一论断的证据。

对上一节所强调的测度难题，包括对规模效应、教育和失衡的估计，格里利谢斯在他有关农业生产力的研究中进行了识别和处理。下文引用了他有关这些问题的三篇核心论文。他的大多数结果见于论文《研究支出、教育和农业总量生产函数》。[24]格里利谢斯指出，如果"假设均衡和规模报酬不变，就会脱离那些我们感兴趣的最重要问题"[25]。对于当前的研究目的而言，在解释"人均产出的部门间差异时，对于工资率和教育这两个变量，后一变量更有说服力，并且在引入其他变量之后仍然有效，而工资率这一变量却不是这样"[26]。他发现农业中存在大量的规模经济。他的结果证明了失衡的存在，并且观察到的各种行为说明生产者在努力消除这些失衡状态。以化肥为例，其边际产品价值超出化肥价格 3～5 倍。面临如此之大的失衡状况，农民的化肥使用量的年均增长率超过 7.4％。这一均衡缺口（边际产品价值/要素价格）从 1949 年的 5％下降到 1959 年的 2.7％。[27]在这一时期结束时，仍然存在大量的失衡情况。

3. 报酬递增、专业化和人力资本

报酬递增思想已经对主流理论造成了破坏。它重提了资本主义经济中有关剩余和不劳而获的利润等具有意识形态的价值及分配问题，尤其是对经济均衡理论公理化核心的有用性造成了破坏。尽管如此，事实表明，报酬递增改善了人类福利。

把每次出现的报酬递增当作经济事件来看待是很有用的思路。大多数报酬递增是小的微观事件，例如因为杂交品种而可能引起农民的粮食产量提高。这类微观事件通常可以识别和测度，它们的经济影响一般可以确定。如果是大的宏观事件引起的报酬递增，例如产业革命，要测度投入、产出及其对生产率的确切影响就非常困难了。

报酬递增往往是暂时性的事件。当这些事件是小的并在开放市场竞争条件下出现时，它们的持续时间能明显地观察出来。当报酬递增事件出现时，会出现让人觉得重新配置资源很有价值的信息。行为主体会像企业家一样对即将获得的期望利润作出敏捷反应，他们的行为可以解释这些报酬递增事件所具有的暂时性。

很难把大自然视作报酬递增的巨大源泉。无论是从实践还是理论分析来看，报酬递增都是人类活动的结果。报酬递增的源泉可能来自经济体系内部或外部。熊彼特的经济发展理论就已经包含了那些来自经济体系内部的报酬递增现象。

报酬递增事件发生的频率如何？这类特殊的事件会引发一系列相关事件吗？经济体系具有产生报酬递增的内在能力吗？在很大程度上这些问题超出了本书的研究范围。

在下面对专业化进行简短的评论之后，我们会考察报酬递增经由专业化与专用性人力资本所发生的联系。

我们对专业化的认识很肤浅。我们并没有去测算过那些已经出现的专业化随着时间推移的深化程度。就工业而言，我们知道扣针工厂的专业化。就农业而言，我们乐观地认为不存在像扣针工厂一样的专业化。然而，在国际贸易领域，专业化长期以来一直是贸易理论及其实践的一部分。

农业并不能脱离专业化及专用性人力资本所产生回报的影响。如今的现代农民不是克鲁索。玉米种植带的农民家庭不再生产用于家庭消费的鸡蛋、牛奶、蔬菜、水果。这些农牧业产品是通过购买得来的。电力、燃气、电话业务、水也是经常从远离农业的地区经由管道输送，并需要付费购买。玉米种植者不再生产自己的玉米种子。他们往往购买适于在自己所处区域生长的杂交种子。生产支出主要由工业制造的投入品构成。猪的生产已经专业化为下面各个环节：（1）种猪生产；（2）繁殖小猪及其断奶；（3）使猪变肥；（4）提供市场需要的肥猪。然而，还是有人坚持认为农业中实际上不存在专用性人力资本。

这自然而然让我们想到马歇尔的名言"知识是生产最强大的发动机"。这一判断正确吗？农业的确如此——农业研究的成本和回报证明如是。在兹维·格里利谢斯有关杂交玉米及其研究成本与社会收益的经典博士论文发表之后，对农业研发经济价值的研究开始繁荣起来。现在，我们已经知道，大概自1930年以来，投资于有组织的农业研究的回报率通常远远高于物质资本投资的正常回报率。

值得注意的是，凭借其所获得的专业技能，农业科学家具有了专用性人力资本。此外，现代农业中存在大量的专业化。规模报酬效应众所周知。人力资本对农业和农民生产率增长的作用日益受到关注。农业研究能够获得经济上的成功，一个重要因素就是农业科学家的专用性人力资本。

菲尼斯·韦尔奇已经证明，当农业现代化出现时，对农民的教育具有很高的生产价值。[28]韦尔奇成功地区分了教育的工作效应和配置效应。受到更多教育培训的农民所具有的高回报，在很大程度上是教育的配置效应作用的结果。这种后天获得的配置能力是人力资本的一种特定形式。

专业化在城市与工厂、商业与制造业、轻工业与重工业中随处可见。然而，对于专门职业如何？由于经济学家并不反对自己的行业是知识生产职业之一，我转而根据弗里茨·马克卢普的权威研究来分析美国知识和生产的分配。他1962年出版的书包含了当时所盛行的专业化广泛程度的丰富信息。[29]来自马克卢普丰富思想的最新著作则同信息经济学和人力资本有关，这些领域已经成为经济学研究的核心内容。[30]知识生产职业的范围与复杂性说明了人力资本的专业化，它们代表了这些职业生产率的极大提高。

然而，专业化存在着局限性。它也为报酬递减所约束。过度专业化就会导致损失。无须掩饰地说，经济学家也遭受过度专业化的负面作用。一位专门研究农民问题的经济学家，不能把农业经济学置于经济学整体中加以理解。哈耶克曾经善意地提醒，"仅仅关注经济层面是不能成为一个伟大的经济学家的。"随后他又补充说，"一位仅仅是经济学家的人，即使没有明显的危险，也可能令人讨厌。"

现在来简短地回顾一下经济思想及其他证据，以便评介那些把专用性人力资本看作报酬递增重要源泉的假说。我不会过度关注大量有关企业绩效的证据，它们显示了从报酬递增事件中获得的回报率。

同被用来贸易的产品结构有关的人力资本贸易效应可以用来解释所谓的里昂惕夫悖论。与贸易理论相反，里昂惕夫悖论认为，资本丰富的国家应当出口劳动密集型产品。现在我们知道进入这些出口产品中的劳动服务实际上具有人力资本密集性质。资本丰富的国家出口的是密集使用专用性人力资本的产品。

在《家庭论》一书中，贝克尔把他有关家庭内部劳动分工的分析扩展到国际贸易领域。家庭成员对投资和时间进行专业化配置；"而且，由于报酬不变或递增，一切有效率的家庭成员都必定是完全专业化的"[31]。因此，大多数从贸易中所获收益的根本源泉来自专用性投资和劳动分工所产生的好处。瓦伊纳和其他贸易经济学家解释了相似的国家从贸易中获利的经济原因，即这些利益的产生是对特定类型的人力资本和物质资本进行专用性投资，并密集地使用这些资本进行生产的结果。

在最近的论文中，贝克尔回到了他的下述主张：专用性人力资本产生的报酬递增是在已婚男女之间的人力资本上配置时间并进行投资，从而形成劳动分工的强劲动力。[32]

丹尼尔·格罗斯对相似国家在相似产品上进行双向贸易的经济理论作了进一步探讨。[33]他也认为，特定人力资本专用性所产生的规模报酬递增可以解释这些贸易。不过，支持这一主张的证据还不多。

罗森在他的《替代与劳动分工》中谈到了这一问题[34]，此后在《专业化与人力资本》中作了下面雄辩的论述：

> 对专业化、贸易和比较优势生产进行投资的动力来源于使用人力资本产生的报酬递增。不可分性意味着投资的固定成本与随后发生的投资使用是相分离的。因此，回报率随使用而递增，并通过尽可能密集地使用专用性技能而得到最大化。即使生产技术呈现规模报酬不变，具有相同禀赋的个体也有动力对专用性技能进行投资，并出于相同理由相互进行交易。现代经济的发达生产力和高度复杂性就有力地显示了专业化的作用。[35]

卢卡斯在他的马歇尔讲座《论经济发展的机制》[36]中集中关注物质资本与人力资本积累的相互作用，以及那些认可专用性人力资本的制度。这里我只给出同他的方法有关的一点线索："人类知识（human knowledge）仅仅为人类所共有，既不是日本人的，也不是中国人或韩国人的知识……国家间的'技术'差异……不是……一般'知识'的差异，而是特定人员的知识差异。"知识是人力资本的一种形式，而人力

资本是增长的动力之一。

卢卡斯给予自己的人力资本外部性概念以核心地位。这些从一个人向其他人溢出的效应，使得任何技能水平的人在人力资本丰富的环境中都更具生产力，并且人力资本可以提高劳动力和物质资本的生产率。卢卡斯谈到，"作为一种社会活动的人力资本积累，涉及各个人类群体，采用的方式与物质资本积累完全不同"，这一界定应当限制在那些产生外溢效应的人力资本范围内。在此意义上，作为增长动力的人力资本的能力，是由人力资本外溢效应的回报所决定的。

一个国家在给定时点的人力资本，对于分析该国的生产可能性边界来说，是一个重要的经济事实。这一人力资本禀赋的生产力价值很大程度上取决于它的结构，与之相关联的是为每一部分结构提供服务的市场机会。就此而言，重要的是人力资本的异质性。在劳动经济学中，对通用性人力资本与劳动者的企业特定人力资本加以区分在分析问题时很有用处。专用性人力资本的概念包含与报酬递增现象有关的大量人力资本形式。

有没有可能发现一些特殊形式的专用性人力资本，它们具有较高的产生报酬递增机会的概率并且能够确保对它们的投资？我认为这样做是有可能的，而且我也正在这样做。

在很大程度上，研发支出就具有这种特性。广泛地说，研发是技术进步的主要来源，这些技术进步产生于各种需要投入专用性人力资本的基础研究和应用研究。这样，研发科学创造出新的、更好的生产技术，将之加以应用就产生了报酬递增现象。看看全世界有组织的农业研究吧。它已经成为经济中具有很大规模的次级部门，以 1985 年不变价计算，它的年支出达到 80 亿美元。我们再近距离地观察下一位致力于提高植物（农作物）生产力的顶尖遗传学者所具有的科学研究能力。他是有组织的农业研究机构的一位重要成员，这一机构使得农业的粮食生产能力得到极大提高。就前景而言，农业生产力增长的这一重要源泉的收益还远远没有达到它的极限。因此，有必要继续对这类专用性人力资本的研发并增加投资。

专用性人力资本的另一类投资可以导致个人终生的报酬递增，例如初等教育方面的投资。其中最为重要的是掌握一门语言，以具备有效阅读和写作所必要的能力。第二次世界大战后，许多低收入国家在初等教育上的增长也取得了显著的进步。有大量证据表明那些正在走向农业现代化的国家，农民的初等教育回报率很高。然而提供这些教育从而培养专用性人力资本的学校还是存在严重的投资不足。这种高回报率表明初等教育是对经济增长具有关键作用的报酬递增的一种源泉。

我认为专用性人力资本是报酬递增的重要源泉之一，一种不涉及这类人力资本的形成过程的增长理论是很不完善的。增长理论也没有考虑企业家对增长的作用。无论是对增长理论的进步还是对增长经验的解释而言，理解这两种因素的相互作用都很重要。就与经济进步有关的各种重要问题而言，早期经济学家提出了许多被增长理论忽略的深刻洞见。斯密提出劳动分工受到市场规模所形成的专业化制约就是一个根本性的洞见。马歇尔有关报酬递增趋势的观点也是如此。难以理解的是经济学界对那些追随杨的经典论文脚步的经济学家的研究成果的长期沉默。在解释"剩余之谜"的年代里，经济测度的研究并没有受到斯密、马歇尔或杨的影响。这些研究的目的并非寻找报酬递增的证据。

有证据显示，专业化、人力资本和增长已经出现在大量经济学家的研究日程上。[37]我们对专业化的浅显认识正在被适当的见解所纠正。目前正在进行的研究表明，专业化、专用性人力资本、报酬递增和增长是密不可分的。

注释和参考文献

[1] Allyn J. Young, "Increasing Returns and Economic Progress," *Economic Journal* (Dec. 1928), 527-542.

[2] 这一引语来自 John Hicks, *Capital and Growth* (Oxford University Press, Oxford, 1965), p. 134。

[3] Young, "Increasing Returns," p. 529.

[4] Ibid., p. 527.

[5] Joseph A. Schumpeter, *The Theory of Economic Development* (Harvard University Press, Cambridge, Mass., 1949). See also his *Capitalism*, *Socialism*, *and Democracy* (Harper and Brothers, New York, 1942), chapter 12.

[6] Abba Lerner, *The Economics of Control* (Macmillan and Co., New York, 1941), p. 161.

[7] David Hume, *Writing on Economics*, ed. Eugene Rotwein (University of Wisconsin Press, Madison, 1955), p. 10. 关于一点我得感谢 Nathan Rosenberg。

[8] Alfred Marshall, *Principle of Economics* (Macmillan and Co., London, 1930). 在 1920 年 10 月出版的第八版的前言中出现了如下文字：

> 社会历史上曾经有某些阶段，土地所有权产生的收入特性支配了人类关系；这些特性或许会再度处于支配地位。不过在当前时期，新兴国家土地的开发，加之陆地和海洋运输费用的低廉，几乎遏制了边际报酬递减的倾向。这一术语是按照马尔萨斯和李嘉图使用的意义来说的，那时候英国劳动者的工资通

常低于半蒲式耳上等小麦的价格。然而，如果人口以当前增长速率的四分之一持续很长一段时间，则从一切用途（假设就像现在一样不受政府当局的限制）得到的土地总租金价值，或许会再度超过从所有其他形式物质财产上获得的总收入——即便那时的财产也许会包含 20 倍现在劳动的价值。

［9］R. F. Harrod，*Towards a Dynamic Economics*（Macmillan and Co.，London，1948），p. 20.

［10］Colin Clark，*The Economics of 1960*（Macmillan and Co.，London，1953），p. 52. "前言" 写于 1941 年 5 月 15 日。

［11］See below，Part II，No. 1，"The Declining Economic Importance of Agricultural Land."

［12］Marshall，*Principles of Economics*，book IV，"The Agents of Production," chapter 1，pp. 138 and 139.

［13］Irving Fisher，*The Nature of Capital and Income*（Macmillan and Co.，New York and London，1906）.

［14］Moses Abramovitz，"Resonance and Output Trends in the United States since 1890," *Occasional Paper 52*（National Bureau of Economic Research，New York，1956），p. 23.

［15］Solomon Fabricant，"Basic Facts on Productivity Change," Occasional Paper 63（National Bureau of Economic Research，New York，1959），p. 49.

［16］D. W. Jorgenson and Zvi Griliches，"The Explanation of Productivity Change," *Review of Economic Studies*（July 1967），249 - 283.

［17］关于这个主题的 5 本主要参考书参见 "The Measurement of Productivity," *Survey of Current Business*（US Department of Commerce，1972），part 2，52（5），1 - 111。也可参见 Reprint 244 of the Brookings Institution，Washington DC。

［18］Ibid.，p. 1.

［19］Theodore W. Schultz，"Capital Formation by Education," *Journal of Political Economy*，68（Dec. 1960），571 - 583；reproduced in Schultz，*The Economics of Being Poor*（Blackwell，1993），part II，No. 2.

［20］Theodore W. Schultz，"Reflections on Investment in Man," *Journal of Political Economy*，Supplement，70（Oct. 1962），1 - 8.

［21］Hicks，*Capital and Growth*，p. 35.

［22］Theodore W. Schultz，"Human Capital: Policy Issues and Research Opportunities," in *Human Resources*（National Bureau of Economic Research，New York，1972），1 - 84.

［23］Edward F. Denison，*Trends in American Economic Growth 1929 - 82*（Brookings Institution，Washington DC），table 8 - 1，p. 111.

［24］Zvi Griliches，"Research Expenditures, Education, and the Aggregate Agricultural Production Function," *American Economic Review*（Dec. 1964），961 - 974.

［25］ Zvi Griliches，"Specification and Estimation of Agricultural Production Function," *Journal of Farm Economics* (May 1963)，p. 421.

［26］ Ibid. ，p. 425；see also "The Sources of Measured Productivity Growth：United States Agriculture，1940 - 60," *Journal of Political Economy* (Aug. 1963)，331 - 346.

［27］ Griliches，"Research Expenditures," p. 968.

［28］ Finis Welch，"Education in Production," *Journal of Political Economy*，78 (1970)，35 - 59.

［29］ Fritz Machlup，*The Production and Distribution of Knowledge in the UnitedStates* (Princeton University Press，Princeton，NJ，1962)，pp. xix and 416；*Knowledge and Knowledge Production* (Princeton University Press，1980)，pp. xxix and 272；and *The Branches of Learning* (Princeton University Press，1982)，pp. xii and 205.

［30］ Fritz Machlup，*The Economics of Information and Human Capital* (Princeton University Press，Princeton，NJ，1984)，pp. xvi and 644，foreword，and introduction.

［31］ Gary S. Becker，*A Treatise on the Family* (Harvard University Press，Cambridge，Mass. and London，1981)，20 - 21.

［32］ Gary S. Becker， "Human Capital，Effort，and the Sexual Division of Labor," *Journal of Labor Economics*，3 (1) (1985)，553 - 558.

［33］ Daniel Gros，"Increasing Returns and Human Capital in International Trade," PhD dissertation (University of Chicago，1984) .

［34］ Sherwin Rosen， "Substitutions and Division of Labor," *Economica*，45 (1) (1976)，861 - 868.

［35］ Sherwin Rosen， "Specialization and Human Capital," *Journal of Labor Economics*，1 (1983)，43 - 49.

［36］ Robert E. Lucas Jr，"On the Mechanics of Economic Development," *Marshall Lecture* (Cambridge University，May 1985) . 我参考的是 1985 年 3 月的草稿。

［37］ Paul Romer，"Dynamic Competitive Equilibria With Externalities，Increasing Returns and Unbounded Growth," PhD dissertation (University of Chicago，1983) . 国际经济学有关这些问题日益增长的大量文献,参见下列著述所引的参考文献：Elhanan Helpman and Paul R. Krugman，*Market Structure and Foreign Trade：Increasing Returns，Imperfect Competition，and the International Economy* (MIT Press，Mass. ，1985)；Avinash Dixit，"Strategic Aspects of Trade Policy," paper delivered at the Fifth World Congress of the Econometric Society，Sept. 1985；and R. W. Jones and P. B. Kenen (eds)，*Handbook of International Economics* (North-Holland Publishing Co. ，Amsterdam，1984) .

第2章　从经济史来看经济学的扩张[*]

经济学由大量广泛而复杂的知识构成，任何一个研究生都可以证明这一点。然而，很少有经济学家考察它的有用程度。我们非常明白，经济学的精确预测能力非常有限，不过这并不表明我们所知道的东西在某些方面就没有用处。公平地说，那些沉迷于预测的经济学家的成绩并不比那些始终从事人口预测的人口统计学家好多少。我们倾向于强调经济学的理论基础，似乎没有意识到它在应用上存在的许多劣势。我认为，尽管目前统计学做了大量工作，经济学的实证基础还是很薄弱。并且，为了找到拓展和改进理论有用性的各种可能，有必要加强理论的历史根基。

如果最近发生的经济事件足以确定我们所进行的哪些思考和理论具有经验效力，那么经济史对于加强经济学的根基就没有任何作用。如果过去长期记录的经济行为无法比现有来源提供新的更好的信息，那么就没有必要到经济史中去寻找这些信息。然而，有充分的理由证明，当我们试图检验和拓展经济学的知识基础时，当前的事件并不足以提供某些必需的信息，而特定的历史事件可以成为这些信息的一种来源。

物理学的科学名声依赖于大部分能够使用可控实验加以验证的知识。然而，天文学家所积累的那些令人印象深刻的知识，不仅来自实验方式，更主要是出自对各种天体历史差异的分析。[1] 尽管经济学家很向往物理学家的研究方法，但这是难以实现的空想。在理解经济行为方面，一种我们能够增进知识的分析手段，类似于天文学家的研究，就在

* First published in *Economic Development and Cultural Change*, 25, Supplement (1977), 245 - 250. © 1977 by the University of Chicago. All rights reserved. I am indebted to Gary Becker, Robert Fogel, Arcadius Kahan, and Donald McCloskey for their helpful Comments.

于经济史的重要性和必要性。

我先就经济学对历史观察的依赖作一点分析，然后简短地评论一下经济史的优势和劣势，最后，我会关注几个特定的研究课题。

经济史所含内容众多，其中很多东西都深入我们的思维和研究文献。麦克洛斯基对这些文献所作的一个简短综述非常有用。[2]我们确信我们所已经知道的那些历史，是各种有或没有证据加以支持的历史洞见的混合物，它们隐隐约约地嵌入我们研究经济问题的假设和方法之中。就此而言，比之真正所知，我们既富足又贫乏。

因为所有可观察的经济事件都具有历史性，我发现在分析经济现象时，对短期方法和长期方法加以区分很有用。我将把那些考察很久以前人类经济行为的研究归于经济史之中。我会比较主观地判定，那些发生在 50 年或更早以前的事件就属于经济史，因此我的许多研究都是经济史领域的。[3]

许多经济学家天性具有向决策者推销自己主张的强烈欲望；经济史学家还有额外的基因，这一点可以解释他们试图改造历史学家的欲望。除了政策之外，我认为经济史学家还追求两个基本目标：（1）重新解释历史；（2）拓展经济学知识。我赞成第二个目标。除了那些对历史具有专业嗜好和极高才华的经济学家之外，试图说服历史学家，某些他们已经接受的历史没有合理依据，我不认为这是对一位经济学家时间资源的有效配置。这种做法容易导致非常耗时的争论。尽管这可以缩短历史学家接受我们所得珍贵发现的时滞，但这种结果很少出现。我知道这是一个存在争议的话题。

增加经济学知识存量的努力被那些没有解决的问题所困扰。正统理论倾向于把经济学家局限于一个基本上封闭的分析体系，然而不管现在还是过去，社会都是一个开放的系统。这意味着对经济学有用的贡献，不必只局限于用历史证据检验已有理论的含义。对理论的有用性进行拓展在适当时机可以是最终目标，但它常常并非产生创造性思维的目标。

大量同发展相关的历史洞见并没有来自理论的核心。我们所知道的是，当新形式的资本增加到资本存量之中时，异质资本会随着时间的推移而变化，以及各种需求收入弹性都不是从理论中推导出来的。例如，在研究经济发展时，一个很有用的、可测度的概念是消费商品的需求收入弹性。我们从观察而不是理论中知道，食品的需求收入弹性不仅小于 1，而且对于印度来说在 0.5 到 0.7 之间，对于美国来说小于 0.3；我们也知道随着收入的提高哪种食品会成为劣等品。又如，当库兹涅茨发现高收入国家资产所有者的个人收入份额历史性地从 45％下降到 25％时，他没有检验从理论推导出来的假说。

就此而言，有两点需要记住：（1）我们可以感知的许多效用原理和稀缺性原理的影响都不是从理论中得来的；（2）我们经常忽视这样一个事实：大多数经济实体的可观察性质具有各种各样的属性，这些属性都是该经济实体在过去已经发生事件的结果。相应地，当它们被观察到时，它们并未脱离自己所处的历史过程。关于第一点，让我解释并把物理学家布里奇曼有关物理学的论断应用到经济学上。经济行为远比我们所思考的要复杂。然而，我们所思考的，比我们的经济学语言更有理解力，我们的语言比正统理论更有理解力，正统理论则比数理经济学更有理解力。人们可以到达许多乘坐飞机无法到达的地方。然而，触及经济行为的每一种方式，从思维到数学，都有自己的长处。不过即使如此，我们从它们结合产生的综合贡献中所得到的东西还是值得怀疑。

关于第二点，当涉及测度时，很少经济学基本概念不受历史的影响。它们通常不是"无历史的"。[4] 为了澄清这一观点，要求一个新术语来表示可观察的经济实体是否受到历史的影响。豪尔赫·路易斯·博尔赫斯在一个引人入胜的短篇故事中塑造了"一个名叫福尼斯（Funes）的人物，他无法忘记所见、所闻、所感知、所经历的任何细节"。对福尼斯而言，这是一种糟糕的状态。我们借用这个人物的名字，用福尼斯来指可以"记住"过去的经济实体，用反福尼斯（afuneus）来指什么也记不住的经济实体。把这个故事应用到物理学上，维克托·F·魏斯科普夫发现"电子是具有很高反福尼斯性的物质"。然而，晶体的排列不同，很大程度上与它们的过去经历有关。在经济学上，无差异曲线系统和一般经济均衡的概念是反福尼斯的。可观察的土地、劳动和资本具有很强的福尼斯性。无论在哪里看到它们，它们都包含了由自己的历史所决定的特性。对于用于现有生产的要素，我也会考虑这种记忆性质。消费品也具有福尼斯性。以食品为例：在印度，大部分食品由农产品构成；在美国，家用食品的投入品只有大概三分之一来源于农产品。很明显，事实上，食品的结构很大程度上由能够观察到的经济环境的历史所决定。

上述两点意味着，经济史的发展使得我们超越了从现有理论和经济数据分析中推导出的假说。当人们认识到自己进行经济现象的跨部门实证研究未能考虑到的因素时，这些假说也打上了它们所经历历史的烙印。

1. 经济史的一些优势和劣势

问题导向的经济学家因为存在大量理论、不知道如何区别哪些有用哪些无用而苦恼；他们也为各种含糊不清的事实所困扰，当经验研究需要使用这些事实时，不知道它们隐含或忽略了什么东西。尽管最近定量分析技术有了非凡进步，很少有大学经济学家在"制造数据"来支持强劲的实证研究。他们看上去没有时间、耐心或资源来制造那些有真正需要的数据。

在这方面，经济史学家有几个优势。他们制造自己的数据，因而更容易防范那些隐藏在现有可以获得的经济数据中的遗漏或错误的东西。尽管大量经费已经用来进行"可控性经济实验"，这些实验也没有太大作用，因为无法控制所有能够影响实验者的、不断变化的经济环境，因为实验者更注重使用策略来击败控制者。然而，历史中处处都有经济环境的显著变化，并且记录了人对这些变化的经济反应。它们是真正可观察事件的来源，这些事件的发生条件与不存在人为设计因素的所谓"经济实验"的发生条件类似。与物理学家不同，我们无法通过组织控制实验做完大量工作，但我们实际上可以像天文学家一样进行研究，因为他们需要观察各种比地球古老的天体。

再说一点，一个让我印象深刻的明显优势是，经济史教育已经让研究生进入真正的研究之中，因为我发现学期论文对学生学习如何使用自己掌握的分析工具来做研究有很大帮助。

然而，经济学家也有几个劣势。支配着经济学的那些理论经济学家并不阅读经济史研究方面的著作。出现这种情况是谁的责任呢？部分原因在于经济史学家重新解释历史的偏好导致他们的研究往往发表在史学家阅读的期刊上。我认为经济学家很难接触到那些专门研究经济史的期刊。而权威经济学期刊留给经济史研究的版面又太少了。[5]为什么会这样？可能在于编辑偏向于理论及其在当前经济形势上的应用。另一种原因可能是，经济史学家对经济学知识的贡献太小，或者他们不知道如何展示自己的发现以便挑战经济学的权威和观念。一个证据可以支持这一原因的后一结论。15 年前，我就预测不到权威经济学期刊可以用大量的篇幅来发表有关人力资本的研究。很明显，人力资本的研究迎合了这些期刊读者的需要。

另一个劣势是经济史缺乏足够的学术型企业家来为他们培养博士生开拓市场、获得研究经费、建立作为研究工作一个有机组成部分的工作室。当然，也存在少数值得注意的例外，如库兹涅茨、福格尔、诺思。我很乐意指出农业经济学家富有进取心的企业家才能，他们获得了研究所需的大量公共和私人资金，他们培养的博士在美国的占比接近四分之一，他们因为把理论同观察事实相结合而得到里昂惕夫少见的称赞。[6]总之，我相信我所指出的经济史优势与劣势并不是有关这一主题的最后论断。

2. 研究课题

我曾经主张，研究的目的在于增强我们对经济行为的理解力。我也说过，完全依赖从正统理论中推导出来的假说是不够的。但我并不认为目前我们对经济行为已经足够了解，从而可以发展出有用的经济理论来解释：（1）人口增长速度；（2）物质资本与人力资本私人权利之间的相互作用；（3）经济制度的发展；（4）对物化于新技术中的资本新形式的投资。

尽管这四个问题中的任何一个都极为重要，尽管它们都已经反复列入我的研究日程之中，在寻求解答的研究中愈是深入，我就愈加体会到困扰每一个问题的异质性因素。例如，高收入国家出生率的波动就存在很多谜团，低收入国家的人口转型也是如此。资本的私有权利并不局限于财产权利。为什么私有财产相对于人力资本，其经济作用随着时间的推移显著降低？这一问题并没有得到考察，原因在于研究人员缺乏历史视角。尽管人力资本是人权的构成要素，但是它自身也包含着权利。目前尚不存在这样一种经济理论，它能够全面处理私有财产和人力资本权利不断变化的相互关系。当然，也有一些进展，例如把特定经济制度当作适应经济发展要求而可以创造和改变的内生结构。然而即便如此，我们仍然无法解释农业试验站是最早建立并作为有用的科学研究企业而得到公开支持这一简单的历史事实。最近建立的国际研究中心也是如此。我长期批评经济学家对待技术的方式。分析一种特别新且更好的投入——例如，杂交玉米——的成本与回报是有意义的，不过，假设新技术是同质资本而把新技术的各种形式都混在一起却是一场灾难。在许多模型中过于简化的术语"技术"其实是一个潘多拉盒子。事实上，每一种技术都是资本的一种特定形式，在我们准备对资本异质性进行适当处理之前，要建立可以解释技术变迁的一般方法的前途都是黯淡的。

人口、私有权利、制度和生产工艺的变化状态都在我有关经济史研究课题的私人清单上。但对于我来说，更明智的是，不超出我已经说过的内容，以免产生额外风险。当我转向清单上较次要的还未解决的问题时，《日本天皇》的一个场景告诉我：当受害者被发现时，我得到一份有关隐藏得很好的经济罪犯的小列表。接下来的评论将局限于列在我清单上较为次要的几个研究主题。

（1）在分析家庭经济行为方面，经济学最近的发展已经产生了各种各样有关家庭的新观点。其中一个观点提出了下述问题：能否用经济学来解释西方国家从扩展家庭向核心家庭（小家庭）的显著历史变迁？威廉·J·古德从一个有才能的社会学家的角度对这种变迁提供了一个有用的分析。[7]他把这一现象看作经济现代化的结果。但是确切来说，用于解释扩展家庭消失的现代化到底是指什么？这里有四种不同的解释：①随着生产活动现代化，市场的扩张增强了核心家庭相对于扩展家庭的比较优势；②因为家庭收入随着时间的推移不断提高，向核心家庭的转变只是纯粹的收入效应；③随着市场的发展，对家庭内保险的需要降低；④由于母亲的时间价值提高，对多生小孩的需求降低。就现有证据来说，我没有办法确定这些解释哪个正确，或者除了多萝西·布雷迪所指出的，第二次世界大战后家庭数量没有成倍增长的主要原因在于收入效应外，其他解释都有其必要性。彼得·拉斯利特的论文《往昔的住户与家庭》[8]提供了一些与回答这一问题相关的信息。

（2）在家族文化差异对子女人力资本投资影响的争论方面，有两个关键问题：①为了把收入与价格效应同文化效应区别开来，需要做些什么？②家庭间可观察的文化差异是家庭长期生活的相同历史经济环境的产物吗？解答这些问题需要大量分析工作和历史证据。对处于特定地区各不同人种家庭的历史经验就需要很多讨论。例如，历史上西方犹太人对子女人力资本的投资就要比东方犹太人多得多。为什么？长期居住在南亚一带的中国人对子女的投资要比当地家庭多一些。摩门教徒比之其他人也是如此。为什么？通过研究这些历史纪录，我们有关人力资本代际投资的知识就可以得到增长。

（3）历史上曾经出现过许多城邦。我记得有北海和波罗的海的汉萨小镇，以及低地国家的城邦。此外，还包括曾经在地中海有过一度繁荣的比萨、热那亚、威尼斯及许多其他城邦。我把它们当作天然的经济实验室，它们的记录对经济学知识的扩展有着实质性的贡献。比起邻近的主权国家，这些城邦似乎达到了一个更高的个人收入水平，尽管它们只拥有较少的自然资源。[9]而我国经济体已经过于庞大和复杂，无法分离出单独的证据以确定市场规模对生产力的影响，因此，对我来说，城邦已经成为唯一可以确定市场扩展所产生的影响的"实验体"。此外，似乎高度可信的是，比起相邻国家，在城邦里生活的人们对人力资本的投资更多。历史记录能够支持这一假说吗？对城邦的这种看法部分为西奥多和弗朗西斯·盖格对中国香港和新加坡的研究结果所支持。[10]这两个现有的城邦处于亚洲极低收入地区的核心，几乎没有农田和矿产资源，有的只是人力资源，然而它们的个人收入远远高于亚洲的平均水平。通过研究过去城邦的历史记录，我们能够也应当用事实说明市场扩展的经济效应。

（4）影响人力资本投资激励的一个重要因素是人的预期寿命。可以假定，预期寿命的提高会产生进行额外的人力资本投资的激励。一项研究认为，1950—1974 年低收入国家的预期寿命提高了 40%。[11]尽管这一进步具有复杂的含义，但人力资本未来投资的方向是明确的。然而，对于引起低收入国家预期寿命提高的因素，目前并没有已经得到验证的解释。有关这一问题的数据很糟糕，因此难以找到真正的解释。然而，可以用另一种方法讨论这一问题：为什么在历史上西欧和早期北美的预期寿命增长率很低？我们也能通过人口转型时期预期寿命增长率的数据发现很多东西。例如，长期以来生育率的下降在多大程度上是预期寿命提高的结果？

（5）在地租和地主收入的历史上隐藏着重大的经济谜题。我们推测农业用地是增加粮食供给的关键制约因素。事实上，地球表面上只有十分之一的土地适合种植庄稼。然而，自大卫·李嘉图时代以来，农业生产的食物供给量已经增加了许多倍。甚至在人口规模庞大、分布稠密的西欧，尽管土壤禀赋贫瘠，也已经成为小麦出口区。在李嘉图提出经典的土地报酬递减规律之后，在西方国家，地租显著减少，作为经济阶级的地主逐渐消失。它们的经济解释是什么？理论的历史含义与那个时代以来发生的实际情况完全不同。不过，经济理论对此并未作出令人满意的解释。作为李嘉图分析方法的一个组成部分，在土地上更加密集地使用资本和劳动，是无法解释这种历史现象的。在分析农业地租所占收入份额的历史下降时，没有人像简·佩恩那样具有说服力。[12]我认为解释这一谜题的关键在于人造替代物对土地的取代。就理论和实证分析的需要来说，我们目前还不具备必要的经济学知识。或许经济史学家有可能解决这一谜题。

总之，就经济史的作用而言，我的方法的目的不是重新阐释历史，而是通过识别过去的特殊经济环境以扩展我们有关经济行为的知识。至于理论方面，常常必须超越现有理论，这意味着需要对理论进行有用的拓展。这也意味着找到适合当前研究目标的各种历史事件的能力：从"自然的"经济实验中，经济史学家能够收集到我已经反复说明的五个研究课题所需的资料。

注释和参考文献

［1］ See Carl Sagan, *The Cosmic Connection：An Extraterrestrial Perspective* (Anchor Books, Doubleday & Co. , New York, 1973).

［2］ Donald M. McCloskey, "Does the Past Have Useful Economics?" *Journal of Economic Literature*, 14 (June 1976), 434 - 461.

［3］ 麦克洛斯基使用 20 年作为分界线：我的 50 标准和他的 20 标准显示了年龄上的影响。

［4］ 本段开头的内容来自 Victor F. Weisskopf, "The Frontiers and Limits of Sciences," *Bulletin of the American Academy of Arts and Sciences*, 28 (Mar. 1975), 15 - 26。

［5］ McCloskey, "Does the Past Have Useful Economics?"

［6］ Wassily Leontief, "Theoretical Assumptions and Nonobserved Facts," *American Economic Review*, 69 (1971), 1 - 7.

［7］ William J. Goode, *World Resolutions and Family Patterns* (Free Press, New York, 1963).

［8］ Peter Laslett (ed.), assisted by Richard Wall, *Household and Family in Past Times* (Cambridge University Press, Cambridge, 1972). 拉斯利特根据自己的定义，认为他数据中的家庭是核心家庭。然而根据我的家庭概念，其中的许多家庭都不是核心家庭。

［9］ See John Hicks, *A Theory of Economic History* (Oxford University Press, Oxford, 1969), and William H. McNeill, *Venice：The Hinge of Europe* (University of Chicago Press, Chicago, Ill. , 1974).

［10］ Theodore Geiger and Frances M. Geiger, *Tales of Two City-States：The Development Progress of Hong Kong and Singapore* (National Planning Association, Washington DC, 1973).

［11］ Bernard Berelson and staff, "World Population：Status Report 1974," in *Reports on Population and Family Planning* (Population Council, New York, 1974), p. 7.

［12］ Jan Pen, *Income Distribution：Facts, Theories, Policies*, trans. Trevor S. Preston (Praeger Publishers, New York, 1971).

第 *3* 章   应对失衡能力的价值[*]

无论考察现代经济的哪一部分，我们都能看到许多人自觉地重新配置其资源，以应对经济条件的改变。这种应对效率在不小的程度上由他们的"配置能力"决定。这种重新配置资源的能力不仅仅限于那些从事商业活动的企业家。当所从事工作的价值变动时，出售自己的劳动服务或自我雇用的人们会重新配置其劳务。家庭主妇也会对家庭生产中的产品与服务购买组合进行时间配置。当学生的预期收益及期望从教育中获得的个人满意度价值发生变动时，他们同样要在所购买的教育服务上重新配置时间。消费机会在变动，因为纯粹消费需要时间，人们也会重新分配自己的时间来应对消费机会的改变。

本研究的主要目的在于探索教育和经验如何影响人们感知、正确解释、采取行动以合理地重新配置资源的效率。需要记住的中心问题是：在什么程度上这种配置能力可以通过学习获得？教育和经验是这些能力可以测度的源泉吗？什么因素决定不同个体所具有的这些能力的经济价值？逻辑起点为下述概念：人类行为受个体在特定情形约束下的最优化原则所支配。我假设在一个包含所有个体决策的竞争性要素市场，交易条件会调整到令所有个体的决策达到相互一致关系，也就是说，供给倾向于与需求一致。至于要研究的特定能力，我假设对它们的需求由导致

* 本文首次发表于 *Journal of Economic Literature*，13，No. 3（Sep. 1975），817 - 846。经美国经济学会（American Economic Association）许可重印。感谢 C·阿诺德·安德森、加里·S·贝克尔、玛丽·琼·鲍曼、伊萨克·埃利希、理查德·B·弗里曼、华莱士·E·赫夫曼、D·盖尔·约翰逊、劳伦斯·W·肯尼、唐纳德·N·麦克洛斯基、雅各布·明瑟、马克·纳洛夫、劳伦斯·S·奥尔森、乔治·萨卡洛普罗斯和玛格丽特·里德对本文早期手稿的评论。非常感谢福特基金会和 NIE 对我有关人类时间价值提高研究的资助，本文是其中的一部分。

失衡的事件决定，对它们的供给则是人力资本的一个组成部分。

我的计划是研究下列内容：（1）人类能力的概念；（2）个体为了恢复均衡所采取的行动；（3）静态思想；（4）两种经济状态的比较；（5）对企业家作用的拓展；（6）理论的构成要素；（7）大量证据的解释。

1. 人类能力的概念

我们对一个人能力的信息是从他的绩效中推论出来的。这样，能力就被看作实施特定行动的才能和效率。在人们所从事的各种服务活动中，我们只考虑那些被认为是有用和稀缺的服务，这意味着它们具有某种经济价值。来自任何能力的服务都具有时间维度；也就是说，每小时、每天、一年或一生所提供的一定数量服务。

能力具有各种类型；包括下列能力：（1）学习；（2）做有用的工作；（3）娱乐；（4）创造某些东西；（5）就我们研究问题而言的特殊能力，应对经济失衡。因为行为可以被观察到，假设所观察到的绩效同特定能力相联系就很方便。这些能力肯定会交叉和相互影响，但对能力加以限制以至似乎每一种能力都具有一系列特殊性质，对于进一步的研究很有用。不过，这里存在一个问题，即这种还原主义方法容易产生误导，因为它假设能力是可分的；然而正常人的能力都是一个综合的系统。[1]

我们的学校把很多注意力放在对天资和智力的测试上：例如 IQ 测试，其设计目的在于预测学校成绩。一些测试考察语言沟通和数量分析能力，用来预测学生在教育中的表现。部分目的在于限制供给，部分目的在于确保入行标准，职业协会提升测试用来决定谁有"资格"从事法律或医疗工作。除了具有局限性和滥用可能性之外，这些各种各样的测试在确定经济绩效方面的作用也很有限。[2] 很明显，这些测试也不是出于这一目的而设计出来的。经济学家在解释人们终生收入的广泛差异方面仍然面临很大的困难。能力差异的作用很大程度上还是处于未知状态。尽管时间是有价值的，并且其经济价值在高收入国家已经长期而显著地提高，但事实上还没有人注意到，与花费的时间以及从娱乐、创造性活动和纯粹消费中获得满足有关的能力的作用。尽管现代经济中经济条件的变迁无所不在，但人们调整以适应这些变迁的效率还没有成为标

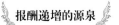

准经济理论的一部分内容。发生这种情况的一个原因是经济分析对人类个体谋求均衡活动的忽略。

2. 恢复均衡的活动

准确地判断那些处于失衡状态的人们在做些什么，并不是经济学的卓越成就之一。这些人的行为，隐藏在这一假设之中：他们的最优化行为可以瞬时恢复均衡。然而，他们事实上并不具备这种行为能力；然而更重要的是，即使他们有这样的能力，要在一瞬间对其资源重新配置也不是正常的经济行为。恢复均衡是要耗费时间的，并且，人们的行为取决于对给定失衡状态作出反应的效率，以及可以采取的一系列调整活动所产生的成本与收益。一般均衡理论的分析核心并不在于分析那些从事恢复均衡活动的个体的特定行为与绩效。

具有严密逻辑的一般经济均衡理论[3]基于下述两个基本概念：（1）人是一种最优化个体，其行为面临特定的约束；（2）存在一个拍卖市场，所有个体明确出价，确立使供求一致的交易条件。一般均衡理论形成了许多有意义的结果[4]，它们有助于实现经济学知识的系统化，更重要的是，有助于指导对经济问题的分析。尽管这种理论主要用于解释市场活动，也可以拓展到各种非市场活动的场合，正如它已经被用于分析家庭生产，教育投资及其他类型的人力资本，婚姻市场的选择与匹配、生育，父母投资在子女身上的时间和服务活动。在所有这些应用中，理论是研究各种经济行为的必备分析工具和方法。然而，对理论的分析性与事实之间的差异不加区分是一个严重的错误，这些事实包括个体并非总是处于均衡状态，而且不能瞬时恢复均衡。

与拓展一般均衡理论来分析的个体最优均衡化行为相反，现有研究采用了很简便的做法，即把表面杂乱无序的经济作为均衡状态处理。这种方法认为经济无时无刻都处于均衡之中，无论经济条件如何变化。要得到这样的结果，需要做的一切工作就是假定信息成本与交易成本能够满足经济均衡所要求的条件。信息搜索和交易成本的概念无疑非常有用，但是按照这种假设使用的话，它们的作用只是掩盖了那些持续不断的失衡状态。

我们试图分析各种实现均衡的过程，它们是，尤其是处于高收入及现代化进程中的经济体的个体的可观察活动。的确，一些应对要素和产品相对价格长期变化的调整活动已经纳入经济学家的研究日程。事实上，经济调整中的滞后现象已经受到了大量关注。许多引入滞后变量的复杂计量经济研究得以发表。马克·纳洛夫对这些研究的成就给予了中肯的评价。[5]这些研究主要关注统计推断问题，尽管有的研究对经济理论作了一些拓展，以解释那些被滞后变量所掩盖的均衡化活动。

　　本书的方法是对企业家才能这一概念加以扩展。我将假设一个企业家的供给函数，这一函数会考虑到企业家应对失衡的能力。在使用这一方法之前，我将对静态的现实性、两种大不相同的经济状态，以及企业家才能受到的不足关注加以评论。

3. 静态思想

　　静态意味着零增长，也意味着配置能力的经济价值为零。如果资源供给及对资源提供服务的需求在足够长的时间中保持不变，经济便会处于一种不存在失衡现象的静态。目前，在评价现代化过程中的经济增长时，那些长期存在而没有解决的社会问题再度被提出来。对经济增长最终价值的怀疑言之凿凿，日益增多。零经济增长，伴随零人口增长，被许多人看作一种理想社会的条件。的确有可能死亡率和出生率的变动能够趋于人口均衡。[6]然而，就零经济增长而言，人们的排序似乎更偏好于从正经济增长中得到日益扩大的选择和机会。当然，我并不是指他们不关心现代增长中出现的某些更明显的社会损失。

　　经济学家对那些雄辩知识分子的见解和民众的一般性显示偏好进行调和，但还远远没有成功。经济学家想作为知识分子一员而得到承认，然而他知道自己分析研究的根基在于民众的偏好。即使他鼓足勇气声称那些生活在安全富庶避风港中的知识分子怀有偏见，也显得讽刺意味十足，不够坦率。但不管事实如何，有一点是确定的，即经济服务于民众的一般偏好，而不是经济学家的特定偏好。

　　经济进步的思想要先于早期英国经济学家的理论工作，然而，这些经济学家也不是只关注当时所谓"进步状态"的价值。亚当·斯密认为，"进步状态确实是一种鼓舞人心的健康状态……"，而"静态是沉闷无趣的"。李嘉图对此表示赞同。[7]约翰·斯图亚特·穆勒在思考经济的进步性变化时，"不满足于只是追寻变化的规律"。与当前的某些抗议类似，他也为这些"进步性"变化的最终目的所困扰。他坚持认为，富庶繁荣的国家可以从静态当中获得实在的好处。（请参见阿什利编辑的穆勒的著作。）[8]放弃这些好处的国家将为进一步的生产技术改进和资本积累支付更高的代价。[9]马歇尔对他的这位杰出前辈很不赞同，"然而，事实上完全调整是无法想象的。即便能够做到，也是不合乎人的需要的。毕竟人才是生产的结果；完全稳定的经济所生产的人，比机器好不了多少。"[10]

从穆勒时代之前以及自穆勒时代以来"普通"百姓的经济行为来看，他们更喜欢一个有着"进步性变化"的经济。而且，自穆勒时代以来，现代经济已经形成了许多专业化部门，其目的在于提高生产技术。资本积累不断增长。我们已经创造了一个可以有组织地生产这类"进步"的经济。这正是我们将要考察并试图解释的经济现实。

4. 两种经济状态的比较

一旦一个经济体达到均衡，从此对资源的供给及对资源所提供服务的需求保持不变，租金、工资和利率按照惯例维持下去，则经济会持续处于有效率的状态。[11]如果经济条件保持不变，就不存在可感知的推力与压力而言，这种经济的价格是有效率的。

比较差异很大的两种条件下的总体效率是很有用的。在传统与现代农业条件之间的一个简单比较就可以显示出这种差异。在详细说明基本情况之前或它们对应用理论所具有的意义之前，请让我给出下面的推论。基本推论是给定可以利用的资源，传统条件下的农民比"现代"农民更为接近经济最优点，因为新的更好的（生产）可能性不断进入现代农民的选择范围。我在慎重考虑之后使用了"农民"（farm people）这一术语，因为不仅农业生产重要，家庭生产和农民进行的人力资本投资也重要。绿色革命之前的印度农民，比起艾奥瓦州的农民，在可支配资源的使用方面更为接近最优，后者从 20 世纪 30 年代早期以来，要应对资源及相应机会上的诸多复杂变化。

可以简单说明这一推论背后的逻辑。那些生存数代并拥有基本相同资源的农民，趋于接近静态经济均衡。当生产技术多年都没有实质性的变化时，农民从长期经验中知道他们自己的劳动可以从土地和设备中得到多少产出。在配置可支配资源，选择农作物组合，决定如何与何时耕种、灌溉和收割，使用什么工具同牲畜和简单的田园设备相结合等等方面，所有这些选择和决策都体现了农民对边际成本和收益的精心算计。这些农民也从经验中了解其家庭生产可能性的价值；在家庭内部随物质产品一起分配其时间时，他们也很好地考虑到了边际成本和收益。而且，当孩子长期处于正规教育具有很低经济价值的环境中时，他们通过向父母学习而获得有价值的技能。这是一幅传统农业生活的简化经济图景，其中包括如何适应多变天气的生活知识，强烈地意味着一种高水平的一般经济效率。[12]它也表明，就一切实际目标来考虑，旨在应对长期经济变化的人类能力没有回报。

与此相对比，现在来看看那些生活在现代化经济进程中的农民。他们要应对一系列经济条件的变化，这些变化通常不是他们自己引起的，而主要是非农人口的活动导致的。出于这一原因，熊彼特的经济发展理论就远远不足以解释大多数这类变化。然而，基于我在开始时强调的理由，这些变化仍然是内生的。它们主要来自有组织的从事农业研究，以及农民在农业和家庭生产中购买和使用的投入品的改进。相应地，应对新的更好生产可能性能力的需求，很大程度上由有组织的农业研究和生产农民所购投入品的非农企业决定。此外，重新分配资源以达到新的均衡也是要花时间的。而且，在原有变迁所引起的资源再分配完成之前，新的变迁又出现了。因此，这表明"充分效率"超越了现代农民所能达到的范围。

5. 拓展企业家的作用

无论经济增长是否被认定为一种"进步"，它都是一个充满着各种各样失衡现象的过程。相应地，不同行业的个体都从事最优化行为，他们重新分配资源以实现均衡状态。在此意义上，他们都是企业家。

在经济学的理论核心中很少出现企业家这一概念。当出现这一概念时，通常只限于工商业者，这就排除了重新配置劳动服务的劳动者，也排除了重新配置其资源（大多数是他们的时间）的家庭主妇、学生和消费者。在标准理论中，很难看到涉及企业家才能的研究。加里·S·贝克尔的《企业家能力的供给曲线》是一个例外。[13]当企业家出现在经济分析中时，分配给他们作为商人的功能只限于应付风险和不确定性。然而，承担这一功能的回报在一般均衡理论中是不允许存在的，因为后者意味着该功能的"利润为零"。事实上，很明显每一次寻求均衡的活动都包含了风险和不确定性因素，同样明显的是，个体改善了他们的经济处境，在此意义上，作为他们恢复均衡的结果，他们要得到回报。

尽管在一般均衡理论中很少见到企业家，但是他长期出现在一部分经济文献中。企业家早就在法国经济学家的著作中出现[14]，并且在早期英国经济学家的作品中得到了轻松自如的叙述，他们的研究已经成为主流理论的核心。在熊彼特的经济发展理论中，企业家角色限于那些在市场部门中从事谋求利润活动的人。[15]然而他们所做的工作仅仅是这一角色的一部分内容，因为无论处于市场内部还是外部的家庭和个体都承担了这一功能。正如熊彼特所看到的，企业家"创造"了发展性失衡；但他没有把企业家的功能拓展到成功地应付经济体系内部出现的其他一切失衡现象。在他的方法中，发展的主要动力在于企业家的"创造性和创新性反应"。因循这一思想，埃德温·盖伊、阿瑟·科尔、利兰·H·詹克斯试图在其他方面对管理性功能和企业家功能作出区分。但根据托马斯·C·科克伦的评价[16]，他们的研究在拓展已有理论方面似乎没有成功。正如已经注意到的，尽管工商业企业家仅仅是处于谋求均衡过程中的众多个体中的一员，但这无法解释熊彼特的贡献为什么没有成为主流理论的一部分。

伊斯雷尔·M·柯兹纳对企业家在经济理论中的状态进行了颇具洞察力的分析。[17]他清晰地看到了现有均衡理论对企业家的忽略，但他坚持这种理论中的零利润概念，因而不能看到那些从事恢复均衡活动的人们所得到的经济回报。

值得反复指出的是，劳动力功能的标准经济学概念并不包括配置其时间的企业家角色，以及经济条件变化下成功地做到这一点的能力。类似地，家庭主妇在管理家庭生产和成人学生在决定如何对自己进行投资方面的企业家角色与能力，在大多数经济研究中都被忽视了。

分析人类有用能力的人力资本方法体现了一种显著进步，因为它明确提出了人们的各种技能以及获得这些技能的方式。刚开始的时候，这种方法在经验上只限于进入劳动市场的个体（这种场合才能得到有关收入的数据）。一种有关时间配置和家庭生产函数的理论在近期得以发展并被拓展开来，用在人类能力经济价值决定的分析上，这些人类能力长期以来在非市场部门受到极大的忽视。[18]这种推广开来的方法，在分析人们被他人雇用或自我雇用、从事家务劳动、使用自己的时间对自己进行投资等各方面的人类能力时，也被证明是有用的。[19]

6. 理论的构成要素

在分析人们谋求恢复均衡的活动时，我们假定存在对重新分配资源的经济激励，人们尽其最大能力对这些激励作出反应，他们的绩效差异则是进行反应时所要求特定类型能力差异的一个度量。按照这一假定，存在一类有用的能力，其价值是对该种能力的需求与供给的某种函数。正如一开始我们所注意到的，这种特殊能力体现了个体的某种才能，即感知到给定的失衡并恰当地评判其属性，以确定是否值得采取行动，如果值得，个体的反应就是重新配置其资源。从这些再分配当中实现的收益[20]就是那些可以观察到的回报。

这些预期收益就是从事谋求均衡活动的经济激励。由于这些实现了的收益代表了收入的增长，很明显，它不是均衡理论中通常的瞬时调整所推导出来的"零利润"结果。采用杂交玉米所得到的盈利便是这种收益的一个例证。[21]在家庭生产中，从使用机器缝纫替代手工缝纫中得到的效用所产生的收益也是一个证明。劳动者进行地区迁移得到更好的工作，学生调整自身的学业适应大学教育人才市场的变化，这些所带来的收入增长都是很明显的证据。

对这些能力所提供服务的需求取决于失衡的特性。于是，该需求就是所研究的特定经济失衡的某种函数。对于给定失衡，个体初始时行为激励高，随着资源的再分配，进一步调整的激励降低，就此而言是存在一条需求曲线的。[22]

在寻找决定各种失衡类型的因素并明确它们各自对于资源重新配置的激励时，有充分的理由对企业、家庭、个人（劳动者和学生）所面临的失衡进行区分。例如，伴随营养学知识进步的激励，比起在家庭内部重新安排饮食的模式，在饲养家禽和牲畜方面更容易感受到并采取行动。需要改变自我投资的年轻人，与大多数需要改变结构和设备投资的企业相比，在未来回报上要面临更为复杂的集合。

这些能力所提供服务的供给取决于给定时点特定形式的人力资本存量，以及该存量因为所提供服务的回报而增加时所发生的成本和增长率。每个人身上的这种人力资本数量或许很小，但绝不会是零。不管人们有多么穷，不管他们在"静态"条件下生活了多久，不管他们的经验多么有限，也不管他们多么缺乏教育，在面对改善其经济处境的机会

41

时，他们既不是漠不关心的，也不是毫无反应的。[23]这些能力在特定区域（部门）的服务供给，通过具有较多此类能力的个体因失衡产生的激励进行迁移从而得到增加。一个现成的例子就是北印度地区新的小麦品种具有的高额利润所引发的反应，那里有不少素质很高的非农人员企图进入农业部门。这些能力的现有存量能够通过各种形式的扩张活动而得到补充（使之更有效率）。在更长时间内，如果激励仍然存在，通过从应对经济条件变迁的经验技巧中学习，以及通过培训和教育进行人力资本投资，供给能够并将得到增加。

可以对这些场合的教育效应进行实证检验，结果证明它是一个具有很强解释力的变量。重要的是要弄明白教育的何种特性增加了上述能力的服务供给。假设是教育——即使是初等教育——增强了学生发现和认识新问题、学习解决这些问题的方法的能力。尽管学生所获得的解决问题的能力更多地来自课堂教学，教育培养的这种能力似乎更具一般性，它对经济主体在察觉并解决经济变迁引起的问题时的表现有重要作用。

7. 解释证据

我们从限制失衡问题对个体最优化行为的含义开始，再对数据固有的困难进行评论，然后考察来自某些一般性观察和具体研究的结果。

7.1 限制失衡问题的含义

我们不是去寻找证据以解释失衡存在的原因。相反，给定一种失衡状态，我们所关注的是重新配置资源的激励所引发的后续行为。随着时间的推移，配置能力的存量可以借助各种手段增加。然而，我们的分析只是限于这些人力资本的现有存量，尽管我们将指出，学生也具有不同的配置能力，这转而影响到他们的教育投资效率。

最容易用来进行实证分析的假说是教育和经验对资源再配置具有积极的重要影响。事实上教育兼有收入效应和价格效应。随着受教育程度的提高，个体收入趋于增加；随着收入的增加，个体的时间价值上升，这一结果就呈现为价格效应。

7.2 困难

在此所研究的最优化行为中，风险和不确定性一直存在，很难确定的是，在个体的反应中，所观察到的差异在多大程度上是风险与不确定性差异（包括个体的偏好差异）的结果。教育产生的配置效率可能影响信息搜索成本。不过在通常情况下，数据过于粗糙而不能分析这种相互影响。没有容易的方法可以识别和测度那些确实因特定失衡而产生的重新配置资源的激励，尽管这方面也取得了某些进展。小企业，也就是农民和家庭，或劳动者和进行自我投资的学生，比起结构复杂的大企业来说，得到有用数据的难度要小一些。然而，埃德温·曼斯菲尔德等对现代公司科研和创新行为的研究发现，教育差异影响着公司管理人员的能力。[24] 我将要谈到的特定研究主要限于小企业。菲尼斯·韦尔奇在有关教育在现代农业生产中作用的一项开创性研究中，对教育的"工作效应"和"配置效应"进行了估计。[25] 但是，在经济学中，还不存在决定性的检验。

7.3　一般性观察

从历史来看，农业经济发展充满了教育对农民经济绩效具有积极效应的实例。尽管通常情况下其中既有工作效应又有配置效应，然而看上去相当明显的是，成功绩效的很大一部分原因，在于与教育相关的、处理经济条件变迁的能力。加利福尼亚的第二代日裔和墨西哥裔农民之间经济绩效的显著差异，在很大程度上可以用教育上的差异来解释。在进入美国的第一代欧洲移民中，那些地位低的农民或被雇用的农民工以及受过很少教育的人，比起来自平均受教育程度较高人口组成的完备社区殖民地（例如艾奥瓦州的荷兰殖民地）的移民，获得的成功通常要少一些。第二次世界大战后，美国农业的急速现代化削减了一半还要多的农场数量；接下来在农业中发生的生存与维持竞争中，在应对农业生产变化的能力方面，在决定谁能存活上，教育具有很强的积极影响。[26]

类似地，在巴西，那些受教育程度更高、具有更多应对农业现代化经验的日本移民，与巴西大多数农民相比，在农业上的成功更让人印象深刻。加拿大的胡格诺派教徒及那些成为美国农民的胡格诺派教徒也是教育具有积极影响的例证。在以色列农业迅速发展的时期，西方犹太移民比东方犹太移民的成功要多得多；这方面，教育差异似乎也是一个有力的解释因素。[27]

大量的国内移民已经并将持续存在，他们由那些面临工作机会变动而进行调整的劳动力构成。从经济绩效来看，那些受教育年限为 16 年的人比 12 年的人更为成功，后者又比受教育年限为 8 年的人更为成功。

应对职位失衡的能力差异，很明显同教育相关。

7.4　具体研究

不论使用什么分析方法，总有可提出质疑的地方。实证分析中容易处理的和有用的模型并没有详细说明全部经济体系，通常情况下也没有充足的数据来检验从这些模型推导出来的命题。然而，我们的信心因为这些研究得到的结果同一般性观察相一致而得到增强。我们需要注意这一事实，经济学的古典原理是这些经济学家发展起来的，他们致力于解释自己所认知的、实际经济行为的一般性观察。然而，随着专业化的不断加深，我们往往倾向于解决更少的问题。今天那些深奥的经济学期刊无疑会拒绝斯密、李嘉图或马尔萨斯甚至约翰·斯图亚特·穆勒的文章。

让我从家庭生产开始说起。正如所注意到的，家庭长期在经济学研究的视野之外。它们被认为是"非生产性的"，因为它们没有为市场生产；家庭中的活动被认为是消费行为。玛格丽特·里德的研究是早期的一个例外，因为它突出了家庭生产的经济特征。[28]1953 年，我把"家庭当作一种生产单位，它们处理、存贮、加工和组合各种食品，增加其价值，以满足它们所服务对象的偏好"[29]。在此，家庭被看作经济企业，除了其他作用外，还应对现代化进程中经济条件的改变。它们所购投入的价格、家庭主妇的时间价值和家庭生产技术，都随着时间变化，每一次变化都会产生激励，从而改变进入家庭生产中的资源。产生激励的变化也包括购买家庭耐用品，获得更多的营养品，当妇女的时间价值提高时为了"上班赚钱"而使用儿童保育服务，并以小孩的质量去替代数量。

尽管很明显的是，日常观察表明家庭的确会在感知到失衡时重新配置自己所拥有的资源，但并不明显的是，它们在绩效上存在广泛差异，以及这些差异在多大程度上可以通过家庭主妇的教育差异来解释。然而，通过 20 世纪 60 年代美国采用"避孕药"的差异率，我们能看到正规教育的影响。更为困难的是，识别和测度教育对家庭主妇利用营养学方面知识进步的速度的影响。家庭生产新研究的主要贡献在于，已经确定家庭主妇时间价值增长的配置效应主要归因于教育差异。因此，这就是用于家庭生产的时间价值的价格效应，并且，毫无疑问，在这种情形下教育的价格效应非常普遍。[30]教育也影响婚姻匹配的选择。它会影响对子女的偏好。教育肯定会影响那些以兼职或全职方式进入劳动力队伍的妇女的收入。它显然会影响家庭主妇的家庭生产力。教育可能会影响子女的死亡率，也无疑会影响妇女控制生育数量的能力。

这些有关家庭生产的研究充其量也就是为我们所关注的行为给出了某种线索，它们并不是特意设计用来从教育的配置效应中分离出"工作效应"。把这些设定和识别对象当作工作效应，结果，对它们的估计可能会夸大纯粹的工作效应。T. 迈克尔发现一些证据可以支持教育提高家庭效率的论点。[31]然而，他的数据无法让他得到家庭应对经济条件变迁的差异率；尽管如此，他的研究从几个地方表明，受教育程度高的人比受教育程度低的人表现要更好。

更多的相关数据，来源于对采用新的更好的避孕技术产生激励和反应的研究。对使用它们的成功程度差异的估计，显示了教育的积极影响。迈克尔的另外一项研究明确地处理了教育与生育控制之间的关系。[32]他在一系列相互补充的分析性报告中表明，受教育程度高的妇女在接受和使用更有效的技术以控制生育方面，比受教育程度低的妇女更为成功。里德认为，考虑到"加速的知识扩散"这一事实，观察到的教育对"由于知识和使用避孕新技术而产生的生育控制效率"的差异性影响是暂时的。[33]此后，诺曼·B·赖德提供了支持这一观点的证据[34]，它有力地支持了里德的洞见。[35]里德的结论是："高等教育类别领先中等教育 8 个月，领先初等教育 22 个月（使用首先达到 20% 使用率数据）……在达到 20% 的使用率上，黑人比白人多用 27 个月。解释 20 世纪 60 年代生育差异的这一滞后现象所导致的后果之一是，尽管在 60 年代末期黑人和白人使用避孕药的百分比相同，但从整个 60 年代看，黑人的使用率是 14.5%，而白人的使用率是 20.7%。"在此我们通过直接有力的证据表明，为家庭主妇提供更多教育，可以增强她们对特定失衡的迅速感知和反应能力。

接下来再看劳动服务。我认为每个人都有能力提供接受他人雇用或自我雇用的劳动服务，也有能力重新配置其劳动服务，只要这样做符合其利益。为了考察这两种能力各自对劳动服务供给的作用有多大，我们需要对它们进行区分。我们的国民收入核算意味着劳动服务的全部收入大约是非人力资本的 3 倍。面对具有如此经济重要性的劳动服务，我们想知道其中有多少是劳动者成功地重新配置的结果，而教育与经验对这种行为有什么样的影响。很明显，人的劳动服务价值受到一生中出现的许多不同类型失衡的影响：能胜任工作类型的失业率变动，工作机会的空间和行业转移，转移到同一行业内更高工资工作的激励变化，自我雇用与打工挣钱之间的机会变化，以及那些改变了时间在获取收入与进行自身人力资本投资之间相对价值的变化。此外，退休之后，消费机会也存在地域变动。这些列举出来的失衡现象远远不是全部。尽管相当明显的是，受影响的人们确实对这些失衡作出了反应，不过，其反应获得多大程度的成功以及这些成功在何种程度上取决于教育和经验，还需要具体的证据加以说明。

对移民的研究，其中一些包括职业变化，提供了某些间接信息。这些研究中大多数倾向于把移民绩效的差异归因于信息成本及移民面临的风险和不确定性的差异。然而，我将谈到的几个研究表明，人力资源在地域上的重新配置是对失衡产生的激励作出反应，并且教育提高了移民重新安置自己的效率。

在研究从农业迁出的移民时，戴尔·E·哈撒韦和布赖恩·E·珀金斯从社会保障委员会得到了一份独特的数据集，包括 1957—1963 年每个被研究者的连续记录。[36]尽管样本没有关于教育的信息，考虑到这类人口的其他研究，收入差异可以作为教育差异近似值的一种有用替代方法。由于该数据集为那些因缺乏数据而通常被忽略的重要变量提供了丰富的信息，以及他们进行的深入分析，其研究的结果有力地表明，来自更高收入地区和农场的移民，比起那些来自不利农业环境的移民，在变换职业方面更为成功。[37]

塞缪尔·鲍尔斯使用人力投资方法分析了 1955—1960 年从美国南部迁出的移民，得到结论说，"一部分教育的货币回报在上升，原因是受更多教育的人们在适应经济失衡方面更为成功"[38]。鲍尔斯评论了均衡方法在分析个体教育回报方面的不足，而这种回报可以说是个体对实现均衡过程所作贡献的结果。

人力投资方法在解释移民行为的重要方面已经被证明是有用的。使用这种方法的第一项研究来自拉里·A·斯加斯塔德。[39]随后是阿巴·施瓦茨，他在这方面的第一项研究表明，期望终生收入的差异比当前收入差异对移民有更好的解释力，受教育程度最低的人对终生收入差异的反应最不敏感，并且这种反应随着受教育程度上升而单调增加。[40]然后，他发现，受教育程度越高，迁移过程越有效率，转而（更快地）消除了地域失衡现象。[41]琼·奥尼尔作出了另外的贡献，她明确考察了因消费机会变动而发生的移民教育所产生的影响。[42]在加拿大的一项移民研究中，托马斯·J·库尔谢尼发现收入与距离之间的替代随着受教育程度的增加而敏感地上升。[43]在研究 1941—1964 年哥伦比亚移民时，

T·保罗·舒尔茨发现，乡村学校的可获得性延迟了学龄儿童及其父母的迁移，但教育提高了年龄更大的年轻人的对外迁移率，他们通常构成移民的主体。[44]移民受到的教育使得"他们给予城市中的就业机会以更好的评价和反应"，并且，移民会因循"可预测的路线，从而减少地区市场之间的失衡"。

现在我们来看人力资本的投资。我们的目的不是要解释配置能力供给的增加，而是要表明，学生们所具有的这些能力的存量会影响他们对教育引致的经济价值变化进行反应的效率。学生们面临不断变化的教育投资机会：对受教育人才的需求有高涨或衰退，对不同类型技能的需求会发生很大的变动，教育服务的成本会随时间推移而改变，学生们所放弃收入的变动也会影响这些投资机会。结果，学生们的实际行为往往发生在投资机会变动引起的各种失衡环境中。学生们在应对这些失衡时成功程度如何？他们的经验和受教育层次在多大程度上影响他们的绩效？理查德·B·弗里曼对职业选择的经济学研究表明，学生们对大学专业人才市场的变化具有强烈的积极反应。[45]这一结果在他最近的研究中得到加强。该研究表明，黑人大学生自 20 世纪 60 年代中期以来在他们开放的新职业领域中占有很高的比率。[46]

贝克尔估计了第二次世界大战后教育繁荣时期的第一个阶段中，（男性白人）从大学教育和高中教育中得到的私人回报率。[47]我对他的结果的解释是，大学生们的反应接近于能够充分保持回报率处于近似均衡水平。另一方面，尽管随着高中注册人数的增长，高中生数量很大，但该研究表明高中生的反应仍然不够充分。1949—1961 年大学毕业生的私人回报率稍稍低于 15％，并且这一数字没有显著性的变动。高中毕业生的回报率则从 1949 年本来就比较高的 20％，上升到 1961 年略高于 28％的水平。[48]推论表明，先接受了高中教育然后接受了大学教育的毕业生，在应对教育行业的失衡方面，比起那些先接受了初等教育然后接受了高中教育的毕业生，实际上更为成功（指回报率波动更小，当然也指其增长幅度更小）。

在一篇关于学生们大学教育投资的最优化行为论文中，我相当详细地考察了他们在受教育过程中从其配置能力中得到的收益。[49]

我把农业生产放在最后讨论，因为它提供了目前可以得到的最好证据。农民们通常是自我雇用的工人和企业家。人口统计提供了与农民的年龄、经验和受教育程度相匹配的产出数据。而且，还有现成的用于获得必需数据的特殊样本调查可以利用。在分析这些数据时，几位经济学家使用独创方法估计了教育通过工作效应和配置效应所显示出来的经济价值。这一领域的研究，很大的贡献来自韦尔奇[50]，以及格里利谢斯对包括农业劳动力质量在内的农业投入的基本测度所进行的开创性研究。[51]作出了一项印度农业研究的 D. P. 乔德哈里是这一领域的先驱。[52]布鲁斯·R·哈克对日本农民进行了研究[53]，彼得·R·穆克对肯尼亚小农进行了深入研究[54]，克雷格·C·吴研究了中国台湾。[55]为了理解教育对农民配置能力的影响，托马斯·E·哈勒对哥伦比亚农民[56]、华莱士·E·赫夫曼对美国玉米带农民[57]的研究作出了重要贡献。

日益明显的是，教育对农业的价值取决于农民必须使其生产现代化所面临的机遇。然而，世界上存在许多贫穷的社区，它们缺乏这样的机遇；该类社区的农业倾向于维持在上面第 4 节所描述的"传统型农业"状态下。在这些社区，无法从教育中获得显著的产出增益。在我的《改造传统农业》一书中，我把考察对象限制在来自人们受教育很少或没有受到教育的社区的两组人类学数据上。[58]我没有发现农业生产要素对其最优配置的显著偏离。从索尔·塔克斯在《廉价资本主义》一书中提供的数据可以发现，危地马拉帕纳哈切尔的农民虽然贫穷但还是有效率的。[59]类似地，W·戴维·霍珀的一项研究中有关印度村庄塞纳普的数据有力地证明，这个村庄的农民们虽然很穷，但他们对可获得资源的利用是有效率的。[60]

乔德哈里发现，到 1960 年，教育水平对印度的农业生产已经产生显著影响，并且受过教育的农民会率先使用化肥。他的结果意味着在与进口高产量的小麦和水稻品种相联系的所谓绿色革命之前，生产率上就存在进步，这同罗伯特·埃文森的结果是一致的。[61]

哈勒的研究体现了分析技术上获得的主要进展。他将使用传统农业方法的农民与相同国家内那些处于现代化生产早期阶段的农民的绩效进行了比较。他对研究加以设计，以得到教育在哥伦比亚四个地区产生的工作效应和配置效应。在这些地区中，有三个地区的农民使用传统技术，第四个地区存在一些明显的现代化迹象。他直接从农民那里收集模型所需要的数据。他的结果表明不存在工作效应，但在第四个地区，即进入现代化早期阶段的那一地区，教育具有正的配置效应。"与投入要素使用有关的备用决策数目和复杂性的差异，导致了教育配置效应程度上的差异……这一结论的基础是在第四个地区发现的正教育配置效应。"[62]哈勒也得出了政府承担的教育成本和学生的家庭遭受的私人成本（这些成本中超过 80％是由学生放弃的收入所构成）。教育带来的可以识别和测度的收益被限制在第四个地区，并且他对教育回报率的估计也局限于该地区。在他的基本估计中，头三年的平均回报率为 68％，五年的整体回报率是 38％。他给出了哥伦比亚地区的投资回报率通常为大约 15％。哈勒研究的含义是，不存在来自工作效应的教育收益，第四个地区五年教育 38％的回报率所产生的收益主要来自成功应对伴随早期现代化出现的失衡的能力。[63]

在寻求对美国农业生产力进步加以解释的过程中，20 世纪 50 年代中期以来，我们开始把教育和农民劳动服务的质量当作理解尚未得到解释的生产力提高的主要因素。[64]格里利谢斯发展起来的系统性方法[65]给了我们一种新的测度方法，包括估计教育对农业生产的影响，尽管这种方法无法区分工作效应与配置效应。韦尔奇设计的研究率先对这两种效应进行了区分。[66]他的证据来自 1959 年的美国农业，当时农业投入正在迅速改善。韦尔奇遇到了一个谜题。受到大学教育的美国农民所占比例正在增加，而从事农业活动的大学教育的经济激励似乎不能只用工作效应来加以解释。尽管高度现代化的美国农业需要一些新增技能，然而用大学毕业生的这些新增技能来解释劳动服务收入非常可观的增长很不可信——在韦尔奇的研究中，大学毕业农民的劳动服务收入比高中毕业农民的劳动服务收入要高出 62％。韦尔奇结束时的评论既总结了他的结果，又在很大程度上揭开了这一谜题。"这里提供的信息在解释对大学毕业生需求的增长方面是重要的。考虑研究的影响。1940 年每一农场的研究支出是 4.3 美元，1959 年这一支出是 28.40 美元。根据他的论文中表 5 的系数估计，如果研究支出从 28.40 美元减少到 4.3 美元，在投入要素比例不变的条件下，大学毕业生对高中毕业生的相对工资会从 1.62 降低到 1.43，这表明大约三分之一的工资差异会消失。"[67]韦尔奇的分析并没有告诉我们大学和高中毕业生应对失衡的速度差异，这些失衡来自随着时间推移而发生的农业投入改进。他所发现的是，根据 1959 年的相对工资差异，大学毕业生实质上比高中毕业生更为成功。在大学教育一般回报率大约为 15％的假设下，我对韦尔奇结果的解释是，其中至少三分之一，即 5％，代表了新增配置能力的回报。

然而，给定时期跨部门数据的均衡模型，用来分析农民应对新投入机会的均衡化能力，还是不充分的。我们想知道谁最先和谁最快实现新均衡。在实现重新配置方面，最先作出恰当反应和行动最快的能力才具有经济价值。为了明确这些调整的相关细节，需要一个均衡模型和行为数据，在此指农民采用更为有利可图的新投入的行为数据。从这一点来看，赫夫曼的研究作出了重要贡献。[68]赫夫曼的分析从确定玉米带农民对氮肥实际价格下跌反应的速度开始。他得到了从 1950—1954 年到 1964 年五个州（伊利诺伊、印第安纳、艾奥瓦、明尼苏达和俄亥俄）的县级数据，这一时期这些州全部庄稼的氮肥使用量增长了五倍。不久，他发现，更便宜的化肥使得杂交种子公司和农业试验站能够开发和生产对化肥更敏感的杂交种子新品种，并提供可以增加产量的新型农业作业方式。他的调整模型和对数据的处理详细说明并考虑了前人在分析农民教育的工作和配置效应时忽视的许多重要变量。[69]

赫夫曼发现对失衡的调整与教育水平之间存在正而显著的关系。新增一年教育（在他的样本中是从 10 年到 11 年），将使得"每个农场的利润提高 52 美元，这是因为农场活动的配置效率单方面得到提高，即在玉米生产中使用了氮肥"[70]。

8. 结论

有足够的证据证明下述假设，即成功应对经济失衡的能力可以通过教育得到增强，这一能力是现代化经济中个体私人拥有的教育的主要收益之一。我们在家庭主妇、劳动者、学生和农民实现均衡的绩效中可以看到这一点。没有理由认为这种能力对工商业人士不重要，尽管还缺乏必要的证据。除非建立一个均衡过程模型，我们无法分析这种特定能力的作用。在这种模型中，企业家才能的作用能够得到极大的扩展，企业家能力才会被当作一种稀缺资源加以供给。

还有许多尚未解决的问题。我们是否能用心理学家所察觉的认知能力来替代教育作为解释变量呢？如果可以，是什么原因引起了认知能力的不同？它是在许多不同类型人类行为中显示出来的普遍能力吗？既然它在供给上是一种稀缺程度不断增加的资源，其经济价值提高所引起的供给反应又是什么？本章的研究使得我们向一段似乎很长的新征途迈出了第一步。

注释和参考文献

[1] 生物学上存在这样的争论：主张还原论的人认为所有生命现象都能够还原为根本的物理和化学运动规律，而主张层级论的人认为，生物系统的整体性对这一基本问题具有启发意义。

［2］心理学家和经济学家都依靠可观察行为来确定人们所具有的某项能力的价值，而这些可观察行为被假设为该项能力产生的后果。这样，心理学家探寻的是认知能力，即人们借以了解事件的心理活动，以及察觉事件的方式。我探寻的是察觉并正确解释经济事件的能力，这种能力是一类特殊的"认知能力"。

［3］K. J. Arrow, "General Economic Equilibrium: Purpose, Analytic Techniques, Collective Choice," *American Economic Review*, 64（3）（June 1973），253 - 272.

［4］K. J. Arrow, "Limited Knowledge and Economic Analysis," *American Economic Review*, 64（1）（Mar. 1974），1 - 10.

［5］M. Nerlove, "Lags in Economic Behavior," *Econometrica*, 40（2）（Mar. 1972），221 - 251；also "Household and Economy: Toward a New Theory of Population and Economic Growth," *Journal of Political Economy*, 82（2）（Part II, Mar. /Apr. 1974），S200 - 18.

［6］Theodore W. Schultz, "The High Value of Human Time: Population Equilibrium," *Journal of Political Economy*, 82（2）（Part II, Mar. /Apr. 1974），S2 - 10, reproduced in Theodore W. Schultz, *The Economics of Being Poor*（Blackwell, 1993），Part III, No. 5.

［7］L. Robbins, "On a Certain Ambiguity in the Conception of Stationary Equilibrium," *Economic Journal*, 40（June 1930），194 - 214.

［8］穆勒这样写道："我倾向于相信，它（静态）基本上是对我们当前状态的很大改善。我承认我并没有受到某些人所坚持的人生理想吸引，他们认为人类的正常状态是不断斗争；践踏、压榨和接踵而至的推挤，这些构成了当前社会生活，也是大多数人所渴望的，或者只是工业发展某一阶段令人厌恶的特征。"J. S. Mill, *Principles of Political Economy*, edited with an introduction by Sir W. J. Ashley（Longmans, Green and Co., London, Toronto and New York, 1909, as reprinted 1926），Book IV, chapter vi, p. 748.

［9］在静态思想的各种"好处"当中，穆勒并没有预见到"一般均衡理论"会成为经济学的分析核心，该理论假设经济条件是给定的。罗宾斯（"On a Certain Ambiguity"，第 202 页）指出，穆勒《政治经济学原理》（*Principles of Political Economy*）第 4 册第一段表示"在我们已有的均衡理论上增加一种运动的理论，即在政治经济学的静态学上添加动态学"，这就为许多意义含糊不清的问题敞开了大门。罗宾斯继续紧盯均衡理论，认为无法扩展它以处理经济发展问题；参见他的 *The Nature and Significance of Economic Science*, Macmillan, London, 2nd edn, 1935。

［10］A. Marshall, *Industry and Trade*（Macmillan, London, 1919），p. 195.

［11］有些人类学者的研究表明，在一些孤立的"原始"社区，对生产要素的报酬通过惯例固定下来。

［12］这是我有关传统农业农民配置效率的分析基础：Theodore W. Schultz, *Transforming Traditional Agriculture*, Yale University Press, New Haven,

Conn. , 1964。然而，基于我在 1964 年出版的这本书中所谨慎关注的理由，事实上很少看到农民处于"完美"均衡的状态和时期。

[13] Gary S. Becker, *Economic Theory* (Alfred A. Knopf, New York, 1971), pp. 122 – 123.

[14] B. F. Hoselitz, "The Early History of Entrepreneurial Theory," *Explorations in Entrepreneurial History*, 3 (Apr. 1951), 193 – 220.

[15] J. A. Schumpeter, *The Theory of Economic Development*, trans. R. Opie 1911 (Harvard University Press, Cambridge, Mass. , 1934; 3rd edn, 1948).

[16] T. C. Cochran, "Entrepreneurship," in *International Encyclopedia of the Social Sciences*, vol. 5, ed. D. L. Sills (Macmillan and The Free Press, New York, 1968), pp. 87 – 91.

[17] I. M. Kirzner, *Competition and Entrepreneurship* (University of Chicago Press, Chicago, Ill. , 1973).

[18] 重要的开端性论文来自 Gary S. Becker, "A Theory of the Allocation of Time," *Economic Journal*, 75 (Sep. , 1965), 493 – 517。

[19] 我已经概述了时间价值提高对纯消费活动影响的经济学逻辑，工艺技术改进对消费时间节约所起作用很小或没有作用这一判断的可信性，以及消费所需时间成为物质经济增长上限关键因素这一结论的含义。参见 Theodore W. Schultz, "The High Value of Human Time"。

[20] 人们从资源配置中获益并不意味着他们的情况一定会比失衡发生之前要好，但的确表明，相对于处在失衡情形下而言，他们的经济地位有所改善。

[21] See Zvi Griliches: "Hybrid Corn: An Exploration in the Economics of Technological Change," *Econometrica*, 25 (4) (Oct. 1957), 501 – 522; "Hybrid Corn and the Economics of Innovation," *Science*, 132 (3422) (July 1960), 275 – 280.

[22] 对分析可观察行为重要的那部分需求曲线处于大大超过零收益的位置，原因在于，如果收益很低，则引导均衡过程的激励过小，不足以确保实现完美均衡。与杂交玉米事件有关的失衡现象就很有启发意义。它在 20 世纪 30 年代出现并迅速推广到整个玉米带。然而，就接受杂交玉米的采用率来看，存在显著的地域差异。这些差异是从可供利用的杂交品种中得到的产量增长所导致的盈利能力有很大不同的结果。在艾奥瓦州，五年之内，杂交品种种植总面积的百分比从 10% 增加到 90% 以上，而在威斯康星州，同一时期只增加到 60%（参见格里利谢斯，同上）。

[23] 尽管在观察并采取行动方面的能力相对较低，他们应对强激励的绩效无疑表明，在世界最不发达地区的人口中，也存在胜任工作的能力。绿色革命时期小型、贫穷、受教育程度低的印度农民对新的、高产的小麦变种的迅速采用，是对这一点的有力证明。

[24] E. Mansfield et al. , *Research and Innovation in the Modern Corporation* (Norton, New York, 1971), p. 199.

［25］Finis Welch，"Education in Production," *Journal of Political Economy*，78（1）（Jan. /Feb. 1970），35 - 59.

［26］See G. S. Tolley，"Management Entry into US Agriculture," *American Journal of Agricultural Economics*，52（4）（Nov. 1970），485 - 493.

［27］See Ezra Sadan，Chaba Nachmias，and Gideon Bar-Lev，"Education and Economic Performance of Occidental and Oriental Family Farm Operators," unpublished paper（Lima，Peru，Oct. 11，1974）.

［28］Margaret R. Reid，*Economics of Household Production*（Wiley，New York，1934）.

［29］Theodore W. Schultz，*The Economic Organization of Agriculture*（McGraw-Hill，New York，1953）.

［30］See Theodore W. Schultz（ed. ），*Family Economics：Marriage，Human Capital and Fertility*（University of Chicago Press，Chicago，Ill. ，1975）.

［31］R. T. Michael，*The Effect of Education on Efficiency in Consumption*，Occasional Paper 116（National Bureau of Economic Research，New York，distributed by Columbia University Press，1972）.

［32］参见 R. T. Michael，"Education and the Derived Demand for Children：New Economic Approaches to Fertility," *Journal of Political Economy*，81（2）（Part II，Mar. /Apr. ，1973），S128 - 164。他回顾了大量文献对这一主题的研究，给出了对 10 种不同避孕技术有效程度的估计，并分析了美国 1965 年国民生育调查（National Fertility Survey）数据，以确定教育的影响程度。

［33］参见迈克尔对玛格丽特·R·里德研究的引用，"Education and the Derived Demand for Children：Comment," *Journal of Political Economy*，81（2）（Part II，Mar. /Apr. ，1973），S165 - 167。

［34］N. B. Ryder，"Time Series of Pill and IUD Use：United States，1961—1970," *Studies in Family Planning*，10（Oct. 1972），233 - 240.

［35］家庭主妇受教育程度导致 1961—1970 年避孕药使用率的差异，显示了一种与各州农民在杂交玉米使用上非常类似的模式。

［36］D. E. Hathaway and B. E. Perkins，"Occupational Mobility and Migration from Agriculture," in *Rural Poverty in the United States*，President's National Advisory Commission on Rural Poverty（US Government Printing Office，Washington DC，1968），185 - 237.

［37］同上，第 211 - 212 页。该研究对一些传统看法提出了挑战。作者们发现，在其他条件相同的情况下，低收入农村地区黑人和白人从农业到非农行业的流动率，都比高收入农村地区的流动率要低一些；远距离移民并不存在经济利益；低收入地区农民回流比更为繁荣的地区高，很大程度是因为低收入地区大多数人缺乏在非农行业获得成功的必要条件。

［38］S. Bowles，"Migration as Investment：Empirical Tests of the Human Investment Approach to Geographical Mobility," *Review of Economic Statistics*，52 (4)（Nov. 1970），356－362；see p. 362.

［39］L. A. Sjaastad，"The Costs and Returns of Human Migration," *Journal of Political Economy*，70（Part II，Oct. 1962），80－93.

［40］A. Schwartz，"Migration and Lifetime Earnings in the US," unpublished PhD dissertation（University of Chicago，1968）.

［41］A. Schwartz，"On Efficiency of Migration," *Journal of Human Resources*，6（2）（Spring 1971），192-205.

［42］J. O'Neill，"The Effects of Income and Education on Inter-Regional Migration," unpublished PhD dissertation（Columbia University，1969）.

［43］T. J. Courchene，"Inter-Provincial Migration and Economic Adjustment. " *Canadian Journal of Economics*，3（4）（Nov. 1970），550－576.

［44］T. Paul Schultz，*Population Growth in Internal Migration in Columbia* （RAND，RM－5765/RC/AID，Santa Monica，California，1969）.

［45］R. B. Freeman，*The Market for College-Trained Manpower*（Harvard University Press，Cambridge，Mass. ，1971）.

［46］R. B. Freeman， "Decline of Labor Market Discrimination and Economic Analysis," *American Economic Review*，63（2）（May 1973），280－286.

［47］Gary S. Becker，*Human Capital*（National Bureau of Economic Research，New York，1964）：see table 14 and pp. 128－130.

［48］从 1940 年到 1957 年，高中毕业生所占人口百分比从 12％上升到 22％；大学毕业生所占比例则从 5％上升到 9％。参见 Becker，*Human Capital*，table 15。

［49］Theodore W. Schultz，"Optimal Investment in College Instruction：Equity and Efficiency," in *Investment in Education：The Equity-Efficiency Quandary*（University of Chicago Press，Chicago，Ill. ，1972），pp. 12－30.

［50］See Welch，"Education in Production. "

［51］Zvi Griliches，"The Sources of Measured Productivity Growth：United States Agriculture，1940—1960," *Journal of Political Economy*，71（4）（Aug. 1963），331－346；"Research Expenditures，Education，and the Aggregate Agricultural Production Function," *American Economic Review*，54（6）（Dec. 1964），961－974；"Notes on the Role of Education in Production Functions and Growth Accounting," W. L. Hauser（ed. ），*Education，Income，and Human Capital*（National Bureau of Economic Research，New York，1970），pp. 71－115.

［52］D. P. Chaudhri，"Education and Agricultural Productivity in India," unpublished PhD dissertation（University of Delhi，1968）. See also his "Rural Education and Agricultural Development：Some Empirical Results from Indian Agriculture," in P. Foster and J. R. Sheffield（eds），*World Year Book of Education 1974* （Evans Brothers，London，1973），pp. 372－386.

［53］B. R. Harker，"Education，Communication，and Agricultural Change: A Study of Japanese Farmers," unpublished PhD dissertation (University of Chicago, 1971); "The Contribution of Schooling to Agricultural Modernization: An Empirical Analysis" in Foster and Sheffield, *World Year Book of Education 1974*.

［54］P. R. Moock, "Managerial Ability in Small-Farm Production: An Analysis of Maize Yields in the Vihiga Division of Kenya," unpublished PhD dissertation (Columbia University, 1973).

［55］C. C. Wu, "The Contribution of Education to Farm Production in a Transitional Farm Economy," unpublished PhD dissertation (Vanderbilt University, 1971); also "Education in Farm Production," paper presented at Eastern Economics Association meetings (Oct. 1974).

［56］T. E. Haller, "Education and Rural Development in Columbia," unpublished PhD dissertation (Purdue University, 1972).

［57］W. E. Huffman, "Contributions of Education and Extension to Differential Rates of Change," unpublished PhD dissertation (University of Chicago, 1972).

［58］Schultz, *Transforming Traditional Agriculture*.

［59］S. Tax, *Penny Capitalism*, Smithsonian Institution Publication No. 16 (US Government Printing Office, Washington DC, 1953, reprinted by University of Chicago Press, 1963).

［60］D. W. Hopper, "The Economic Organization of a Village in North Central India," unpublished PhD dissertation (Cornell University, 1957).

［61］R. Evenson, "Research, Extension and Schooling in Agricultural Development", in Foster and Sheffield, *World Year Book of Education 1974*, pp.163 - 184; see also "The 'Green Revolution' in Recent Development Experience," Agricultural Economics Workshop paper (University of Chicago, Jan. 17, 1974).

［62］T. E. Haller, "Education and Rural Development in Columbia."

［63］关于正规教育的价值，乔德哈里的结果与舒尔茨对早期农业发展阶段的分析是一致的，并且哈勒也提供了有力的证据加以支持，参见 Theodore W. Schultz, "The Education of Farm People: An Economic Perspective," in Foster and Sheffield, *World Year Book of Education* 1974, pp.50 - 68.

［64］Theodore W. Schultz, "Reflection on Agricultural Production, Output and Supply," *Journal of Farm Economics*, 38 (Aug. 1956), 748 - 762.

［65］Griliches, "Hybrid Corn," 1957 and 1960.

［66］Welch, "Education in Production." 来自一篇未发表论文，"Education, Information, and Efficiency" (National Bureau of Economic Research, New York, June 1973)，韦尔奇在该文中对 1970 年论文进行了一些扩展，主要部分包括信息价值的理论分析、贝叶斯学习模型及其应用。该文也对以下文献的分析及贡献作了综述：Nabil Khaldi, "The Productive Value of Education in US Agriculture, 1964," unpublished PhD dissertation（Southern Methodist Universtiy，1973）；by George Fane，"The Productive Value of Education in US Agriculture," unpublished PhD dissertation（Harvard University，1973）；and by Huffman，"Contributions of Education."

　　［67］Welch，"Education in Production," p. 55.

　　［68］Huffman，"Contributions of Education"；see also "Decision Making: The Role of Education," *American Journal of Agriculture Economics*，56（1）（Feb. 1974），85 - 97.

　　［69］氮肥相对价格的下降、杂交玉米品种包括对化肥反应比早期品种更好的单交玉米品种的改良、新庄稼轮作方法使得每英亩土地能够栽种更多作物，这些快速变化的结果是，氮肥的平均经济最优使用量已经翻倍，比如艾奥瓦州 1959 年的县均最优氮肥水平为每英亩 81 磅，1964 年为每英亩 166 磅。艾奥瓦州 1959 年用于所有玉米种植面积上的平均氮肥数量为 213 磅，1964 年已经上升到每英亩 239 磅。到 1969 年，艾奥瓦州的实际氮肥使用量已经接近每英亩 101 磅。

　　［70］Huffman，"Decision Making," pp. 94 - 95.

第*4*章 人类时间价值的提高[*]

思想和制度对于我们高度重视人的生命和人类时间价值的显著提高有什么样的作用呢？庆祝我们建国二百周年所取得的成就无可厚非，但更重要的是批判性地反思和重新评价根植于我们制度中的社会、政治和经济思想。由于 1776 年出现了一批具有影响力的书籍、短论和文件，可以很方便地推断这些思想出现的相应年代。尽管这些思想是构成我们社会传统的重要内容，然而认为它们理所当然则不再能够满足我们的需要。由于缺乏强有力的其他可供选择的社会、政治和经济思想的支持，这种传统已经在逐渐衰落。

经济研究局（Economic Research Service）二百周年座谈会提供了一个机会来考察社会思想与政治经济的相互影响——特别地，需要关注农业生产力的经济史；土地所有者的社会、政治和经济影响的衰落；以及人类时间经济价值的上升。

随着时间的推移，个人与集体的行动受到思想观念与制度之间相互影响带来的结果的制约，这些思想观念与制度由人与人之间可观察的反应行为构成。在此意义上，观念嵌入社会思想之中，而制度维系社会、政治、经济秩序。思想观念对制度化秩序的反应由两种历史类型构成：一类有助于将支配性秩序编纂成法律并使之合理化，另一类在反对现有秩序中产生、逐渐体现在社会思想中并强大起来使得支配性制度发生实质改变。

从经济学的观点来看，思想与制度相互作用的结果在各个时期有着

---

* 本章以《时间演变下人类时间的经济价值》的名义首次发表于经济研究局（1977 年 6 月）主办的纪念建国二百周年座谈会《农业经济学专题论文集》，美国农业部出版，第 1～24 页。

显著的不同。从四个时期来加以考察是有用的：1776 年之前的重商主义时期；接着的经济自由主义时期；最近的表现为从中央计划经济到命令经济等各种形式的新重商主义时期；方兴未艾的、在反对各种集权和独裁的制度化秩序中产生的新自由主义时期。

例如，流行了数十年的重商主义制度，在 1776 年之前就已经在英格兰合理化为经济思想。这些思想观念为政府对贸易、国内价格与工资、移民的限制提供了支持。这种社会政治秩序也通过国教和法律得到支撑。

在反抗当时支配性制度化秩序所带来的不利社会经济影响的过程中，1776 年是非同寻常的一年，各种奠定自由主义基础的学术出版物都出现在这一年度。在一个开放的竞争性经济中，人们对市场价格作出反应，该市场价格不受垄断者所操控，具有国家作用受到极大限制的政治秩序——这就是亚当·斯密的经典贡献。斯密的经济思想得到他同时代更一般的自由思潮的补充，在接下来的数十年时间里深刻地改变了政府的制度化功能。

工业化带来了不利的社会影响。由于自由主义对这种资本主义经济特性加以调和，因而受到了广泛的批评。这些产生于卡尔·马克思之前的批判性思想，被称为各种形式的社会主义。然而，马克思的贡献在于统治了社会主义所需要的政治经济基础。对马克思主义思想的反应极大地改变了许多民族国家的制度。政府的经济职能则扩展成为新重商主义的一种新形式。

在反对社会主义的过程中，目前产生了一种新自由主义。由于社会主义依赖政府职能的大幅度扩展，导致了一些国家的极端独裁政府。由于目前普遍可以看到的政府制度对个人自由的负面影响，类似于两个世纪之前对社会秩序的反抗再度出现。

本讲座所持见解的核心并不直接讨论上述各种经济体系的思想与制度。然而，我将提出的历史证据的确提供了某些间接信息，这些信息导致了对古典理论和社会主义经济理论充分性的置疑。本章所呼吁研究的经济史支持下面四个命题，它们不同于长期以来形成的两种理论体系。

第一个命题来自这一事实，即高收入国家尤其是美国的工薪劳动者，由于他们对人力资本进行了大量投资，已经成为了资本家。工人们在人力资本投资过程中所应对的机会或激励并不包含在李嘉图或马克思提出的理论之中。这些因素也不包含在凯恩斯主义经济学的整体理论之中。

第二，古典经济学核心的基础假设是李嘉图租金在个人收入份额中具有支配性地位，而实际情况与此相反，在高收入国家，随着时间的推移，土地所有者的经济及相应的社会政治地位事实上已经显著下降。

第三，与马克思理论相反，并且在古典理论中也没有预料到的是，功能性收入分配的变动对减少个人收入分配不平等已经产生重要影响。

第四，考虑到马尔萨斯前景，直到近期，理论还是对高收入国家生育率下降的经济含义视而不见。尚有其他重要含义在本章中没有反映出来，即高收入国家农产品生产所需劳动力的显著下降。如果不考虑现有理论的源泉或模式，这些重要的历史经济发展是无法从理论中推导出来的。

我首先提出经济分析方法的基本原理；然后转向人类时间价格上升的度量，以及自然资源价格和租金的长期趋势。最后，我考察了一些人类时间价格提高的具体含义。

1. 人类时间价格分析的经济学方法

价值和资本是经济学的核心。事件与人类行为会改变价值总量和资本存量。那些扩大选择范围的改变对社会发展是有利的。各种形式的资本在其性质上有着显著不同。自然资源是（经济上）不可再生的；厂房、设备和商品存货是可再生的物质实体；人类是具有人力资本属性的生产性主体。人类也是最优化主体，并且，从根本意义上说，在使用各种形式资本的过程中，人类的偏好是最重要的。人力资本的概念及这一概念的发展与使用，是理论上最近的创新。在高收入国家，人力资本的增长速度超过了非人力资本的增长速度。

尽管不时会有糟糕的事件发生，高收入国家的人类行为已经导致人力资本个人存量的长期增长，这种增长又密切伴随着人类时间价值的上升。我们分析任务的一部分，就是对经济学核心加以扩展，用来解释长期变动环境下人力资本的形成与作用。

过去 25 年以来，我们已经得到了有关能够改变人力资本供给因素的经济学知识。学校培训、高等教育、在职经历、移民和健康都会影响人力资本供给。然而，解释人类时间经济价值的提高有两个主要因素，人力资本供给的变化仅仅是其中之一。通过人类时间价格显示的价值，是由市场和非市场服务的现有供给及需求，以及人们从其人力资本中获得的直接个人满足共同决定的。与对改变人力资本供给因素的经济学认识相比，我们对那些改变人力资本需求因素的认识并不令人满意。

要从历史视角认识有关人类时间价格尚未解决的问题，有必要超越当前事件和最近的经济增长现象。回忆一下早期英国古典经济学的核心是有用的，它依赖于以下命题：高度无弹性的土地（自然资源）供给形成李嘉图租金，人口增长导致长期不变（生存）工资，新增非人力资本和有用知识（生产工艺）进步带来更大规模的人口和李嘉图租金的上升。所有的家庭活动都被假设为非生产性的。相应地，重要的经济行为都被限制在市场性生产活动之中。

我们主要关心过去 70 年的经济史，以明确这样一个事实，即人类时间的价格在那些发展成为现代经济的国家已经得到显著提高，然后明确另一个事实，即自然资源（包括可再生和不可再生自然资源）服务实际价格的长期趋势已经基本上保持不变。结果，相对于自然资源服务的价格，人类时间价格的经济重要性已经极大地上升了。

考虑到历史的发展特性，我们怎么解答下列问题：为什么在高收入国家李嘉图租金已经丧失其经济影响力？为什么人口增长的同时实际工资反而显著提高？与此密切相关的是，相对于人类时间供给的数量与质量的共同提高，为什么对人类时间的需求增长得更快？

尽管很明显的是，劳动服务的价格上升既不能用生存工资理论来解释，也不能用劳动剥削理论来解释，但也存在这样的事实，即劳动收入占国民收入非常大的份额，只有劳动价值理论还是不够的。人力资本概念的发展使得有关劳动的经济学理论得到扩展，并在很大程度上解释了那些有价值的后天习得能力（包括经由投资形成的技能）在供给上的增加。但是劳动经济学的这种扩展，正如前面所隐约指出的，并不能解释对已经内嵌于人口之中的人力资本服务的需求增长。

我们从提出一个一般性理论开始，并以下述命题为基础展开进一步的讨论：资本服务的价值是找到我们所提问题之答案的关键。我们需要一个广义的资本概念。能够再生的有形财富只是资本的类型之一。尽管自然资源是不可再生的，本章也把它当作另一种类型的资本。在这种包含人力资本经济属性在内的广义资本概念中，人类个体是最重要的一类资本。[1]各种类型资本服务的价值都要通过人类行为体现出来。要解释这些行为，一种逻辑严密的经济理论需要以两个基本概念为基础：人类是最优化主体，其行为受到各自独特条件的约束；市场存在一个拍卖场，所有个体明确出价，确立使供求一致的交易条件。[2]

我们对人类时间价值提高的分析方法集中关注供求交点随时间的变动情况。能改变人类时间供给的变量相当明确：用于市场和非市场活动的全部时间，包括分配给消费活动的时间；从事这些活动的全部人口的时间结构与质量。这些供给变量对单位时间价格及其收入效应的反应是相互依赖的。

在现有经济学知识状态下，对那些能改变人类时间需求的变量还不完全清楚。自早期古典经济学以来，自然资源服务的数量和价格，以及价格对工资的影响已经成为经济学不可或缺的一部分。它们成为重要的变量之一，尽管在行为表现上并不完全同理论一致。而且，在高收入国家，从自然资源获得的租金对人类时间需求的影响很小。非人力可再生资本存量及其服务的价格，以及这类资本的各种形式，构成影响人类时间需求的一个重要变量。从这类资本获得的收入对人类时间的需求具有实质性影响，即使该收入相对于劳动获得的收入已经出现下降。另外一个日显重要的变量是工薪家庭对有能力的专业技术人员个人服务的需求。

这里所提出的方法还需要一个关键变量，即有用知识进步所导致的生产工艺和消费的变化。这一变量具有两个重要的特殊经济属性。就自然资源来说，它由对这些资源的新型人造替代物构成。就可再生物质资本来说，它由那些与熟练人力技能互补的新形式资本构成，进而增加了对这些人力资本的需求，提高了人类时间的价值。

现在我们来整理有关人类时间价格长期上升的历史证据，这些历史证据主要集中在 1900 年以来的时期。

2. 测度人类时间的价格

全世界大多数人所面临的经济条件使得他们的时间价值都非常低。劳动获得的报酬很少。工作很辛苦；生活很艰难。世界大多数国家都是低收入国家。然而，相比较而言，少数国家普通民众的时间价值是极其高的。从经济史角度来看，在这些例外国家里，人类时间价格较高，只是近期发展的结果。在李嘉图时代，地租事实上比工资要高。自马歇尔时代以来，实际工资逐渐得以增长。例如，从 1900 年到 1972 年，美国制造业以 1967 年美元表示的实际小时"工资"从大约 60 美分上升到 3.44 美元。[3]

我们先概览一下人类时间经济价值的长期增长情况。直接证据是估计 1900 年以来每隔十年的实际工资率。从美国开始,我们使用里斯的国民经济研究局(NBER)报告,它对制造业生产工人每小时工作报酬进行了估计,这些数据可以作为市场部门人类时间价格的代表。每隔十年的实际小时价格都在上升。到 1972 年,每小时实际工作报酬的增长已经超过了 5 倍。正如可以预期到的,每小时实际工作报酬的年度估计也发现有几年出现了下降情况。这种情况在第一次世界大战前有 3 个年度,在第一次世界大战后有 8 个年度。[4]然而,表 I.4.1 表明,每小时实际工作报酬存在显著的上升趋势。

表 I.4.1　美国制造业生产工人的每小时工作报酬,1900—1972 年

年度	里斯的估计(以 1967 年美元计量)	指数(1900 年=100)
1900	0.60	100
1910	0.70	117
1920	0.92	153
1930	1.06	177
1940	1.60	267
1950	2.15	358
1960	2.85	475
1970	3.27	545
1972	3.44	573

注:对 1970 年和 1972 年的估计是使用类似方法得到的。使用 1967 年美元对里斯的估计进行了调整(他使用的是 1957 年美元)。

资料来源:Albert Rees, *Long Term Economic Growth*, *1860—1970* (US Bureau Economic Analysis, Washington DC, 1973), app. 2, B70, pp. 222 - 223.

一般来说,法国、德国、瑞典和英国的工业部门实际工资的上升趋势同美国很相似(见表 I.4.2)。不过,它们的不同之处在于,大约在 1960 年之前,瑞典和美国的实际工资增长率比其他三个国家要高,而其他三个国家中英国的工资增长要慢一些。实际工资变动也存在值得注意的其他国别差异。法国和英国在 1900—1910 年实际工资没有增长。自 1925 年以来,瑞典和美国的实际工资要大幅领先于其他三个国家。(这是否因为战争带来不同影响所导致的重要结果呢?)一直到 1960 年,瑞典和美国都保持了这种领先状态,而英国始终低于其他国家。最后,在 20 世纪 60 年代整个十年期间,法国和德国,加上瑞典和美国,

1900—1970 年实际工资增长了 3 倍，而英国的增长为 2 倍。

表 I.4.2　法国、德国、瑞典、英国、美国工业实际工资指数，1900—1970 年（1890—1899 年＝100）

年度	法国	德国	瑞典	英国	美国
1900	112	108	110	104	110
1910	112	116	131	104	210
1925	135	127	158	113	160
1930	138	156	183	124	160
1938	142	155	190	133	203
1950	168	174	252	169	292
1960	290	282	343	219	381
1970	442	482	473	301	446

注：在解释表 I.4.2 所示的实际工资增长时，应当牢记我们研究的是年度工业实际工资。它们并非小时工资。比起里斯的估计，在获得就业总工作报酬方面它们是不完整的数据。相应地，里斯的增长率估计要比布朗的估计高。这样，布朗对美国 1900—1970 年的实际工资估计表明存在 3 倍增长，而里斯的实际小时工资估计表明存在更高的 4 倍增长。

资料来源：E. H. Phelps Brown, "Levels and Movements of Industrial Productivity and Real Wages Internationally Compared, 1860—1970," *Economic Journal*, 83, 58-71. 根据附录表 III 和表 V 整理。

　　实际工资上升的事实有力地表明，除了实际工资折算指数蕴含的人类时间价格之外，相对于工资水平而言，各种价格都下降了。由于古典理论认为随着资本积累和人口增长，地租面临上涨压力，而自由主义和社会主义思想都关注地主的"不劳而获"收入，我们转而讨论那些主要依赖自然资源服务的价格变动趋势，并对农业用地的李嘉图租金加以评论。

3. 自然资源的价格和租金

　　我们现在给出这些自然资源价格变动趋势的证据。我们将集中关注那些与自然资源最密切相关的商品，因为人们普遍认为自然资源可能是经济发展的主要限制因素。我们考虑可再生自然资源（农业资源和森林资源）和不可再生自然资源（矿产资源，包括矿物燃料），并考察由这些自然资源形成的商品价格变动趋势。我们把这些自然资源统称为采掘业。我们所说的商品价格当然不是纯粹的自然资源原材料价格；相反，它们是劳动和可再生资本的生产性服务与自然资源原材料的各种组合产品的价格。

相应地，我们的采掘业包括采矿业（主要是金属和矿物燃料）、农业和林业。这些行业生产的大多数商品的物理、化学和生物特性倾向于长期保持不变。例如，1900 年生产的 1 蒲式耳小麦，与 1970 年的小麦相比，差异极小。类似保持不变的商品还有铅、铜或硫黄。不过，牛奶和其他牲畜商品仍然存在质量变动的情况。一般来说，这些商品价格的历史记录比最终产品或中间产品价格的历史记录更为可靠。就美国而言，波特和小克里斯蒂[5]对内战结束不久之后到 20 世纪 50 年代中期采掘业商品年度数据的估计进行了杰出研究。曼泰对波特-克里斯蒂的研究进行了更新。[6]

表 I.4.3 的经验数据表明，与表 I.4.1 显示的实际小时工资超过 4 倍增长的情形相比，自然资源商品折算价格在 1900—1972 年并不具有上升趋势，而是有轻微的下降趋势。[7]在农业内部，尽管这一时期政府采用了各种支持价格政策，粮食折算价格还是下降了大约三分之一。该时期结束时的牲畜价格折算总指数回复到了其初始水平（见表 I.4.4）。一般来说，比起粮食生产成本，人类时间价格对牲畜产品的生产成本的影响要多一些。表 I.4.5 中矿物燃料的折算价格表明，尽管 1972 年的矿物燃料价格折算总指数比 1900 年下降了大约四分之一，但烟煤折算价格上升、石油折算价格下降。毋庸置疑的是，实际工资的提高很大程度上导致了烟煤价格的上升。

表 I.4.3　　　　美国采掘业商品价格折算指数，1900—1972 年

(1900 年＝100)

年度	商品价格折算总指数	农业商品价格折算总指数	林业商品价格折算总指数	金属商品价格折算总指数
1900	100	100	100	100
1910	99	126	99	76
1920	109	111	97	66
1930	76	90	56	45
1940	77	86	87	60
1950	108	131	99	68
1960	87	95	90	75
1970	79	88	74	76
1972	83	92	84	71

资料来源：N. Potter and F. T. Christy Jr, *Trends in Natural Resource Commodities* (Johns Hopkins Press for Resources for the Future, Baltimore, 1962). 实际价格通过产出加权得到，使用密歇根州立大学罗伯特·曼泰 1967 年权数加以更新。实际价格指数使用消费者价格指数折算，1967 年＝100。

表 I.4.4　　　　　美国农业商品价格折算指数，1900—1972 年

(1900 年＝100)

年度	农业商品价格 折算总指数	牲畜价格折算 总指数	粮食价格折算 总指数
1900	100	100	100
1910	126	127	118
1920	111	118	87
1930	90	99	73
1940	86	95	73
1950	131	141	110
1960	95	101	75
1970	88	100	66
1972	92	104	69

资料来源：见表 I.4.3。

表 I.4.5　　　　美国金属和矿物燃料商品价格折算指数，1900—1972 年

(1900 年＝100)

年度	金属商品价格 折算总指数	矿物燃料价格 折算总指数	石油价格 折算指数	天然气价格 折算指数	烟煤价格 折算指数
1900	100	100	100	100	100
1910	76	48	42	—	93
1920	66	118	131	118	146
1930	45	61	59	114	79
1940	60	59	57	80	104
1950	68	81	84	68	156
1960	75	79	79	119	125
1970	76	72	68	111	125
1972	71	73	67	112	143

资料来源：见表 I.4.3。

　　我们没有在上述自然资源商品价格的研究过程中使用经济理论。我们既没有使用理论去获得貌似有理的结果或推导出可检验的假说，也没有去验证上述研究中所报告的价格变动行为。我们对实际数据使用这种明显非理论方法的理由在于，不存在一个可以容纳这里所考察的发展类型的一般经济理论。有些理论认为，在工业部门所使用的资本、劳动和自然资源商品之间存在替代，但它们也存在相互冲突。[8]一些学者研究了与自然资源商品价值有关的舒适性服务的价值。[9]再早一点，就是那种被视为引入李嘉图租金的一般理论了。

　　世纪之交的现有理论预测，自然资源商品价格会相对于工资而上

升，自然资源所有者获得的租金收入所占国民收入份额会提高。其中最权威的就是马歇尔在其《经济学原理》第八版前言中所作的中肯、雄辩的预测。上述研究中观察到的自然资源商品价格，包括农业生产的粮食价格，很明显同马歇尔的预测并不一致。而且，正如我们已经表明的，他有关农业用地租金的预测也同他那个时代以来的事实不相符合。

目前没有现成的适合我们当前研究的一般理论。我们当前的研究，只限于局部理论，对自然资源商品的需求和供给，以及直接来自大自然的舒适性服务进行研究。有大量实证研究涉及对各种农产品、原材料和一些舒适性服务的消费需求收入弹性。那些有关需求价格弹性的理论和实证研究对于分析这几十年来的发展现象并不特别有用。

一提到不可再生自然资源，人们通常认为它们最终会消耗殆尽，或其舒适性源泉会受到永久性的损害，这毋庸置疑。至于可再生自然资源，在地球表面，适宜生长的、农业和林业所依赖的庄稼和树木也存在一个最终限制，对此也用不着争论。关于这一点，关键的尚未解决的经济学问题是，自然资源、劳动和可再生资本之间的替代可能性随着时间的推移会发生变化。

在研究这一问题时，建立一种有关下面每一类活动替代可能性的特殊理论是有用的：在生产自然资源商品和提供舒适性服务时，资本和劳动对自然资源的直接替代；在工业生产中，资本和劳动对自然资源商品的替代；家庭生产也有类似的行为；在最终消费时，为了节约自然资源而进行的调整。然而，为了全面处理各种各样的替代可能性活动，我们也需要知道实现替代的技术可能性如何随时间推移而变动。

回想一下，一系列广泛的自然资源人造替代物已经得到发展；即农业生产中对土地的替代物，工业与家庭生产以及最终消费中对自然资源商品的替代物。这些过去产生的替代物能够被识别，它们的供给影响能够被确定，但是公平地说，经济理论还无法预测那些能替代自然资源的新增或新人造替代物的供给。缺少这种理论并不意味着我们完全忽视了这方面的未来发展。

在研究作为一种自然资源服务价格的农业地租之前，有必要简短讨论一下我们有关其他类型经济活动替代的现有知识。汉佛莱和莫罗尼简要地给出了美国制造业中资本、劳动和自然资源商品之间的替代情况。[10]在评论了两组相互冲突的观点之后，他们呼吁提供新的证据，并使用两个可供选择的研究设计来估计1963年制造业的替代关系。他们的结论是，不管投入替代的根本原因是技术引致还是价格引致，有证据表明，大多数美国制造业资源使用自然资源进行生产时，都可用劳动和（更小程度上的）资本对自然资源进行替代。

对家庭生产中的替代还不存在类似的研究。毫无疑问，部分原因在于把理论扩展用于处理家庭生产和进行经验分析在经济学中尚是前沿性的新近研究。对替代的一些有用研究可以在最终消费结构（包括自然资源的舒适性消费）的选择中找到。

我们有关价格变动趋势的分析是令人愉快的；更少的劳动可以获得更多的报酬，1970年可以用与1900年相同的实际价格买到足够多的自然资源商品，尽管这一时期人口数量从0.76亿增长到了2.03亿，GNP几乎增长了9倍。然而这是真实的情况吗？我们的价格折算因子明显受到日益上升的劳动力成本的影响。对于自然资源商品价格来说，它或许并不是恰当的价格折算因子。除此之外，我们处理自然资源的价格效应时存在一个严重缺陷。这一缺陷来自这一事实，自然资源租金在实际商品价格中的比重是不断下降的。相应地，由于工资和可再生性资本成本构成的商品生产实际成本的比重不断提高，这导致我们在前面研究的商品价格存在偏高倾向。尽管采掘业人均小时产出已经提高了，我们发现，一般来说，商品的劳动密集程度越高，则该商品价格偏高的倾向越大。例如，就农业而言，小麦的折算价格在1900年到1970—1972年下降了一半，而新鲜土豆的价格在1920年（这是可以得到该价格资料的最早时间）到1972年提高了一倍。但愿我们能够确定这些自然资源服务的真实价格。

假如我们知道支付给农业土地初始所有者的真实租金，我们就可以得到最重要的自然资源服务价格，因为农业产出的价值决定着所有采掘业产出的总价值。[11]但是我们仍然无法得到想要的租金，因为这里所给出的租金肯定也存在偏高倾向并随着时间的推移不断提高。这些农业地租并不是李嘉图租金；其中一部分才是支付给土地初始所有者的租金。

农业土地生产率中的很大一部分是通过土地改良投资而人为形成的。无疑也存在某些投资减少的情况和时期。在20世纪30年代的美国，土壤贫化（包括水蚀和风蚀）就成为一个广为人知的问题。罗斯福新政就为土壤保持方案提供了政府补贴。尽管真实土壤贫化问题被过度夸大了，土壤保持方案，除了其他作用外，已经为土地改良提供了公共投资。

为了了解人为因素影响农业土地生产率的程度，我们暂时把目光转向世界其他地方。除了波河流域、英格兰部分地区和法国，西欧的原始土地通常相当贫瘠。成为农业用地之后，这些土地的效率就提高了。芬兰原始土地的生产力比邻近的大多数苏联西部地区要低；不过今天这些芬兰土地的生产力要远远超过苏联西部地区。日本原始农业土地的生产力普遍都要比印度北部地区低些。现在，它们之间的差异则是表现为日本农业土地的生产力更高了。阿根廷有着丰富的适宜玉米生长的自然土壤和肥沃的小麦产地，但是它的玉米产量远远低于艾奥瓦州和堪萨斯州。从很早的时期开始，大多数农民所面临的都是贫瘠原始的土地；随着时间的推移，更为重要的是那些提高其生产力的投资。

在美国，农民们改良原始土地的投资形式多样且数量庞大。然而，这些投资并没有以稳定速率增长，因为投资激励随时间的推移有很大的变动。在 20 世纪前二十年的大多数年份里，这些投资数量很大，尤其是对排水系统的投资，它们现在已经成为玉米带的最好设施。从 1920年到 1929 年，农田改良投资处于低潮，20 世纪 30 年代更是如此。此后，政府承担了大部分农田改良投资支出，这些投资迅速增长起来。现代运土设备显著降低了梯田开垦、防止水源流失、土地平整等方面的成本。自 20 世纪 30 年代以来，灌溉面积增加了一倍；目前达到 4 000 万英亩，为此耗费了数十亿美元，其中大部分都是美国纳税人支付的。

在山区和太平洋沿岸各州土地更为干旱和经营更为粗放的农业区域，为牧场（包括那些质量好的处于更高纬度的草场）所支付的现金租金，在 1970 年，平均起来每英亩土地要低于 4 美元。从加利福尼亚每英亩农地的市场价值，可以得到租金中所隐含的投资效应信息。1970年，没有灌溉系统的农田每英亩售价平均为 560 美元，与之相比较，有灌溉系统、用于集约农田经营的土地售价为 1 090 美元。有灌溉系统、用于运输和种植蔬菜的土地每英亩售价为 1 670 美元，而有灌溉系统、对果树进行了投资的果园和小树木每英亩售价为 2 730 美元。[12]

林德特的一项有关土地稀缺性的研究[13]包括了回溯到 1900 年农地租金的系列数据。它们是中西部 5 个州的每英亩土地的总现金租金。实际总租金使用消费者价格指数调整后得到。从 1900 年到 1915 年，这些租金几乎提高了 15％，到 1920 年下降了 30％，到 1940 年甚至降到更低。林德特的系列数据表明 1950 年开始出现了上升趋势。1970 年这些租金比 1900 年提高了 6％，但比 1915 年要低些。

尽管农地价格和农业商品价格随着时间的推移比总现金租金波动更大，但它们的变动模式通常来说还是相当类似的。不过，这些模式没有提供任何有关初始土地所有者所得租金占总现金租金比重的直接证据。

有间接证据表明土地所有者的支出，包括他们为管理这些土地付出的时间价值，从 1900 年到 1970 年已经大为上升。这一间接证据也表明，自 1900 年以来，土地改良投资、建筑及其他设施的投资，尤其是畜牧业地区（例如中西部）的投资，已经变得相当大。我对这一间接证据的解释是，1900 年到 1970 年，李嘉图租金占总现金租金的比重下降了，根据我们提供的理由，该比重可能下降了三分之一。如果这一解释正确，它意味着折算后的总现金租金在 1900 年和 1970 年大概相同，结果，土地资源所贡献的价值生产力大幅下降了。造成这种下降的主要因素是社会发展对农地租金的影响，以及农地人造替代物的使用。

我们已经使用 70 年的经济数据来证明了人类时间经济价值的显著上升趋势。与此形成鲜明对比的是，正如我们已经看到的，这一时期那些最为依赖自然资源的原材料的价格并不具有上升趋势。尽管数据中并没有显示出，但仍然值得注意的是，1860 年到 1900 年实际工资确实有所提高。这种增长幅度很小，几个世纪大概增长了十分之一到一倍，表 I.4.2 给出了包括美国在内的各国相关数据。再回到更早期的历史，在李嘉图时期，实际工资也在上升，但这是根据食物成本作出的比较。小麦价格相对于工资的变动能给出相关信息。下面的估计告诉了我们许多有关小麦应用和工资水平的经济史。

	两周的工资（蒲式耳小麦）
李嘉图时期（1817 年）的英格兰	1
马歇尔时期（1890 年）的美国	20
80 年之后（1970 年）的美国	200
非常贫穷的国家（1975 年）	
印度农民	3.5
印度田野劳动者	2 或更少
	（李嘉图影子价格）

4. 人类时间价格提高的意义

人类时间价格提高的社会、政治和经济影响是无所不在的。它为解答许多谜题提供了思路。这些谜题包括制度从支持产权到支持人权的变化，生育率的下降，经济增长越来越依赖劳动增加的价值而不是原材料增加的价值，劳动收入占国民收入的份额上升，劳动时间减少，人力资本的增长率提高。基于其所拥有的人力资本，行为主体甚至更像一个资

本家，并且寻求政治支持以保持此类资本的价值。这些就是人类时间价格上升的主要影响。

人类时间价值的提高产生了新的制度需求。一些政治和法律制度就是专门为适应这种需求而出现的。我们所看到的是，应对经济中需求变化的制度方式多种多样。劳动者的法律权利扩大了，而同时财产所有者的私人权利受到限制。租户的法律权利也增多了。工作中的资历和安全日益受到保护，就业中的歧视逐渐减少。因为我已经讨论过这些制度性问题以及在其他相关问题中使用经济学分析工具进行研究的方法[14]，这里就不再对它们作进一步阐述了。

5. 劳动收入份额

工作中有效劳动力及每小时工资与非人力资本的数量及其所提供服务的价格之间的相互作用是极其复杂的。库兹涅茨[15]对这些相互作用进行了分析，他考虑的因素有土地所代表财富存量的增加，可再生资本存量的增加以及这些资本形式所提供服务的价格变动，劳动者工作时间的增加和单位工作时间价格的上升。他的分析意味着劳动收入份额的提高。

若劳动所占国民收入份额上升，则财产所有者的收入份额下降。再一次引用库兹涅茨的研究。[16]他考虑了相当长时间西方国家的发展情况，发现财产所有者的国民收入份额大约从 45％下降到 25％，而劳动收入份额大约从 55％上升到 75％。

到 1970 年，美国官方统计的国民收入中大约四分之三由雇员工作报酬构成。[17]剩下的四分之一被归类为业主收入、租金收入、净利息和公司利润。这四种"财产性"收入（property income）包括相当大数量归属于人力的劳动收入（earnings）[18]，它们是付给个体的、作为其耗费生产性时间进行自我雇用和管理其财产的报酬。一个保守估计认为，所有归属于人力的总劳动收入，即工作报酬加上自我雇用的劳动收入，以及在市场部门管理资产所产生的收益，占 1970 年美国国民收入的比重超过了五分之四。

然而，统计出来的国民收入要远远小于人们从其财产服务和生产性时间中获得的全部收入，因为国民收入概念仅仅限于市场部门的经济活动。它不包括所有家庭生产的经济价值。家庭生产所实现的新增收入中，很大一部分归功于家庭主妇的时间价值。它也遗漏了成人学生为进行教育投资而放弃的收入，以及劳动力进行在职培训所放弃的工资收入。这些及其他创造收入的活动都没有包括在国民收入核算之中。

从历史数据看，很明显，随着人类时间的价格提高，劳动收入份额会上升。1900—1970 年美国的经济发展有力地支持了这一论断。1900—1909 年期间，根据国民收入的官方统计资料，雇员工作报酬大约占国民收入的 55%，而 1970 年这一比重为 75%。[19] 在 1900—1909 年和 1970 年之间，非雇员工作报酬的收入份额变化情况为：业主收入从 24% 下降为 8%，租金收入从 9% 下降为 3%，净利息从 5.5% 下降为 4.1%，而公司利润从 7% 上升到 9%。由于整个经济的绩效在这段时间很不稳定，正如我们所预料的，后两种收入份额在此期间的波动幅度很大。*

6. 农地租金

李嘉图租金丧失其影响力可以用下列因素解释：劳动收入份额提高，资产收入份额下降，租金收入份额显著下降——在 1900—1909 年和 1970 年之间，租金收入份额从 9% 下降到 3%。土地初始所有者的农地租金所占美国国民收入的比重变动非常小。结果，农场主的社会政治影响已经变得很微弱了。

7. 工作的时间配置

单位时间报酬的价格效应和收入效应可以解释时间配置方面的大量变化。如果预期未来收入会随着受教育程度上升而增长，年青人会推迟就业而花更多的时间去接受教育。接受更多教育的年青人所得到的好处包括两部分，即他们所放弃的工资比年龄更大时参加工作得到的收入要低，他们实现高预期收入的时间也更长。

随着工资提高，那些凭借劳动获得收入的人们会更早退休，因为在他们工作期间可以积累更多的退休收入。这种收入增长也会产生相反的效应，即通过付费去改善健康状况，从而延长了个体可以选择的工作期

---

* 原文如此，怀疑应指前两种收入份额即业主收入和租金收入——译者注。

限。妇女时间价值的提高使得她们使用各种形式的物质资本去替代家庭生产所耗费的时间。由于对妇女而言，抚养子女是劳动密集型活动，这就导致生育需求下降，妇女所多余出来的时间就被配置到市场上参与劳动。

收入的增长也解释了 20 世纪工作时数的下降或"闲暇"时间的增加。以美国民间经济为例，从 1900 年到 1970 年，平均周工作时数由 53 小时下降到 37 小时，每位雇员的年均工作时数从 2 766 小时下降到 1 929 小时。对 1900 年到 1920 年的年工作时数与收入之间相互关系的分析表明，年工作时数下降 7％，年收入提高 43％。从 1920 年到 1940 年这一组变化分别是 12％和 53％。从 1940 年到 1970 年则是，年工作时数下降 13％，实际年收入增加 73％。

8. 趋于人口均衡

人类时间价格提高的一个重要意义就在于对生育率的影响。论点是这样的：高收入国家的时间价格提高很大程度上可以解释生育率的下降。高收入国家的出生率已经处于或低于人口替换率水平。说明这一趋于人口均衡过程的论点可以在两篇论文中找到，其中一篇为纳洛夫所写，另一篇是我写的。[20]

我从这一问题开始：到底是什么因素使得我们的思想和制度会高度重视人的生命与人类时间价值的显著提高？当思考这一重要问题时，我借助历史观念来帮助我们批判性地考察那些融入制度之中的社会、政治和经济思想。

注释和参考文献

[1] 有必要区别下述两类人力资本，一类是与需要付出某些成本才能获得的能力有关的人力资本概念，另一类是包括个人所有天生和后天获得能力的人力资本概念。我们这里说的人力资本是指后一类概念。

[2] 参见本书第一部分第 3 章"应对失衡能力的价值"。

[3] 这些数据是艾伯特·里斯对制造业生产工人每小时工作报酬使用 1967 年美元重新估计的结果（参见表 I.4.1）。

[4] 正如里斯的估计，实际小时工资的上升趋势表现为：从 1900 年到 1905 年，它呈现微弱的上升；在第一次世界大战期间，呈现剧烈的上升；此后 20 世纪 20 年代和 30 年代又呈现微弱的上升。然后经历了 25 年的强劲上升趋势，此后从 20 世纪 50 年代晚期到 1970 年又呈现微弱上升。实际小时工资的下降年度有 1904

年、1907 年和 1908 年，然后是 1914 年、1919 年、1921 年、1922 年、1925 年、1932 年、1945 年和 1946 年。

［5］N. Potter and F. T. Christy Jr, *Trends in Natural Resource Commodities* (Johns Hopkins University Press for Resources for the Future，Baltimore，1962).

［6］密歇根州立大学的罗伯特·曼泰教授很慷慨地复制了他的大量图表给我，对此深表谢意。

［7］有些读者对此深信不疑，即 1973—1975 年大多数依赖自然资源的服务的价格剧烈上升，从而开始了一个新的时代，他们无疑会倾向于把这些表中所列价格指数看作对未来没有意义的过时数据。反对这种看法的人认为，引起服务价格剧烈上升的各种事件，包括自然和人为事件，很大部分都是暂时性事件。那些能够解释1960—1972 年所观察价格变化的经济过程，应当近似于更持久的相对价格，是它们而不是 1973—1975 年的暂时性价格通常会再度起主导作用。

［8］David B. Humphrey and J. R. Moroney, "Substitution Among Capital, Labor and Natural Resource Products in American Manufacturing," *Journal of Political Economy*，83（1975），57 - 82.

［9］John V. Krutilla and Anthony C. Fisher, *The Economics of Natural Environments* (Johns Hopkins University Press for Resources for the Future，1975).

［10］Humphrey and Moroney, "Substitution Among Capital."

［11］1900 年农业产出占采掘业总产出的 72%，1970 年这一比重为 61%。

［12］*Farm Real Estate Market Development* (Economic Research Service，US Department of Agriculture，July 1972)，table 8.

［13］Peter H. Lindert, "Land Scarcity and American Growth," *Journal of Economic History*，34（1974），951 - 984，app. table 1. 这一系列数据包括的州有艾奥瓦、伊利诺伊、俄亥俄、威斯康星、明尼苏达。

［14］See Theodore W. Schultz, "Institutions and the Rising Economic Value of Man," *American Journal of Agricultural Economics*，50（Dec. 1968），1113 - 1122，reproduced in *The Economics of Being Poor* (Blackwell，1993)，Part II，No. 1，as "Institutions and the Value of Human Capital." See also the useful paper by Vernon W. Ruttan, *Integrated Rural Development Programs：A Skeptical Perspective* (Agricultural Development Council，New York，1975)，reprinted from *International Development Review*，17（1975）.

［15］有关这一分析可见 Simon Kuznets, *Modern Economic Growth* (Yale University Press，New Haven，Conn. ，1966)，Chapter 4，181 - 183。该部分的分析限于美国和 1909—1914 年及 1955—1957 年期间。

［16］西蒙·库兹涅茨对经济增长和收入分配的研究是有关这一主题的经典贡献。参见：(i) "Economic Growth and Income Inequality," *American Economic Review*，45（Mar. 1955），1 - 28；(ii) "Quantitative Aspects of the Economic Growth of Nations：VIII Distribution of Income by Size," *Economic Development and Cultur-*

al Change，11（II）（Jan. 1963），1 - 80；（iii）*Modern Economic Growth*；（iv）*E-conomic Growth and Nations*（Harvard University Press，Cambridge，Mass. 1971）。

[17] US Bureau Economic Analysis，*Long Term Economic Growth*，*1860—1970*（Washington DC，1973），p. 22. 雇员工作报酬包括个人以雇员身份获得的诸如工资和薪金、小费、红利、佣金、假日工资、实物报酬等形式的收入。

[18] 我们将把劳动收入（earnings）的概念限制在个体通过生产性服务获得的报酬上。资产所有者通过其资产提供的生产性服务所获得的报酬则称为财产性收入（property income）。

[19] US Bureau Economic Analysis，*Long Term Economic Growth*.

[20] Theodore W. Schultz（ed.），*Economics of the Family*：*Marriage, Chil-dren, and Human Capital*（University of Chicago Press，Chicago，Ill.，1975）. 可参见 Marc Nerlove，"Toward a New Theory of Population and Economic Growth,"pp. 527 - 545；也可参见 Theodore W. Schultz，"Fertility and Economic Values,"Part II，pp. 14 - 20，这部分专门论述"人类时间价值的提高：人口均衡"。

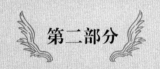

第二部分

减少对自然资源的依赖

第 1 章　农业土地的经济重要性正在下降^{*}

就李嘉图所处历史时期而言，他赋予农业土地以重要作用，考虑到当时的现实情况是英格兰的大多数家庭把大部分收入都用于食物支出，这种处理相当正确。从李嘉图到 R. F. 哈罗德迈出了一大步，后者在1948 年《动态经济学》一书中选择经济变量时，认为忽略土地是适当的做法。[1]事实上，李嘉图主要探寻经济发展不同阶段"全部土地产品"如何分配给各种要素，而哈罗德致力于解释为什么美国这样的经济会发生萧条，他们都反映了各自历史时期的特点，此外，也反映了当时有关土地在经济中地位的既存信念。

很明显，对特定国家，土地不再成为过去那样的限制性因素了；例如，在英国和美国以及许多科技发达的社会里，经济已经从以前土地所施加的严峻约束中摆脱出来。这一成就是新的更好的生产可能性条件以及与这些收益相关的社会选择路径的结果。这种成就已经极大地降低了人们对土地的经济依赖性；它已经把土地要素的收入份额降低到占有国民收入的极小比重，并且引起获得收入的财产形式发生了深刻的变化。经济发展的基本方式已经发生了重要变化，吝啬的大自然在早期对经济的牢固限制得以大幅度放松。

李嘉图头脑中的社会是高食物消耗型的，而哈罗德与之相反，他们的差异可以通过一个简单的比较来说明。假设有两类社会。在第一类社会状态下，大部分生产性劳动都用于生产食物，这是一个技术不发达、人口相对于资源过多、生活水平很低、农业地租在要素总报酬中所占比重很大的社会。让我们假设在这样一类高食物消耗型社会中，75％的收

---

　　* 本章首次发表于 *Economic Journal*，61（Dec. 1951），725 - 740。重印获得布莱克韦尔出版社（Blackwell　Publishers）的许可。

入用于食物支出，即 $33^1/_3\%$ 的食物成本是由农耕使用的土地（净）租金构成。在这种情形下，四分之一的收入按要素成本计算，将被"花费"在农业土地所提供的服务上。假设第二类社会是一种低食物消耗型社会。这种社会与美国当前经济发展阶段相类似，假设大约 12% 的可支配收入用于那些进入食物领域的农产品支出，大约 20% 的农产品生产成本由净地租构成。在这种情形下，社会仅将大约 2.5% 的收入花费在土地所提供的食品生产服务上。[2]

这些数字中任何一个都是我们所设想社会全部属性的重要体现。这两个社会之间的社会、政治和经济差异如此之大——在其中一个社会四分之一的收入作为支付给土地的生产性服务的报酬，而在另一个社会这种报酬仅占收入的四十分之一，以至生活在这两种不同环境下的人们事实上很难理解这些差异意味着什么。对那种大部分财产由土地构成、这种财产不归耕作者而主要由一小撮不种田的家庭所拥有、大部分政治权力和社会特权掌握在土地拥有者手里的社会，土地改革的革命性意义实际上很难为生活在科技发达社会里的人们所理解。李嘉图的经济逻辑并不会让土地所有者宽心，但是对高食物消耗型社会的土地改革并不一定非要改变农业领域的经济关系。在那些土地向现有耕种者流转并不改变耕种单位规模或耕作类型的国家，基本的社会和政治问题通常处于最前沿的位置。在这种情形下，农业生产过程不需要改变；税收改变就可以吸取土地的净租金，因为它把地租从私人手里转化为国家的公共收入。

对一个世纪之前的思想者来说，似乎土地极大地限制了所有社会的经济财富，没有社会可以逃脱大自然强加的约束。（长期）报酬递减的古典法则就是经济史上这种信念的一个表现，然而情况已经得到了很大的改变。这种非凡的改变是怎么发生的？它并没有采用这种方法来实现，即紧缩经济，从而减少生产食物所要求的土地数量，进而使得土地这种特殊要素显得相对丰富。如果人口减少，这种结果是可以出现的。然而这方面的历史证据[3]确凿；这一时期西方国家的人口增长是快速而明显的，在更早的历史时期这种增长也是显著的，它并没有停滞不前。

我将以两个命题的形式来阐述基于土地经济重要性下降的发展问题。第一个命题局限于农业和经济其余部分之间关系的某些变化，这些变化使得经济超越了之前的高食物消耗状态。第二个命题与土地投入相对于农业内部其他投入的变化有关。这里把土地限于生产农产品的农业用地，因而忽略了矿山、建筑、娱乐及其他服务用地。

我认为下面两个命题在说明西方世界的经济发展时具有历史有

效性[4]：

（1）生产（或获得）农产品所需要的投入占社会总投入的比例在下降；以及

（2）用于生产农产品的投入中，土地所占比例没有上升，尽管在农业生产的整个投入组合中，相对于其他要素（包括土地在内）而言使用了更少的人力。[5]

对于一个社会而言，一旦这两个命题正确，则表明所有农业土地作为一种投入得到的增值，相对于特定社会所有投入的价值生产力，不可避免地会出现下降。第一个命题推导出的经济结论并不充分，理由在于农业本身的萎缩并不必然意味着土地产生的增值也下降，这又是因为特定条件下土地贡献的价值可以上升到足以维持甚至提高它在社会总投入中的地位。同样地，如果所有土地的增值相对于农业中所有其他要素的增值下降，并且同时，如果农产品能够索得社会收入的更大份额，那么，使用所有农业土地作为一种投入的增值来测度的土地重要性能够保持不变甚至上升。然而，如果这两个命题都成立，土地在经济中的重要性必然会下降。在第一个命题成立的情形下，在第二个命题中，土地事实上只是农业生产使用的所有投入中的一小部分，当然，土地重要性的下降也会更快。

1. 整体经济中的土地

在转入经济学假设和对这些发展作出逻辑解释之前，让我们先简单地看一下支持我们第一个命题的经验数据，它们包括英国的情形和美国更为详细的一些相关数据。1800 年之前的英格兰尚具备高食物消耗型经济的大部分特征，工人家庭要把大约 75％的收入用于食物支出。[6]而在 1948 年英国仅有 27％的消费者支出用于购买食物。[7]不过这些数字并不具有完全可比性，但无疑表明食物开支所占收入比例发生了显著的改变。

在这方面，美国的历史记录相当容易解释，因为它有近乎完整的数据。一些结果可以从原始财产数据和工人职业中得出。根据对美国 1805 年所有不动产和动产的估计，个人财产总价值为 25.05 亿美元，其中 16.61 亿美元即大约三分之二由土地构成。[8]那时，超过 70％的劳动力以农业生产活动作为主业。[9]到 1850 年，包括改良部分在内的农用土地价值占总财产的大约一半，而约 60％的劳动力属于农业领域。1880 年的数据

更为精确，因为它把改良的农用土地分离了出来。该年度，在价值
436.42 亿美元的总财产中，农用土地只有 81.58 亿美元，其比重低于五
分之一，并且大约 50% 的劳动力从事农业生产。1922 年的国民财富大约
为 3 210 亿美元，而排除了改良部分的农用土地的价值为 415 亿美元，占
总财富大约八分之一；27% 的劳动力以农业生产为主业。

对第一个命题的另一种粗略检验是农业创造的收入占国民收入的比
例在不断下降。当然，对美国经济史早期阶段的收入估计受到很多限
制，尤其是对我们所需要得到的东西而言更是如此。事实上，与更近时
期相比，早期农民家庭自给自足程度更高，这使得要想得到当时农业创
造出的所有收入数据极其困难，因此，当我们使用当前方式去研究早期
农业时，所估计的农业收入低估了农业的贡献。然而，还是有可能得到
一些有益的发现。我们已经得到了一组有关美国从 1799 年开始的私人
收入的估计数据。这些估计给出了下面的数据[10]：

选择的年度	总私人收入 （百万美元）	农业收入 （百万美元）	农业收入占比 （％）
1799	668	264	39.5
1849	2 326	737	31.7
1879	6 617	1 371	20.7
1900	14 330	3 034	20.9
1920	60 993	10 569	17.3
1938	47 389	6 140	12.9

更近年份的国民收入估计可以让我们更好地测量农业要素的增值，
包括土地相对于整个经济的全部价值生产力：

年度	全部产业收入[a] （十亿美元）	农业收入[b] （十亿美元）	农业收入在全部产业 收入中的占比（％）
1910	30.4	5.2	17.1
1919	68.2	11.8	17.4
1929	87.4	8.4	9.6
1939	72.5	6.4	8.8
1949	216.8	18.1	8.4

a. 美国商务部（U. S. Department of Commerce）。1910—1919 年的数据来自国民收入估
计（旧序列）。其他数据来自 the National Income Supplement to Survey of Current Business，
1947 年 7 月和 1950 年 7 月。

b. 美国农业部（U. S. Department of Agriculture），Crops and Markets，1950 年，第 27 卷，
第 139 页；Farm Income Situation，1950 年 8 月。商务部数据中，农业收入没有包括支付给非农
地主的租金，因而对我们的研究目的而言，相比于我所给出的农业部数据，其用处要小些。

不必再用更多的经验证据来支持我们的第一个命题了。幸运的是，

这些事实众所周知并被普遍接受。然而，对于这些事实目前并不存在完全令人满意的解释。我会尽力阐述这种解释的基本要点以说明西方世界所代表的经济增长与发展方式。

这一解释必须以最简洁的方式回答下列疑问：当一个社会的有效总投入随着经济发展而增加时，（1）何时一个社会发现它能以更小比例的生产性资源来生产或获得农产品？（2）它为什么会选择这种生产可能性？我们在此的任务不在于解释总投入的增加，而是解释这些变化所导致的生产可能性及其选择问题。

图 II.1.1、图 II.1.2 和图 II.1.3 画出了三组生产可能性。在每张图中，特定社会都面临生产可能性曲线 PP。A 代表社会偏好的农产品和其他产品的组合，OM 代表非农产品的产量，ON 代表农产品的产量。

图 II.1.1 代表一种生产可能性曲线变动相对不利于农产品产量增加的状态。经济发展导致一种新的改善的生产状态，它用曲线 P_1P_1 表示。三角形 ABC 代表社会从 PP 移动到 P_1P_1 时不低于农产品或非农产品原有产量的选择范围。从 A 移到 B 后，如果该社会的选择是维持移动前的农产品产量，则此时它实质上有了更多的非农产品。然而，其他方向上社会的选择余地很小。即使它放弃生产比以前更多的非农产品，它也只能从 A 向 C 增加农产品产量。让我们假设，沿着这条新的更好的生产可能性曲线出现了人口增长，这就要求 AC 能够提供足够的食物以维持原有人均消费水平。在这种情形下，如果社会选择维持原有水平，则意味着停留在 P_1P_1 上的 C 点，从 P_1P_1 得到的生产上的所有收益都用于农产品的生产了。这实际上就是李嘉图情形。

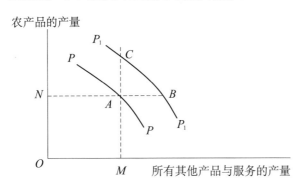

图 II.1.1

图 II.1.2 刚好与图 II.1.1 相反。这是一种生产可能性曲线变动相对不利于非农产品产量增加的状态。从 PP 向 P_1P_1 移动时，三角形 ABC 再度表示选择范围,在这种状态下农产品比非农产品处于优越得多的位置。据我所知,没有人认为这种情形是一种现实情况,这或许因为我们无法摆脱马尔萨斯-李嘉图-穆勒植入我们头脑中的饥饿幽灵。回过头来看,可以说20世纪30年代早期和中期接近这种状态;粮食生产可能性大为改善,而工业表现为"停滞"状态,同时,人口增长率急剧下降。

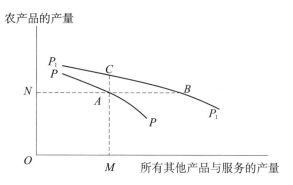

图 II.1.2

然而,当我们使用长期视角来观察时,很明显的是,生产上的改进既对农产品有利,也对作为一个整体的其他产品与服务有利。1910 年以来的美国数据就甚为支持这一观点。图 II.1.3 表示了这种状态;因此,它比图 II.1.1 或图 II.1.2 在解释与我们研究问题有关的经济史方面更具有指导意义。在图 II.1.3 中,PP 的形状表示,资源从农业转移到其他产业,或者相反,两种情况下的替代可能性都是相同的。新的更好的生产可能性曲线 P_1P_1 也具有这种特点;三角形 ABC 表示社会可以沿 AC 选择更多的农产品或沿 AB 选择更多的非农产品,或者选择位于 P_1P_1 曲线上、BC 之间、社会所偏好的两者的某种组合。

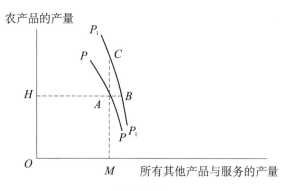

图 II.1.3

如果生产可能性像图 II.1.3 所表示的那样，则从 PP 移到 P_1P_1 时，社会选择已经有了相当大的自由来表达自己的偏好。当新的机会出现时，很明显西方社会偏好于相对多的非农产品和服务，或者换句话说，当新的更好的生产可能性出现时，社会所偏好的组合中农产品占所有产品与服务的比例在下降。

为什么西方社会偏好这些特定的组合呢？为了解释社会选择的路径，我们需要借助社会的偏好尺度（scale of preference）来分析。从长远观点来看，正如本研究中我们已经使用过的，假设不仅产品而且人口受到人们的偏好所制约。一种可能的偏好尺度是要求更多的人口，多到足以吸纳从新的改进后的生产可能性中产生的所有好处，这种偏好尺度可以在数十年的时间范围内自我显示出来。（这里并不能事先排除非农产品与服务的下降，即社会选择生产更少的非农产品与服务，以便生产更多食物来供养更多人口。）还没有方法可以直接度量这些偏好尺度；我们最多只能从那些可观察到特定效应的发展过程中间接推断它们的轮廓与地位。至少从统计上来说，人口增长的历史一目了然。西方社会并没有按照马尔萨斯-李嘉图-穆勒模型所预测的行为来作出选择。而且，随着人们的收入增加，很明显他们只愿意在食物尤其是那些充当食物的农产品上花费更少比例的收入。换句话说，农产品的收入弹性并没有保持在当社会处于高食物消耗状态时的高水平位置；它已经变得更小了，直到在现有条件下，如果社会具有像美国一样的高人均收入，则农产品的收入弹性相当低，大概在 0.25 左右，相对增长的收入而言许多农产品实际上处于劣等商品的地位。

在解释我们第一个命题成立的条件时，我们试图表明，随着经济发展产生的新的更好的生产可能性，并不排除对农产品生产的改善。这种情况在西方社会普遍出现，因为就像其他生产一样，技术进步、技能改进、更多资本投入和组织改良，在农业生产中也得到了应用。这种发展所带来的一个基本后果已经变成了社会所面临的有利选择环境。因而，人们对更多人口或食物，或二者某种组合的偏好，必定不会耗尽所有应用到食物生产上的改善可能性。在西方社会，很明显，这种环境下社会选择路径中所隐含的偏好组合，是相对于构成食物的农产品，生产更多的非农产品和服务。

2. 作为一种投入的土地在农产品生产中的相对地位

我们有关经济发展问题的第二个命题是，农业土地的价值生产力，相对于农产品生产中使用的所有投入的价值生产力，并没有提高。支持这一命题的证据是相当确定的，因为现在能得到美国最近几十年的投入估计。但是在讨论这些数据之前，我们需要考虑处理这些经验证据时存在的某些困难。

作为投入的土地如何度量呢？1910年，美国有16.18亿英亩土地用于农业生产；到1945年，这一总面积轻微下降到15.70亿英亩。[11]在此期间，用于销售和家庭消费的农产品数量增长了70%。[12]然而，我们既不能从这两个事实得出结论认为农业土地总投入下降了（除了一种特别的没有多少意义的情形，即使用的土地面积减少了），又不能推断说土地的增值相对于农业生产中使用的所有投入的增值而言下降了。我们在这里碰到了一系列难题，例如：（1）什么是土地？（2）它能够被度量并加总吗？（3）能够确定其他投入吗？

不可能使用物理学术语把土地标准化；土地的物理属性不允许我们把它随意放入任何一个方便的经济学概念之中。土地不仅在物理属性上具有非常大的异质性，而且随着时间的推移能被耕作显著地改变。即使它没有被耕种，大自然也会对它造成显著的变化。对土地生产力进行投资和撤销投资都是可能的。那么在横截面或长期比较中的土地到底是什么东西？考虑那种对确定土地供给有作用、像英亩数量一样的物理单位也解决不了什么问题，因为把亚利桑那州半干旱、低产量地区和艾奥瓦州肥沃地区的土地面积加总起来是没有任何意义的。因此，我们不得不使用一个借助价值构成的加权指数，这种指数的构造基础要么是地租，要么是农业土地价格，要么是对土地生产性服务价值的其他估算。这些问题足够重要，值得进行专门的研究；不过这里并不打算就这些困难或者解决这些困难的途径作出详细说明。

在讨论美国有关农业土地增值的数据之前，考虑到最近一项研究所能提供的数据，先简要看看英国尤其是法国的情况。[13]如果重农主义者面临现代法国的情形，他们的《经济表》将会给出一个很小的不起什么作用的"纯产品"。1900年农业土地租金占农业收入的比例大约为四分之一；从那以后又下降到这一数字的一半或更少；全部农业不动产得到的租金在国民收入中的比重已经低于 5％，正如下面法国的数据显示的那样：

选择的年度	农业土地租金	
	占国民收入的百分比	占农业收入的百分比
1901	7.9	25.5
1906	6.8	21.6
1911	6.5	19.5
1916	5.1	24.0
1921	3.2	11.8
1926	3.4	12.0
1931	3.6	15.6
1936	3.7	16.3
1947—1948	（没有数据）	9.0

英国的数据很不完整，主要是因为在公开的数据中难以区分净租金与总租金。这里再次引用汤姆森的研究：

选择的年度	净租金占净农业收入的百分比[a]
1925	16.8
1938	11.5
1946	5.6

a. 哈克尼斯（Harkness）有关英国总租金占净农业产出的百分比数据也表明了一种下降趋势（从 1908 年的 39％下降到 1930—1931 年的 26.6％），同这里是一致的。参见 D. A. E. Harkness, "The Distribution of the Agricultural Income," *Journal of Proceedings of the Agricultural Economics Society*, III (Mar. 1934), 30, table VI。

近几十年的美国数据允许我们有很大把握地确定土地投入在农业耕作中的增值。农业经济局对 1910 年以来农业生产中使用的物质投入变化进行了估计。这些估计表明作为投入的土地始终保持了相同的相对地位，它在农业生产所使用的全部投入中所占比例略低于四分之一。农业土地，即下面我们所定义的用于农耕的土地，在 1910—1914 年占农业总投入的 23.6％，在 1945—1948 年占 24.2％。然而，包括土地在内的投入构成与组合已经有了大幅度的变化。在总投入温和增长的同时，劳动力数量下降了。就农业土地而言，从 1910 年到 1948 年，农田总面积由 8.8 亿英亩增加到 11.48 亿英亩。[14]同时，被统计为土地一部分的农场建筑（farm buildings）和其他改良土地在农业土地总价值中的比例不断上升。下面的数据总结了包括农业土地在内的各类投入的相对规模：

投入类型	农业生产投入的相对比重（%）	
	1910—1914[a]	1945—1948[b]
农业劳动力	46.0	45.4
农业土地	23.6	24.2
维修与折旧	10.3	9.8
农机作业	0.3	6.0
利息	9.6	4.9
税收	3.2	2.8
化肥和石灰	2.5	2.6
其他	4.5	4.3
合计	100.0	100.0

a. 使用 1910—1914 年的成本比，数据来自 Glen T. Barton and Martin R. Cooper, "Relation of Agricultural Production to Inputs," *The Review of Economics and Statistics*, 30（May. 1948），table 2.

b. 使用 1946—1948 年的成本比，来自农业经济局提供给作者的未公开数据。

现在似乎有必要界定一下本书使用的"农业土地"（agriculture land）的含义。它包括农田、牧场以及其他用于农耕和建筑的土地。它不包括没有使用在农业中的牧地和草场[15]，但这类土地的作用很小；与所有农业土地的净租金相比，农民为牧场而支付的费用[16]是非常小的一部分；例如，1948 年，这一费用大约是千分之一那么大。农业土地构成中的两个主要变化是可以度量的：（1）正如前面已经看到的，农业土地面积在所考察的 40 年中已经增加了大约 30%；（2）即使如此，农业建筑占农业土地价值的比重在提高，从 18% 上升到 33%，正如下表所示：

年度	农地面积（百万英亩）	所有农业不动产的价值（十亿美元，以当年价值计算）	农业建筑的价值（十亿美元，以当年价值计算）	农业建筑相对于所有农业不动产的比重（%）
1910	880	34.8	6.3	18
1920	956	66.3	11.5	17
1930	987	47.9	13.0	27
1940	1 061	33.6	10.4	31
1950	1 148	63.5	20.6	33

如果我们假设对于每美元投资，农业建筑与排除建筑后的农业土地有着大略相同的价值生产力，考虑到维修和折旧之后，大约一半农业建筑在价值上代表农业住宅，因而也需要扣除。结果，可以推断，去除农业建筑后的农业土地在农业总投入中的比重，1910 年略微低于 20%，

1950 年大约为 16％。[17]

然而，我们有关构成农业土地的各种资本信息还有缺陷。如前所述，我们只能使用粗略方式考察农业建筑，并对生产和消费各自使用的建筑加以区分。不过，农业土地中也包含了许多其他形式的资本，它们使用在各种场所，诸如围篱，风车、水井和其他水利设施，农场建筑的电线，土地清理、排水和灌溉设施，以及道路。此外，许多情形同土地生产力有关。然而，现有社会统计并不能使我们对这些项目作出令人满意的估计。毫无疑问，对于这些同土地生产力并无直接关系的资本形式而言，它们相对于农业土地总价值而言呈上升趋势，就如同农业建筑一样。但是经常有人断言农民一般会滥用土地，结果导致普遍的水土流失和土地耗竭，因此，这实际上是一种对"大自然"土地生产力的大幅度投资撤销。然而，并没有证据支持这种论调。尽管的确在许多特殊情况下发生了这种投资撤销现象，然而其所造成的损失，以一种开明的态度来看，已经为其他形式的土地改良所抵消且还有余。在美国，尽管出现了特殊情况下的土地损失，当今农业土地的生产力属性多半仍然远远优于 40 年前。

因此，可以很有把握地得出下面的结论：当同时投资和投资回撤时，我们所定义的农业土地的投入中，那些追加到土地上的资本成分正在日益增长。因此，我们推断，作为这种发展的结果，美国经济对土地的"原始和自然属性"的依赖程度要比前面数据所呈现的依赖程度还要更小。

农业生产中作为一种投入的土地相对于所有其他投入并没有增长这一命题，对于法国、英国和美国这些科技发达国家，从经验证据来看是正确的。作为我们分析基础的农业经济局投入估计数据，表明美国1910 年以来的发展确实如此。对这种明显的发展趋势，是否存在一个让人满意的解释？

在概括出这一解释的大体框架之前，我们需要回忆一下与农业土地地位和贡献有关的发展。在 1910—1948 年期间，农业产出指数从 79 提高到 141，或者说增长了 79％；用于销售和家庭消费的农业生产指数从79 提高到 137，或者说增长了 73％；用于销售和家庭消费的农业食品指数从 75 提高到 134，或者说增长了 80％。[18]这一时期的最大投入即农业劳动力在数量上虽然下降了，但每单位劳动投入的价值却上升了，这足以保持整个劳动力投入在要素成本中的相对地位不变。隐藏在这种发展背后的两个基本变化是科技进步和其他投入对劳动和土地的替代，正

如下面的数据所揭示的一样。[19]

投入类型	投入数量 百万美元，以 1946—1948 年要素成本计算		相对于 1910—1914 年的 百分比增减（%）
	1910—1914（每年）	1945—1948（每年）	
农业劳动力	12 892.4	11 269.7	—13
农业土地	4 680.6	5 999.0	28
维修与折旧	1 693.4	2 421.5	43
农机作业	19.2	1 489.0	7 655
利息	1 250.4	1 217.3	—3
其他杂项	730.8	1 071.0	47
税收	514.8	698.0	36
化肥和石灰	226.4	655.0	189
合计	22 008.0	24 820.5	13

先不考虑构造指数来度量这些投入所存在的困难。由于使用不同的加权时期和技术并不会改变一般性结论，非常明显的是，新的更好的技术，可以提高单位投入的产出，并在这种发展中起了主要作用。粗略地说，现在 3 单位投入可以得到 40 年前 4 单位投入一样的产量。同时，随着技术的进步，对土地和劳动的替代变得更为经济了，越来越多的投入进入这种替代行列，尤其是机动车、化肥和石灰。

我们认识到土地并不是只用于生产粮食。在社会经济中它的其他用途也很重要，而本研究忽视了这些用途。然而，我们的结论是站得住脚的：李嘉图时期以来西方社会所代表的经济发展已经导致生产可能性的改进并通过社会选择降低了大自然的吝啬程度。这些发展的结果是，农业土地的经济重要性已经显著下降。这种情况还会持续下去吗？美国的现状表明答案是非常肯定的。并且，看上去这种发展趋势还没有结束。然而，当前那些高食物消耗型社会走上类似的经济发展道路了吗？目前看来我们尚不能肯定。

注释和参考文献

[1] R. F. Harrod, *Towards a Dynamic Economics*（Macmillan, London, 1948），p. 20：" ……我建议抛弃土地报酬递减法则，不再使用它作为经济发展的主要决定因素……我之所以抛弃它，仅仅是因为在本书的特定情形下，从数量上看，它的影响并不重要。"

[2] 对 1949 年的一个粗略估计如下：个人可支配收入，1870 亿美元；不含酒精饮料的食物支出，507 亿美元；假设食物支出的一半代表食物的零售成本，则食物支出为 449 亿美元，其中大约一半或 225 亿美元是用于生产食品的农产品。225

亿美元占 1 870 亿美元的 12%。参见美国商务部发布的 *Survey of Current Business* (July 1950) 第 9 页和第 24 页的相关数据。

［3］不过，爱尔兰的一段历史时期是这些情况的一个例外。

［4］这两个命题可以整合成一个更为一般性的命题，方法是把所有农业土地（作为一种投入）同社会的全部投入联系起来。然而，现有统计数据无法提供让人满意的数据来支持这个一般性命题，而其中的一些数据可以用来考察我所阐述的两个命题中任何一个的合理性。

［5］土地的经济重要性当然可以用不同方式体现。每单位土地相对价值的变动是一种方法。此外，当每英亩土地的租金相对于其他要素的报酬下降时，也可以说土地的经济重要性降低了。然而，这种方式并没有对土地价格—数量总体的变动进行完全测度。因此，我们转而采用全部土地相对于全部其他投入的"增值"来测度土地的经济重要性，尽管要把各种各样的土地打包成一种投入而用于农产品生产仍然存在困难。

［6］Sir Frederick Morton Eden, *The State of the Poor* (1797), vols. II - III.

［7］United Nations Statistical Office, *Monthly Bulletin of Statistics* (Feb. 1950), p. 3.

［8］U. S. Department of Commerce, *Historical Statistics of the United States, 1789—1945* (Washington 1949), table 1, p. 1. 当扣除包含有奴隶的财产时，总价值减少了 2 亿美元，即为 23.05 亿美元；当扣除那些与耕地不相邻或不靠近的土地时，土地财产下降为 7.59 亿美元，或者大约占总财产的三分之一。

［9］J. Frederic Dewhurst and Associates, *America's Needs and Resources* (The Twentieth Century Fund, New York, 1947), table 215, p. 620.

［10］*Historical Statistics of the United States*, Series A 154 - 64, p. 14.

［11］指所有农耕地加上饲养牲畜的所有非农耕地。引自 L. A. Reuss, H. H. Wooten and F. J. Marschner, *Inventory of Major Land Uses in the United States* (U. S. Department of Agriculture, Misc. Pub. 663, 1948), table 16。

［12］数据来自 *Consumption of Food in the United States, 1909—1948* (Bureau of Agricultural Economics, Misc. Pub. 691, Aug. 1949), table 3。

［13］下面法国和英国的数据引自普罗克特·汤姆森（Procter Thornson）一项未发表的研究，*Productivity of the Human Agent in Agriculture: An International Comparison*。该研究是芝加哥大学一项农业经济学研究项目的一部分，由洛克菲勒基金资助。

［14］以前的面积数据包括所有农业用途的土地，这里只包括农业耕地。本书接下来的内容会对这种差异进行讨论。

［15］参见 *Farm Production Practices, Costs and Returns* (Bureau of Agricultural Economics, Statistical Bulletin 83, Oct. 1949) 表 27 给出的有关测度农业土地投入所用方法的一个注释。

［16］包含在投入中的这些费用称为"杂项"。

［17］对农业建筑、农场住宅和用于生产的服务设施的估计参见：*Income Parity for Agriculture*（U. S. Department of Agriculture，Mar. 1941），Part II，Section 5；*The Balance Sheet and Current Financial Trends of Agriculture*（Bureau of Agricultural Economics，Agricultural Information Bulletin 26，Oct. 1950）；以及 Federal Reserve Bulletin（Sep. 1950）。

［18］对这些衡量生产的指标中的任何一个来说，如果使用 1946—1948 年价格加权来替代 1935—1939 年价格加权，则增长程度可能会小一点，但总体情况还是一样的。

［19］根据农业经济局提供给本书作者的未公开数据测算。

第 *2* 章　自然资源与收入增长之间的联系[*]

　　我的主题背着一个知识传统的沉重负荷，在这种传统下人们普遍认为，经济进步会受到在土地上投入的劳动和资本报酬递减的严重制约。尽管存在众多与之相反的证据，这种观念还是延续了下来。很明显，土地在经济增长中的作用几乎难以再像李嘉图及其同时代人所认为的一样重要了。然而，要使我们摆脱旧思维的束缚并不容易，尤其是当这些观念已经牢固地进入各种强有力的教条之中时更是如此。

　　我的目的仅仅是清除这些思想中阻碍我们认识自然资源与经济增长之间更深入联系的不足之处。我建议研究三个密切相关的问题：作为一种生产要素的自然资源，其价值是什么？一个国家，尤其是穷国，其经济增长的可能性是否很大程度上会受其自然资源禀赋的制约？我们是否面临自然资源服务供给价格不断提高的情形？

　　在研究这些问题之前，我想把注意力集中到涉及自然资源的丰富的思想史；这方面并不缺乏文献。早期经济学家普遍把土地作为经济增长的制约因素。对用于采矿、渔业、林业、农业的特定自然资源，以及城市用地，都有比较成熟的研究。自然资源的分布和运输也得到诸多周密思考。目前有一些研究对作为财富存量和作为生产要素的土地都进行了较好的估计。从这一角度来看，我们似乎进入了一个古老而维护良好的葡萄园，而我们的任务可以简单地看作收集这些知识成果。

　　但是，仅仅依靠现有知识成果无法达到我的目的。就目前的状况来看，自然资源并没有被放置在适当的经济地位上，因为现有知识很少考虑到替代物的出现、其他资源的数量和价值的增加，以及现代经济增长

---

　　* 本章首次发表于 Joseph J. Spengler（ed.），*Natural Resources and Economic Growth*（Resources for the Future，1960），1 - 9。ⓒ 1961 Resources for the Future.

在开发更多种类自然资源替代物方面的动态特征。就这一点而言，对经济增长概念的理解就很重要了。在把经济增长限定为那些可以识别和测度的国民收入增长方面，我们做得很好。然而，更具有决定作用的是这些国民收入赖以增长的源泉。如果增长仅仅是传统可再生非人力财富存量和劳动力人数增加的结果，事情就变得简单了。不过，我们知道这种理解无法解释大部分国民收入的增长。我建议把经济增长看作一种特殊类型的动态失衡，在此过程中，经济将对各种优势资源的集合加以利用。优势资源是在特定意义上使用的，即这些资源可以提供有相对高回报率的投资机会；相对高的回报率意味着资源配置方式的不平等，以及这些回报率的均等化需要一个滞后过程；而且，这一动态失衡会持续到新增优势资源得以开发和利用为止。

1. 作为生产要素的自然资源的价值是什么?

在衡量自然资源的经济重要性方面，目前有两种大不相同的观点和处理方式。一种观点赋予自然资源支配性的地位，例如古典动态学[1]；另一种观点则不给予自然资源任何地位，例如哈罗德模型中就不存在土地。[2]哈罗德表示，"我建议抛弃土地报酬递减法则，不再使用它作为经济发展的主要决定因素……我之所以抛弃它，仅仅是因为在本书的特定情形下，从数量上看，它的影响并不重要。"[3]

这些优美的增长模型是工具还是玩具，让其他人来判断吧。然而，明显的是，它们都以特定经济在给定历史时期极其重要且普遍的宏观概念为基础。所考察的特定经济，在李嘉图时代是英格兰，在现代则是英国。根本环境事实上是非常不同的，正如我在上一章"农业土地的经济重要性正在下降"中试图证明的一样。[4]

这两种截然相反的观点都不具有普遍效力。无论我们是用财富存量来测度自然资源，还是用它们所提供的生产性服务流量加以测度，我们都是在对自然资源进行估计。我们有戈德史密斯对美国的估计，它表明从 1910 年到 1955 年以"全部土地"衡量的国民财富比重从 36％下降到17％。农业土地在国民财富中的比例则从 20％下降到 5％。[5]

当我们用生产性服务流量来测度自然资源时，我们预料它们在所有生产性服务中的比重甚至比它们在非人力财富总存量中的比重还要小。如果我们假设被生产出来的原材料流量与该流量所依赖的自然资源存量之间存在相当稳定的联系，则"佩利报告"（Paley Report)[6]可以提供一些相关线索。在 1904—1913 年到 1944—1950 年期间，美国消耗的所有原材料价值所占国民生产总值的比重已经从 23％下降到 13％。就农业来看，在 1910—1914 年到 1955—1957 年期间，美国农业用地带来的收入，扣除追加到这些土地上的资本设备价值之后，占国民生产净值的比重从 3.2％下降到 0.6％。[7]

在各种传统意义上的自然资源和所有资源之间存在两个一般性的关系，它们已经得到有力的经验支持（两个关系都是根据这些资源的生产性服务流量而不是财富存量来表示的）：

（1）当我们比较特定时期的国家时，我们看到，在用来创造收入的所有资源中，穷国的自然资源占比要高于富国。（我大胆断定穷国自然资源的占比上限在 20％到 25％的邻域中，富国这一占比的下限则为 5％。）

（2）当一国实现经济增长从而人均收入随时间推移提高时，自然资源在用来创造收入的所有资源中的占比会下降。（似乎最近几十年以来这一占比的下降速度变得更快了。）

2. 自然资源对穷国经济增长的贡献有多大？

这一问题的答案基本上取决于穷国的增长可能性。我们在这里也面临两种相互冲突的评价。

经济学家普遍相信，初级生产——采矿业，尤其是农业——从根本上说是穷国经济增长的负累。穷国受到农业的过多束缚。土地通常以密集方式使用，而土地的供给实际上是固定的。农业劳动的边际回报等于零或近乎等于零。人们认为，这些条件使得为提高初级产品产量而额外追加劳动只能少量增加甚至无法增加国民产出。另一方面，为生产工业产品而投入类似的劳动和投资却能带来巨大的收益。而且，根据这种观点，落后是使用土地行业的固有产物，农业尤其如此；此外，令穷国经济困境雪上加霜的是，它在初级产品生产上更容易受到富国经济不稳定的影响。出于这些原因，下面的观念得到支持：自然资源行业，尤其是农业，比起那些促进工业化的行业，回报要更低些，因此，通常假设穷国的经济增长主要依赖工业部门实现。

对穷国经济增长可能性的其他评价认为，这些国家的自然资源禀

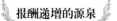

赋，包括农业土地在内，是相对重要的资产，并且穷国之间自然资源存量的差异是决定它们增长可能性的主要变量。

这一问题受到各种混淆和缺乏有力证据的困扰。一部分混淆来自自然资源的相对重要性存在差异。正如已经指出过的，穷国的自然资源相对于所有资源来说，通常比富国更为重要。然而，大部分混淆来自无法区别两种可再生资本的回报率，其中一种是在现有形式上追加的可再生资本，另一种是新的更好形式的可再生资本。

首要的事实在于，这两种形式的可再生资本，其技术特性有所不同，更进一步的事实在于，经济属性也不同，因为现有形式追加资源的边际回报率相对低于新形式资源的回报率。一旦对这两种形式可再生资本加以区分，关键问题便是新形式的资本是否具有独特性，以至它们的技术特性使之不可能在初级产品生产中使用。

我一点都不怀疑这些新的更好形式的可再生资本并不受工业部门的限制。它们之中的许多资本也可被应用到农业以及其他严重依赖自然资源的行业中。如果要做的选择只是下列之一，如多增加一口灌溉水井、一条沟渠、一头耕牛或者少数更为原始的工具以及在穷国使用的各种简单设备，想从资本存量的这种追加中获得相对高的回报率，实在是希望不大。但是，不管是农业还是工业，需要做的并不是这种选择。对于工业和农业，能够做以及可以带来更高回报前景的选择，就是使用新的更好形式的可再生资本。

经济思想史上一个长期信奉的教条就是，穷国新增资本的回报率相对要高一些。按照这一教条，回报之所以高是因为穷国伴随劳动与土地而使用的可再生资本供给量相对较少。穷国资本收益相对更高的这一观点得到下述现象的支持，即历史上出现了从特定西方国家向许多穷国的大量资本流动。人们认为，这种大规模的资本转移，是对一些相对富裕国家低回报率和存在能够接受这些资本的生产可能性的穷国高回报率之间差距的反应。这种评价并没有明确地意识到这一事实，即这些资本转移大部分并没有使得现有形式的可再生资本加倍；相反，这种转移的结果是导致穷国引入新形式的可再生资本。

人们普遍认为，作为经济增长的结果，自然资源生产性服务的供给价格必定会相对于可再生要素的服务价格上升。我们已经被教导，当可再生资本存量伴随人口和产出增长而增加时，这一结果不可避免。更低的运输成本和生产工艺的改进，可以暂时阻止自然资源生产性服务供给价格的上升，这是人们希望看到的最好结果。然而，在土地上投入的劳动和资本报酬递减最终会出现。这种经济教条明显同我们的实证估计结果不一致;现在是我们抛弃它的时候了。但是,自然资源的供给固定,以及其生产的产品供给价格会上升,人们头脑中的这类观念还是不断持续下来。

一种看似可靠的方法是把原材料看作是在不变供给价格条件下生产出来的。这是佩利报告能够得到使用的基本假设。它是对已经发生情况的大致近似,到目前为止,以此假设为基础,对美国到大约 1975 年的原材料使用情况的预测做得相当不错。

然而,我意识到,在自然资源服务价格和原材料价格之间还是有很大差异的。遗憾的是,对自然资源服务(租金)价格的估计实在是太少了;我所关注到的研究都只限于原材料方面。这促使我对美国农业土地的服务价格变动进行了一些估计。[8]

尽管我的估计遇到了许多限制,但结果有力地表明在 1910—1914 年和 1956 年之间,农业土地的服务价格相对于农产品价格已经大幅度下降了,与农业中使用的所有投入价格相比,则下降幅度更大。[9]在解释这些估计结果时,应当记住,在 1910—1914 年到 1956 年期间,无论是与所有批发商品的价格相比,还是与所有零售消费品的价格相比,农产品的价格都大约下降了 15%。

现在,作为农业投入的土地,比起第一次世界大战之前变得更为便宜了。在美国,农业土地服务供给价格的这种下降并不是反常的事件。它不是发生在农业生产紧缩的时候,因为这段时间农业产出增加了大约80%。它也不是农业用地数量大量增加的结果。相反,可耕地实际上出现了轻微减少,从 1910—1914 年的平均数 3.3 亿英亩减少到 1956 年的3.26 亿英亩;参见表 II. 2.1。我在这里并不是为农业土地服务相对价格的下降提供一个解释。仅仅注意到下述结论就足够了:作为经济增长的结果,自然资源服务价格必定相对于可再生资本服务价格上升,这一命题很明显错了。

表 II. 2. 1　美国农业产出与投入价格,1910—1914 年和 1956 年[*]

类别	在 1910—1914 年和 1956 年之间的增长 (1910—1914 年=100)	相对于农产品价格的增长 (235=100)
1. 农民销售农产品得到的价格	235	100
2. 各类农业投入的价格		
(1) 农业工资率	543	231
(2) 建筑和围栏材料	374	159

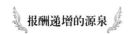

续前表

类别	在 1910—1914 年和 1956 年之间的增长 (1910—1914 年＝100)	相对于农产品价格的增长 (235＝100)
(3) 农用机械	329	140
(4) 农业用品	279	119
(5) 化肥	150	64
(6) 农业用地[†]		
a. 每英亩农业用地的价格	158	67
b. 每固定单位农业用地的价格	181	77
c. 每固定单位农业用地的租金	166	71

* 数据基于西奥多·W·舒尔茨，"经济增长中的土地"，表 II，参见本书第二部分，第 3 章。

[†] 这三个估计中的任何一个，我都尽力排除追加到农业用地上的可再生资本结构因素。也可参见 Ross Parish, *Trends in the Use of Summer Fallow in Saskatchewan: An Economic Interpretation*（未出版博士学位论文，University of Chicago，1959），其估计表明在萨斯喀彻温省，相对于小麦和其他主要农业投入要素的价格，农业用地的服务价格已经大幅下降。

3. 自然资源与经济增长之间的联系

到目前为止，我的目的是表明，就要素成本而言，相对于所有资源的总价值，自然资源的价值一直在下降，并且这些资源的服务供给价格并没有相对于其他主要类型资源的供给价格上升。这一证据意味着下述推论：自然资源的边际贡献并没有随着时间的推移而增加。尽管自然资源主要是大多数穷国经济中所谓落后部门的不可分割部分，但并不意味着这些国家的生产可能性使得自然资源成为经济增长的负担。

随着时间的推移，自然资源和可再生非人力资本、劳动力之间的联系已经被经济增长大大地改变了。我们一直在经历的经济增长类型，代表的是一种通过引入新的更好的资源来实现的经济变迁形式。这些资源在经济中的很多地方已经成为更多种自然资源的有效替代物。要总览这一过程，有必要使用广义上的资本概念，这一概念既包含非人力财富，又包含人力财富，从而可以考虑到对经济活动有用的劳动力能力存量的增长，这种能力通过对人进行投资而获得。[10]

我们习惯上把新的更好的机器当作劳动的替代物。的确，农业中它们已经成为农用土地和劳动的重要替代手段。约翰逊的粮食产量研究把 1880 年以来玉米产出增长的三分之一归功于农业机械化。改良种子也是农业土地的重要替代物，它们对产出增长似乎具有同机械化差不多的贡献。[11]在这方面，杂交玉米种子的经济效应值得注意。[12]

再就是，新的资本形式也进入了化肥生产过程；它们看起来大幅降低了化肥的实际价格，以至通过替代作用，它们不仅在维持而且在降低农业土地服务价格上成为一种很强的力量。最重要的是人（这里指农民和其他农业劳动力）的能力的提高。这些新能力中的一部分也成为农业土地的替代物。

对这些新的更好的资源，长期以来的做法是把它们当作特设变量而贴上"技术进步"的标签。这是一种遮掩无知的便利方法，而且，同生产函数特性的经济学逻辑并不一致。断言一种生产函数（指农业生产函数）得以改进或者向右移动是由于技术上的某种进步，只是表明至少一种新资源（投入）被引入了生产过程，因为生产函数只能从生产所用资源的特性中推导出来。如果生产函数已经变化了，它总是表明至少有一种具有不同技术特性的新增资源被引入到生产活动中。因此，研究任务应当包括对概念加以发展并建立模型，使我们可以识别和测度那些提供新技术特性的资源，而不是把全部或部分没有得到解释的剩余简单地称为"技术进步"。

最后，我们所看到的持久而印象深刻的经济增长并不只限于少数国家，我们想理解的经济增长也同传统思维模式不相符合。之所以不符合，是因为并非所有的经济增长史都如同传统思维所设想的那样，是以土地、劳动和资本为基础的静态长期均衡活动。当给定自然资源（土地）存量上的劳动和资本增加时，报酬递减并不是历史上出现的唯一游戏活动。对于我们想要理解的历史，由于以某种方式加入了更多好牌，游戏规则已经改变了。在某处已经产生了新的更好的生产函数。劳动的能力得以提高，对人的投资已经使得劳动与资本的界线变得非常模糊。随着新的有用知识的出现，资本与自然资源的界线也不再清晰。

注释和参考文献

［1］William J. Baumol, *Economic Dynamic* (The Macmillan Co., New York, 1951), chapter 2.

［2］R. F. Harrod, "An Essay in Dynamic Theory," *Economic Journal* (Mar. 1939). See also *Towards a Dynamic Economics* (Macmillan, London, 1948).

［3］Harrod, *Towards a Dynamic Economics*, p. 20.

［4］参见本书第二部分，第 1 章。

［5］Raymond W. Goldsmith and Associates, *A Study of Saving in the United States* (Princeton University Press, Special Studies, 1956), vol. III, table W-1;

and Goldsmith's estimates appearing in the *Thirty-Seventh Annual Report of the National Bureau of Economic Research* (New York, 1957).

［6］The President's Materials Policy Commission, *Resources for Freedom* (Washington DC, June 1952)。该委员会是由德怀特·D·艾森豪威尔总统任命的。

［7］参见本书接下来的第二部分第3章,"经济增长中的土地"。

［8］同上。

［9］在主要类型的农业投入中,只有化肥的价格没有相对于农业用地的服务价格上升。

［10］See Theodore W. Schultz, "Investment in Man: An Economist's View," *Social Service Review*, 33 (June 1959), 109 - 117.

［11］D. Gale Johnson, "A Study of Increases in Grain Yields in the United States, 1880—1958," University of Chicago (Oct. 1959).

［12］有关杂交玉米的研究,参见 Zvi Griliches, "Research Costs and Social Returns: Hybrid Corn with Comparisons," *Journal of Political Economy*, 66 (Aug. 1958)。

第 *3* 章　经济增长中的土地[*]

一个国家的经济增长包括了国民收入的增加。国民收入被看作由资源所提供的生产性服务产生的收入流。这些资源由存量构成，而这些存量的增加是经济增长过程的必要组成部分。然而，土地不是一种很容易增加的资源。我们认为土地的存量几乎是固定的。那么，土地的这一特性对经济增长意味着什么？古典解答，例如斯密，尤其是李嘉图，是相对于其他资源，土地服务的供给价格必定上升。一个长期信奉的教条就是土地的稀缺性会增加。然而，本章的主要任务是表明，对土地在经济增长中作用的古典见解还远远不能让人满意。

土地在国民收入中所占的份额会随着经济增长而下降，这一命题目前已经得到普遍接受。但这一命题并不必然排除下列结果：经济增长过程中土地服务供给价格相对于其他资源服务价格上升，从这一角度看，土地确实变得更为稀缺了。我们的结果有力地表明，美国农业用地的服务价格并没有上升；相反，它们与其他相关价格相比，看上去还在下降。在传统思维看来，这些结果是令人困惑的。

1. 关于土地的智力遗产

经济学家在思考经济进步的时候，长期以来就很关注土地的作用和地租索取权。早期英国经济学家认为土地和地租极其重要。亚当·斯密就在他有名的著作《国富论》第一册中，花了超过五分之二的篇幅来写

---

　　* 本章首次发表于 Theodore W. Schultz, *The Economic Organization of Agriculture* (McGraw-Hill, New York，1953)。

"土地的租金"[1]。在李嘉图的价值理论中，土地是关键，他的《政治经济学及赋税原理》用了不少篇幅来写地租、地租税、土地税、斯密教条以及马尔萨斯有关地租的观点。古典思想伟大的编纂者穆勒，在他的《政治经济学原理》中也承袭了前人的做法；该书第四册集中关注经济进步，主要精力都放在人口与地租的相互影响上。政治经济学中的辩论仍然在猛烈地持续进行，许多没有价值的观点都被清除掉了。然而土地和地租的古典见解并不在此行列。它们被马歇尔整理和修改，继续承担着重要的分析功能。

自马歇尔——更具体地说是自 1920 年其《经济学原理》第八版出版——以来，大部分经济学家已经转向了经济不稳定性问题。大规模失业问题被置于研究进程的首位，凯恩斯主义得以成形。农业研究也不例外，我的《不稳定经济中的农业》[2]一书就是那个时期完成的。时代和环境已经迎来了一个新的时期。无论什么地方的国家，穷国和富国，都想创造更多的国民产品。经济发展成为潮流。政治经济学的艺术和经济学家的技能都有着强烈的需求。

经济分析中的土地和地租有什么变化？如果只是粗略看看各种著述中所写的东西，就会得到它们已经消失的结论。某本广泛流行的经济学原理教科书就很少涉及土地和地租。[3]农业经济学家与土地经济学家也没有改变课程中有关土地和地租的这种经济思维方式。

我们在考察有关土地的思想时还可以做得更好。为此我们需要用更为广泛的历史视角来看待土地作用的变迁。这一视角会远远超出经济学的范围。它不是坐落在思想山谷之中单一孤立的小屋。有关土地的思想源远流长且为传统所加持。自久远的历史以来，诗人和哲学家对这种传统的形成产生过影响。政治家和爱国者也有所作用。那么，什么是土地？对一些人来说，它是人们生活的地方，是家庭和根之所在。没有土地，就没有国家，更不用说什么主权了。在一些人的头脑中，土地是人类的天然禀赋，自然资源存量终归是固定的，会成为生产活动的制约因素。土地包含了大自然原始的和不可再生的特性。土地具有我们言传赋予的含义。有些人极其重视土地，以至对土地根深蒂固的渴求被视作合乎自然，而人没有土地则违背自然法则。许多传统事实上建立在土地的荣耀之上。

总之，有太多的观点对土地进行了自圆其说的思考。结果，我们在这一主题当中找到了大量让人困惑、怀疑甚至无关的内容。有关土地出现了大量相互冲突的教义。[4]对土地的经济作用、政治重要性和社会功能存在着严重的分歧。旧的教条和政策已经远远不够了，然而它们还是得以延续下来，因为我们既没有意愿也没有知识能够把它们变得更好。

2. 传统观念同新现实的不一致

我们的怀疑和困惑源于许多新的经验。我们受到的传统教导说，城镇化会导致都市土地的价值攀升到极高水平。然而，我们所看到的是，许多都市区域的中心地带已经衰落，这些地带的土地价值正在下降。传统观念认为，所有土地的租金价值会提高，并且随着人口增长、国土被开发和人口稠密，土地存量的价值会相对于国民财富而增加。然而，我们所看到的是，租金收入所占比重与其他财产获得的收入比重相比，变得更小了，并且我们看到，土地在国民财富中的份额正在迅速下降。例如，自 1910 年以来，农业土地（agriculture land）所占国民财富存量的比例已经从五分之一下降到二十分之一（见表 II.3.1）。

表 II.3.1   1896—1955 年以现值计算的美国土地和全部国民财富*

| | 全部国民财富 | 全部土地 | | 农业土地 | |
	十亿美元（1）	十亿美元（2）	占国民财富的百分比（%）（3）	十亿美元（4）	占国民财富的百分比（%）（5）
1896	69	26	38	12	17
1900	88	31	35	15	17
1910	152	55	36	30	20
1920	374	103	28	50	13
1930	410	104	25	32	8
1940	424	92	22	24	6
1945	571	128	22	45	8
1949	898	160	19	54	6
1955	1 344	224	17	69	5

* 数据来自 Raymond W. Goldsmith, Dorothy B. Brady, and Horst Mendershausen, *A Study of Saving in the United States*, Vol. III. Special Studies（Princeton University Press, 1956），表 W-1；戈德史密斯的数据来自 Thirty-Seventh Annual Report of the National Bureau of Economic Research（New York，May，1957）。

早期的一个预言是，一旦国土开发殆尽，农产品将变得更为昂贵。但这种情况并没有出现。我们看到，自世纪之交以来，人口增加了一倍以上。数据表明，人均食物消耗已经大幅度上升了。然而粮食还是绰绰有余，它并没有变得昂贵。红肉数量大规模地增长，而它曾经被认为是拥有大量牧场的新兴国家在草地资源耗尽之前为自己保留的奢侈品。我们现在可以清楚地看到 20 年前美国遏止了这些肉类人均消费的下降趋势。从那以后人均消费已经上升了三分之一，并且超过自 1909 年开始记录数据后的极高值。

我们受到的教导说，出于人的欲望，无论贫富，不管是农民还是贵族，天性都存在由来已久的对土地的渴求。20 世纪 20 年代晚期，B. H. 希巴德教授在威斯康星大学的讲座就有大量对土地这种渴求的阐述。例如，第一代和第二代德国农民家庭牺牲消费并放弃对子女的教育，就是为了存钱以购买更多的农田。已经致富的实业家继续购买和修建宏伟的庄园。但是证据的主要倾向明显与此不同。我们已经成为具有高度流动性的人口。我们乐意搬家，把住房卖给出价最高者，并迁移到别的地方。即使土地可以用来防范通货膨胀，即使私房所有者享有优惠的收入税待遇，即使每个家庭都得到了实际收入的巨大收益，观察到的土地需求也不支持土地渴求观点。很难证明土地是一种更受偏爱的资产。相反，许多有能力购买土地的人似乎更乐意拥有其他类型的资产而成为无地者。

即使如此，是否有足够的房屋供迅猛增长的人口居住？你只需要做的就是回想一下著名教授 E. A. 罗斯在《只有立足之地》一书中的严厉警告。[5]但是，有什么证据能够支持这一看法：今天的人口比 30 年前提出这一警告时更为拥挤？简单地用人口数量去除以我们的 19.04 亿英亩土地是很不恰当的做法。可以肯定，我们的农村并没有变得更为拥挤。郊区的发展和城市中心区域的相对衰落表明城市不像以前那么拥挤了。通过更为频繁的旅行，以及公园和公共场所更为广泛的使用，更多的人享受着更多的空间。尽管如此，也许我们会变得更为拥挤；但这是相对于什么而言的？

然而，土地还承载着其他含义。我们是车轮上的人口，经常迁移并且频繁旅行。我们需要越来越多的交通和更多的空间。然而，铁路的重要性在下降。不过公路仍然拥挤，尽管国家已经付出了巨大的努力来满足日益增长的需求。城市停车位的供给正变得越来越稀缺。现在我们发展航空公司，遗憾的是，我们的航线已经变得过度拥挤。然后，用于导弹和其他太空发明的空间也不再是科幻小说中才有的事物。

土地的另外一个重要内容是它在废弃物处置上的作用。现代人对于制造垃圾有一种让人吃惊的偏好。这种肆无忌惮的污染才能或许终将毁灭人类。我们污染自身周围的土壤、水和空气。作为一个古老的故事，烟尘公害长期以来就是说明社会利益与私人利益如何偏离的经典教学案例。航空旅行使我们重新意识到城市向空中排放的巨量废气和烟尘，因为人们经常看到受污染的空气拖着浩大的尾巴，顺风吹拂 50 英里甚至更远。另一种类型的空气污染是烟雾。放射性物质释放的辐射尘埃是另一种危险情况。事情还没结束。以水资源为例，我们已经开始接受许多溪流和江河的污染是一种很自然的现象，进而把它们看作仅仅是废弃物的释放场所。对土地污染人们所知有限，但这也必定是关注的焦点所在。

如果我们推断，空气、水和土壤没有足够的空间来容纳人们制造的各种废弃物，我们差不多就是正确的。如果确实如此，"土地"的这种特殊服务面临着供给价格的上升，这一上升不在于市场价格而在于社会成本的核算。但是废弃物处置成本正在上升的观点相当新颖，因此，不应当同那些遗留给我们的传统观念相混淆。

3. 从观念到理论

观念通常只是人们所持有的更深层次信念的表现形式。分析一个观念，你就会找到一种理论。我们已经考察过的有关土地的特定观点并非毫无关联；事实上，它们都是一种特定经济增长不可或缺的部分。这就是我们的古典理论。这是一种土地具有关键作用的理论。在这种理论中，任何需要相当数量土地的生产，与那些需要很少或不需要土地的生产相比，都处于根本不利的地位。按照这种理论，土地总会带来报酬递减。更早时期的经济学家更为强调几个推论。他们推论出，农业必然遭遇报酬递减，而制造业会享受报酬递增。作为经济进步的结果，土地的租金价值必定会上升，结果，土地所有者会处于一个"更优越的"财富和收入地位。

这种有关土地、地租和人口的经济增长理论居于主流地位，继续支配着我们大部分的政策。尽管在一些富国已经不那么引人注目，但对穷国它仍然是基本理论。这种理论隐藏在大多数有关经济增长的现有教义之后，即使对忽略土地的新经济增长模型也是如此。增长之所以需要工业化，是因为它相信，工业比农业作用更大。这种信念认为，农业更有可能会阻碍经济增长，因为农业过于依赖土地。各种各样的理由可用来支持这种观念。穷国的农业被认为普遍存在隐性失业。工业的规模经济处处可见。工业化会伴随着新技术和技能提高。然而，当我们深入各种各样观念的背后，就会发现它们其实都错误地以土地对农业生产的阻碍效应为基础。

重要的是，不要把这一经济增长理论同静态理论分析及静态条件下要素可变比例的含意相混淆。该理论以经济史的一种特殊观念为基础，即投入到土地上的劳动和资本存在长期报酬递减。在这种观念看来，土地的供给无法跟上劳动和资本的供给。早期英国经济学家深受这种经济进步前景的影响。这种严峻而严格的李嘉图逻辑在经济学家和政治家头脑中留下了难以磨灭的痕迹，因为它使得马尔萨斯人口论的下述基本含义更为明确：几乎固定的土地供给，使用更多劳动和资本时土地报酬递减。

即使是具有天才般洞察力的马歇尔——他把短期与长期、准地租与纯地租区分开来，对更为廉价的交通运输方式的贡献、新土地的开发和生产有用的新知识的影响进行了深入思考——也无法从头脑中抹除李嘉图逻辑的支配。直到1920年，在他的《经济学原理》第八版序言中，马歇尔写道：

> 社会历史上曾经有某些阶段，土地所有权产生的收入特性支配了人类关系；这些特性或许会再度处于支配地位。不过在当前时期，新土地的开发，加之陆地和海洋运输费用的低廉，几乎遏制了边际报酬递减的倾向。这一术语是按照马尔萨斯和李嘉图使用的意义来说的，那时候英国劳动者的工资经常低于半蒲式耳上等小麦的价格。然而，如果人口以当前增长速率的四分之一持续很长一段时间，则从一切用途（假设就像现在一样不受政府当局的限制）得到的土地总租金价值，或许会再度超过从所有其他物质财产形式上获得的总收入——即便那时的财产也许会包含20倍现在劳动的价值。

已有这些记载的土地史与这种预测完全不同。尽管人口持续迅猛增长，土地的租金价值却没有相对于"从所有其他财产形式上获得的总收入"而上升。土地存量相对于总国民财富继续下降。在戈德史密斯的估计[6]中，1896年（这一估计的起始日期，是马歇尔《经济学原理》第一版出版后的第六年）土地在总国民财富中的份额大约为38%，在1920年，土地份额下降到28%。到1956年，所有土地的存量——包括农业用地、非农业住宅和非住宅用地、森林和公用土地——在总国民财富中的比重只有17%。1883年，在布里斯托尔有关"进步和贫困"系列讲座的第一讲中，马歇尔责备亨利·乔治，指出，"乔治先生似乎认为，正确的地租——土地固有属性所产生的租金，包括地皮租金

（ground rent）等——比它的实际水平要高。因此最好尽可能高地估计它，即 7 500 万美元"[7]。然后，他继续估计资本利息为 2.5 亿美元——这一数字比估计的地租要高出两倍多。然而，1920 年，在地租相对于从所有其他物质财产形式上获得的总收入甚至要更少时，他却想象了一个地租价值超过所有其他形式财产价值的未来。

经济增长数据作为证据的时代已经来到。前面我们所看到的一般类型的经济进步理论已经无法解释这些证据了。对于一个令人满意理论的任何检验，它都无法满足。如果我们还广泛使用这种理论来分析经济变量及其之间的关系，就得不到任何有用的结果。如果我们还用它来推导出可检验的假说，我们就会发现，这些假说会一个又一个地得不到证据的支持。这是一种有缺陷的理论。作为一种研究经济增长的分析工具，它应当被抛弃。这并不意味着它会被遗忘。作为人类智力遗产的一部分，它曾经是而且会一直是有关土地的思想山谷之中的古老建筑之一。

4. 土地服务的供给价格

有人或许会从前面的论证中猜测我们对下述经济增长理论并不那么满意：土地因其长期报酬递减性质而成为进步的限制因素，土地所有者被赋予特殊费用征收人的地位，并在使用更多劳动和资本时维持这种费用的增长。这就使土地租金价值成为经济进步更为沉重的负担。这种理论对一国经济增长中各个部门所能够作出的潜在贡献进行了排序，其中，农业的贡献率远远低于工业。农业之所以被置于较弱的次优地位，是因为它严重依赖土地。尽管如此，我对这些见解是否满意对于分析问题并不重要。重要的是该理论无效这一事实。

5. 国民产值和初级产品价格的增加

许多国家，无论穷国还是富国、老牌国家还是新兴国家，目前都致力于实现国民产出的大量增加。它们之中有些老牌国家在早期曾经引领了工业化之路，随后又丧失了前进的动力。这些国家中有一些现在摆脱了衰落状态，再一次获得了国民产值的巨大增长。一些新兴国家也实现了大幅度的增长。然而，这些国家看上去都对增长率不满意。同时，有关如何最好地赢得国民产值增长的思想具有很强的意识形态色彩；不过，经济学家希望，信念和价值上的这些差异不会导致对土地在经济增长中作用的分析的偏差。

简单地说明经济增长的含义是一种合理做法。我们已经使用这一概念来指国民产值的增加。出于当前研究的需要，没有必要对国民产值增加多大程度进行详细的说明。其年度增长率或高或低；这一增长率可能低于或高于人口增长率；它可能超过或低于国民财富物质存量的增长率。因此，我们的经济增长概念并不排除在土地上使用更多资本和劳动时出现的报酬递减情形。

从需求面来看，目前相当确定的是，个人收入较高的国家对农产品和原材料的需求收入弹性通常要相对低一些，正如大多数西欧国家、澳大利亚、新西兰、加拿大和美国所呈现的情况一样。由于这种低收入弹性和这些产品的价格没有相对提高，我们可以预料，农产品和原材料价值在国民产值中的比例一般都在下降。

这样，我们对《总统材料政策委员会报告》（Report by the President's Materials Policy Commission）中提出的国家发展情况已经习以为常。[8] 在 1904—1913 年和 1944—1950 年期间，美国消耗的全部原材料价值[9]占国民生产总值的百分比从 22.6％ 下降到 12.5％；这两个时期全部农业原材料在国民生产总值中的比重则分别为 15.5％ 和 8.2％。如果我们能够得到具有高且持续增长的人均收入的其他国家的可比估计数据，假如它们没有显示出类似的原材料和农产品比重下降趋势，反而会令人惊讶。

在解释这类发展现象时，对于估计结果中揭示的低且还在逐渐下降的收入弹性，我们并没有觉得困惑不解。然而，这并不意味着需求没有增加，并且没有告诉我们为什么这些原材料的相对价格没有上升。需求在持续增加，因为尽管收入弹性低，但它是正的，并且有收入来支持该需求的人口增长也不在少数。同时，原材料的供给很明显地轻易增加了，这一现象尚无令人满意的解释。

从数量上我们可以看到，1904—1913 年和 1944—1950 年之间，农业原料以及所有原材料的总消耗实际上增长了一倍。[10] 从价格上我们可以看到，那些最为依赖土地的产品价格，相对于其他产品价格通常都在下降。在美国 1947—1957 年，以现价计算的原材料批发价格根本没有上升；然而，中间材料和部件的价格上升了 30％。类似地，在消费者价格指数内部，服务价格比指数内包含的其他大多数项目都要上升得多一些。如果我们从更长期来看价格的变动，也出现了类似的模式。在初级、次级和三级这三大类产品中，初级产品价格相对于其他两类产品和服务的价格正在下降。但是，初级产品生产最为依赖土地（自然资源）。三级产品和服务的这种依赖程度则最低。

6. 农业用地充当投入的作用变化

我将集中关注农业用地（farmland），因为关于采矿、筑路、居住及其他非农用途的土地数据不大能够满足我研究目的之需。幸亏这方面土地的主要用途在于农耕。我将证明，与其他资源相比，美国农业土地并没有变得更为稀缺，这一结论是建立在农业用地服务相对价格变动的基础之上的。然而，在我研究这些价格之前，简要地介绍一下农业用地的面积和获得的收入是有用的。

农作物的产量和收益在不断增加，而用于耕种农作物的土地面积在不断减少。例如，1932—1957 年收获庄稼的土地面积从 3.71 亿英亩下降到 3.26 亿英亩，减少了 12％。玉米、小麦和棉花等主要农作物的种植面积减少得更多；1932 年它们在所有农作物种植面积中的比例是55％，而 1957 年则只有 40％。只看这三大类农作物的耕种面积，从1932 年它们各自的峰值不断减少，已经释放出了 1 亿英亩土地，这一数量相当于法国、联邦德国、英国和丹麦的可耕地面积的总和。

正如我们一开始就注意到的，作为一种投入要素的农业用地是给定的，它所占的权重甚至更小了，因为它获得的收入在各种收入流中的比重下降了。本研究中的农业用地可以使用农业不动产（farm real estate）代表，这样它就包括了所有投入到农业用地上的农场设施（farm structures）。这种农业用地概念可以被视作农业用地所代表的物质资本的一个总体测度指标。我们将在下面进行的比较中使用的一个净测度指标，则通过分离和去除农场资本设施得到。我们看到越来越多的农场资本设施被追加到农业用地上：1910—1914 年，它们大约占农业不动产的 15％，1948—1949 年，这一比例已经上升到大约 32％。我们对这种趋势使用外推法，估计出 1955—1957 年农场资本设施在农业不动产中的比重为 37％。[11]

下面的估计表明，在 1910—1914 年和 1955—1957 年之间，排除了农场资本设施之后，农业用地获得的收入在农业净收入中的比例从18％下降到 11％，它在农业总收入中的比例从 13％下降到 5.4％，并

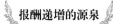

且，在国民生产净值中的比例从 3.2% 下降到 0.6%。[12]

	农业用地（不含农场设施）收入	农业净收入	(1) 占 (2) 的百分比	农业总收入	(1) 占 (4) 的百分比	国民生产净值	(1) 占 (6) 的百分比
	(1)（十亿美元/年）	(2)（十亿美元/年）	(3)（%）	(4)（十亿美元/年）	(5)（%）	(6)（十亿美元/年）	(7)（%）
1910—1914	0.99	5.53	17.9	7.6	13.0	31.0	3.2
1955—1957	1.53	16.60	11.1	34.2	5.4	292.0	0.6

然而，我们还没有注意到的是，相对于其他主要类型投入，除了化肥之外，农业用地服务的供给价格出现了下降。下面让我总结一下产品和要素（投入）价格出现的大量变化：

（1）在 1910—1914 年和 1956 年期间，相对于消费者价格指数，农民销售农产品实际得到的价格下降了大约 15%。

（2）1910—1956 年，与全部批发商品相比，农产品批发价格也下降了大约 15%。1929 年是一个分界点，1910—1929 年农产品价格相对于全部批发商品则略有提高，所以，1929—1956 年间其价格的相对下降超过了 15%。

（3）尽管不存在依据某些标准投入单位、真正使人满意的对土地租金率的度量方法，毋庸置疑的是，相对于农耕中使用的全部投入，农业用地的服务价格正在下降。如果没有别的原因，只要每小时人力的价格相对于其他类型投入显著上升并且人力在全部投入中显得更为重要，这种现象发生的可能性就非常大。

（4）列举少数关于土地以外农业投入价格在 1910—1914 年和 1956 年之间变化的数据是很用的。农民销售产品得到的价格指数可以为我们提供两个基准点；该指数从 100 上升到 235。从 1910—1914 年到 1956 年，如果特定投入的价格上升超过这些基准点，则表明其价格相对于农产品价格上涨，相反，则表明其价格相对于农产品价格下跌。表 II.3.2 中列出的某些投入，在 1910—1914 年和 1956 年期间，其价格上升超过了农产品价格指数；农业工资率相对于农民销售产品得到的价格指数上涨了 2 倍多；建筑和围栏材料分别上升了五分之三左右；农用机械上涨了五分之二；农业用品相对于农民销售产品得到的价格提高了大概五分之一。另一方面，化肥价格相对于农产品价格下降了大约三分之一。

表 II. 3. 2　美国农业产品与投入在 1956 年与 1910—1914 年的价格比较

	1910—1914 年 (1)	1956 年 (2)	1956 年指数 (1910—1914 年 ＝100)（3）	1956 年指数 （收入价格指数 ＝100）（4）
1. 农民销售产品得到 　　的价格[a]			235	100
2. 农业工资率[b]			543	231
3. 建筑和围栏材料[b]			374	159
4. 农用机械[b]			329	140
5. 农业用品[b]			279	119
6. 化肥[b]			150	64
7. 每英亩农业不动产 　　的价值（以美元现 　　价计算）[c]	41.62	88.63	213	91
8. 对第 7 项进行调整 　　以扣除农业设施 　　（以美元现价计算）[d]	35.38	55.84	158	67
9. 农业不动产总价值 　　除以土地数量（以 　　美元现价计算）[e]	40.05	97.80	244	104
10. 对第 9 项进行调整 　　以扣除农业设施 　　（以美元现价计算）[f]	34.04	61.61	181	77
11. 农业不动产的资本 　　回报除以土地数量 　　（以百万美元现价 　　计算）[g]	1 252	2 800	224	95
12. 对第 11 项进行调 　　整以扣除农业设施 　　（以百万美元现价 　　计算）[h]	1 064	1 764	166	71

a. USDA，*Agricultural Outlook Charts*，1958（Nov. 1957），table 19.

b. USDA，*The Farm Cost Situation*（May 1958）.

c. USDA，*The Farm Real Estate Market*（May 1958），table 2.

d. USDA，*The Farm Real Estate Market*（May 1958），table 2，扣除了农业设施的价值；这些设施的价值所占农业不动产价值的比重，1910—1914 年为 15％，1956 年为 37％，这是根据 Raymond Goldsmith，*A Study of Saving in the United States*，Vol. III，table W-1 的数据使用外推法得到的。

e. USDA，*The Farm Real Estate Market*（May 1958）.

f. 与注释 d 相同，扣除了农业设施的价值。

g. USDA，*The Farm Real Estate Market*（May 1958），table 10.

h. 与注释 d 相同，扣除了农业设施的价值。

（5）农业用地的服务价格正在发生变化。我们是从三项估计推断出这些变化的，其中两项估计根据农业不动产进行，另一项估计根据农业不动产的回报进行，这些估计都扣除了农业设施的价值或回报。这些估计[13]表明：

（a）在1910—1914年到1956年间，扣除了农业设施的价值之后，每英亩农业不动产的价值相对于农产品价格下降了33％（表 II.3.2 第 8 项）；

（b）农业不动产的价值，除以农业用地的数量指数之后，比起扣除了农业设施后每英亩农业不动产的价值，略微有所上升，但相对于农产品价格下降了23％（表 II.3.2 第 10 项）；

（c）在1910—1914年到1956年间，扣除了农业设施的农业不动产得到的收入，除以农业用地的数量指数之后，相对于农产品价格下降了29％（表 II.3.2 第 12 项）。

7. 农业用地的服务供给价格下跌

土地服务的供给价格正在下降，这可能吗？以美国农业用地为例，不考虑农业设施，我们在上文看到的证据有力地支持了这一观点。与农耕中使用的所有其他投入的加权平均价格、农民出售商品得到的价格或者消费品零售价格相比，土地服务的供给价格看上去正在下降。

这种情况怎么可能发生？如果国内产品为大量进口农产品所替代，上述情况就可能出现，然而这种现象并没有发生。相反，1910—1956年的美国农业产出提高了80％。如果有大量新的土地加入到农业用地的供给之中，上述情况也可能会发生；但事实并非如此。农产品需求曲线向右方大幅移动，而农业用地服务的供给曲线如果移动，也只是轻微向右移动。这种看法是正确的吗？在这种情形下，为什么农业用地的服务价格没有上升呢？我们是否陷入了某种根本的不一致，从而很容易就相信了那些从纯粹经济角度看起来不可能发生的经济史？答案是否定的；真正的原因在于我们已经找到了对农业用地的有效替代物。

8. 一种经济增长理论和一个假说

一旦发现，随着经济增长，土地服务的供给价格用不着提高，甚至可以下降，我们全身就都会充满乐观主义。这是应当庆贺的时刻。但是经济学家面临一个令人困惑的问题。怎么解释当初级产品的生产增加时，农业用地的服务供给价格并不必然上升？

让我们再看看发生了什么。国民产值的增加超过了人口增长，这就使得更高的人均消费成为可能。尽管消费者对初级产品的需求收入弹性比较低，初级产品需求还是在持续增加，主要原因在于人口增长。新的家庭和劳动力的新成员赚到了收入，尽管收入弹性很低，但仍然为正数。在美国，从 1904—1913 年到 1944—1950 年，所有原材料的消耗实际上翻了一番。

尽管农业和林业这些初级部门的产品比次级和三级部门的产品和服务更为依赖土地，在不断降低的长期供给价格上还是提供了足够的产出。然后我们来看看初级产品生产中使用的投入品及其价格发生了什么样的变化。正如人们所预料到的，我们看到，土地的数量只增加了一点点，远远少于农产品产量的增加。然而，人们没有预料到的是，这些土地服务的供给价格并没有上升反而下降了。

这些就是必须面对的难以处理的经济事实。我们需要一种能够解释这些事实的经济增长理论。向土地上追加资本和劳动的报酬递减，继续使用这种旧的理论来掩盖这些事实，不仅混淆了思维，而且很明显不能解答上述难题。

我们已经了解到经济增长意味着国民收入的增加。经济学家和其他人都要大力感谢西蒙·库兹涅茨对国民收入具有开创性的艰辛研究。然而，在度量国民产值及其数量变动方面还存在众多的难题。我们无法在此一一列举这些难题，但值得提醒的是，当经济中大量生产活动从自给自足和家庭领域转移到市场领域时，往往会高估国民产值的增长率。随着城市增长及更高生活成本逐步进入价格权重中，也会出现基本的定价困难。要想衡量农业对国民产值的贡献，尤其是对穷国来说，通常很难准确实现，因为有些因素被忽略了并且进入农产品权重的价格过低。然而，对国民产值的度量体现了经济学的一项重大进步，与我们在资源测度中面临的困难相比，这些度量中让人烦恼的误差其实就显得不重要了。

9. 没有考虑到的资源

本书认为经济学家并没有考虑到生产中使用的所有资源。这些没有考虑到的资源中有些是新资源，其中某些资源已经成为土地的有效替代物。

我们的论证如下：为了把资源同经济增长关联起来，我们定义资源为那些在生产中提供有价值服务的生产要素。我们从这些生产性服务中得到收入。资源之所以有价值，是因为这些服务的存在，并且以物质资源（非人力资源）为例，我们可以对未来预期收入流进行资本化和贴现。这些资源具有存量的性质。人力资源也可以被看作一种存量，尽管在我们的社会制度下，作为"自由人"，它们并没有资本化。通过资源存量的增加，并对这些资源加以利用，我们就可以使国民产值增长。这样，资源增加导致了经济增长。

我们采用多种方式来增加资源存量。一些物质资源的存量增加起来比其他资源更为容易。很明显，土地是一类在存量上相对难以增加的物质资源。这一基本特点把它与其他物质资源区别开来。当我们测度物质财富的国家存量时，可以使用二分法，即把物质资源分为可再生的物质资源与基本上不可再生的土地。

这只不过是老生常谈：我们可以使芝加哥哈罗德·华盛顿学院（Loop College）的办公室和雇佣工人数量增加一倍、两倍或三倍，但我们只能略微增加该学院的土地存量。伴随着经济增长，美国可以令它的钢铁冶炼厂数量翻一番，但无法使它的玉米带的面积增加一倍。苏联能够建造许多工厂，却不能制造一个玉米带。

现代经济增长的另一个特点是全新的资源被开发出来，并在生产中起到日益重要的作用。在研究经济增长时，这些资源基本上都没有被考虑进来。我们相当关心现有生产的细节，以及资源在农场、企业和政府部门之间的少许错误配置，却没有注意到决定国民产值未来增长速度的重要配置决策。我们迷失在细节迷宫之中，而不能看到那些能够增加特定资源存量、主要目的在于开发新资源的配置活动才是真正重要的决策。我们从经济学中得到的准则在原理上是足够明确的：我们想使得每一种资源的预期实际回报率都相等。然而，我们一直关注到，这一领域传统的物质资本可能得到5%甚至10%的回报率。我们看起来甚至都没有意识到有些新资源，例如对新的有用知识的投资，所得回报要高得多。对于那些恰巧为最好生产者所拥有的资源，在思考资源存量增加和经济增长以及测度国民财富时，我们要么完全忽略它们，要么最多根据需要临时考虑它们。

对资源的估计和对收入的估计存在着偏离。这是从国民收入及劳动和国民财富的相关研究中得到的一个基本发现。库兹涅茨的开创性研究，以及阿布拉莫维茨、肯德里克和戈德史密斯的后续研究基本上都得到了同样的结果。[14] 从长期范围看，从 1869—1878 年到 1944—1953 年间，阿布拉莫维茨的估计表明国民收入的年均增长率为 3.5％，而由工时（man-hours）和国民财富存量适当加权组成的资源，其年均增长率只有 1.7％。肯德里克在他的要素生产力研究中发现，1899—1919 年要素生产力收益的年均增长率为 1.1％，1919—1953 年这一增长速度则提高了 2 倍。这一发现的含义是，传统资源增加以外因素导致的收入增长在后来的年度比早期年份要高得多。

我们还提供了另外一组更短、时期更近的数据。相应地，这些数据更为完整，也更为靠近对各种收入成分和一些资源赋予的权重所依赖的基期。美国 1929—1953 年间，国民收入完全翻了一番，提高了 106％。以指数衡量的资源，则增加了 33％。资源的两个组成部分，工时和资本存量，各自增加了 17％ 和 42％。总之，收入的年均增长率为 3％，而资源的年均增长率只有 1.2％。土地、劳动和可再生资本加总起来的增长率，只有国民收入增长率的五分之二。

这些估计结果表明，资源与收入之间的联系随着时间的推移正逐渐变弱。所看到的资源与收入之间的偏离，可以当作经济增长对那种仅限于传统资源的资源配置理论背离程度的反映。这种偏离也可以体现出那些经济学家没有考虑到的资源。为了认清一些根本问题，考虑下述实际政策问题是有益的：给定某种经济增长的模式，其国民收入增长率极大地超过了工时和物质资本的增长率，那么，能够提高一国经济增长率的最适当政策和方案是什么？

以美国为例，假设民众想把年度国民收入增长率从 3.5％ 提高到 4.5％。对于实现这一目标的有效方式，经济学家能够提出什么建议呢？

这一问题可以从一系列公共政策来考虑。人们可以方便地把这些政策分成两类，一类强调公共部门的作用，另一类赞成对私人部门进行扩张。第一类政策会主张把更多资源分配给政府，用于住房、城市发展、河流开发、水土保持、医院及其他健康设施、高速公路、公园及其他娱乐设施等的建设。但是，有什么可以证明这些扩大公共部门作用的措施能够大幅提高经济增长率？想来这些扩张的理由可以用一两个经济增长以外的目标来论证。我们关心的唯一问题在于：若其他条件保持不变，这些特定的公共措施是否大幅提高了经济增长率？就我掌握的文献而言，如果答案是肯定的，并没有合理的证据可以对它加以支持。

现在让我们评论一下那些增加私人部门作用及其效率的政策。要实现这一点，需要增强家庭和企业在储蓄与投资上的激励，也需要减少现有政府项目（如交通和某些农产品定价方面）所导致的资源错配。这里又一次出现的是，每一项政策都在实现一两个与提高经济增长率无关的目标上具有优势。但是，有任何证据可以证明，在其他条件相同的情况下，这些政策本身能够大幅提高经济增长率吗？再一次指出，目前尚无这样的证据。

假设有两个政府项目更受人们关注。第一个项目采取政策以降低1½或2%的"正常"失业率。目前美国测度的劳动力在一个经济周期期间的平均失业率为5%，与此相反，这一项目的责任是要把失业率降低到2.5%。第二个项目的责任是增加储蓄和投资，从而相应增加传统可再生物质资本的存量。第一个项目能够产生明显的收益。但是一旦实现其目标，增加平均就业率将不再提高经济增长率。在第二个项目中，资本积累率的增加将能够更为持续性地提高经济增长率，但其效果很小，正如人们现在从收入和资源的增长模式中所了解的那样。

如果其他资源集合是找到大幅提高经济增长率的方式方法的关键所在，那些只考虑传统资源（即劳动、土地和可再生物质资本）的政府政策和项目就显得不足了。我们认为，这些尚未考虑到的资源集合可以提供对土地的有效替代物。

10. 以未考虑到的资源为基础的假说

让我们设想两组资源，其中一组包括劳动、土地和可再生物质资本，它们以传统方式处理和测度，另外一组由传统资源集合以外各种形式的人力和物质资本构成。第二组资源没有被计算在传统概念的"资源"范围内，因此，提出以这些未能考虑到的资源为基础的假说似乎是中肯的。

那些落到第二组集合里的资源具有如下特征：它们主要同提高传统资源的质量有关。这些资源基本上具有人力资本的性质，因为它们很大程度上体现了劳动力素质和有用知识存量的增进。如果第二组资源的存量较传统资源得到增加，并且从这些新资源提供的生产性服务中所获得的回报率相对比较高，我们的假说就可以得到有力的支持。

这一假说已经得到日益增加的证据的支持。作为一种资源的劳动，其测度方法以工时为基础而无视人力素质上的改变。物质资本存量的传统度量方式则低估了这些资本质量上的大多数变化。同时，许多增进人力素质和物质资本存量的手段已经使用在生产性活动中。

教育可以提高人力素质，尽管我们通常恰当地认为教育是为文化服务的，但却远离了促进经济增长的人力资本形成。下面让我引用一下我最近论文中的研究。

> 人们可以用教育中使用的资源来测度其中形成的（人力）资本数量。我尝试估计高中四年（第九、十、十一、十二学年）以及第十二学年之后教育所形成的总资本。用在这方面的私人资源和公共资源都得到了考虑。我对 1920 年和 1956 年总人力资本的尝试性估计，以及传统资本的估计……如下。当我们把这些教育看作提高个人素质的方式和资本形成过程时，可以发现自 1920 年以来总人力资本的增长速度要比传统类型总资本的增长速度快得多。教育形成的总人力资本远非无足轻重，因为它们在 1920 年占传统资本的7％，1956 年这一占比已经提高到 28％。
>
> 由于数据获取上存在的困难，我对净资本形成的估计没有这么完整。但是很明显的是，那些以人为载体的资本在一段时间内已经具有了更长的平均寿命，而物质形式（非人力）的资本则相反：它的平均寿命正在下降。相应地，与传统资本比较，教育在净资本形成的增加上的作用比上述总资本形成过程中的作用要更大。
>
> 然而，也有许多未知之处。我想说的只是：如果教育和其他用于提高个人素质的资本回报率很高，正如它所表现出的一样，则这种形式资本的增长会占……上面……我们所研究的未解释经济增长的很大部分。[15]

对美国 1920 年和 1956 年高中四年和第十二学年之后的教育形成的总资本估计

	总资本形成 （十亿美元现价）	
	1920	1956
1. 高中时期	1.0	12.4
2. 第十二学年后的教育	0.6	10.3
3. 教育形成的资本总量（1＋2）	1.6	22.7
4. 传统资本总量	23.1	80.6
教育形成的总资本占传统类型 总资本的百分比（3÷4×100）	7	28

这些用于提高资源质量的投资，包括人力和非人力投资，其回报率是否高到能产生我们所看到的那种国民收入增长？以教育为例，泽曼[16]仔细地批判性地分析了教育对肤色、地区、性别、年龄、城市规模的影响，以及教育对城市男性工人工资和薪金的影响。他发现：那些接受了 12 学年教育的男性工人与只接受 7～8 学年教育的男性工人相比，如果年龄在 25～29 岁之间，前者收入要高出 30％，这一结果与城市规模没有关系；如果年龄在 30～34 岁之间，前者收入要高出 34％～43％，并且城市规模对该差距有影响；如果年龄在 35～44 岁之间，前者收入要高出 37％～57％，这一差距再次同城市规模有关。

许多迹象也表明，用于探寻并开发新生产技术的资源会获得较高的回报率。当我准备《农业的经济组织》（*The Economic Organization of Agriculture*）一书的第 7 章时，在分析美国生产数据的过程中，意识到了农业存在这种现象。在我所知道的范围内，格里利谢斯的研究[17]对用于"发现"和开发新生产技术的全部资源的回报率进行了最早的严谨的尝试性估计。在美国杂交玉米的例子中，按照 10％的利率计算，从 1910 年到 1955 年，研究支出累积总量为 1.31 亿美元，净回报累积总量为 65 亿美元。就累积总量为 1.31 亿美元的研究投资来说，1955 年的年回报总共为 9.02 亿美元，或者说，每一美元这样的投资，可以获得大约 7 美元的年回报。用来支持经济增长的这种资本的回报率是 700％！

在表 II.3.2 中我们表明，在 1910—1914 年和 1956 年期间，化肥的价格相对于农产品的价格已经下降了三分之一。正如可以预料到的一样，农民们对这种价格变化已经作出了反应。根据格里利谢斯[18]，对化肥的引致需求价格弹性似乎并没有随着时间的推移而发生变化。就我们研究的问题而言，更为密切相关的是那些降低化肥相对价格的开发性活动。这些基本要素还没有被人研究过。然而，一个有力的假说是，进入我们第二组集合里的新资源对降低化肥相对价格也产生了重要作用。

11. 结论

本书对土地在经济增长中作用的认识，与常识和古典经济学的看法大相径庭。作为一种生产要素，土地的经济重要性正在下降。它在生产国民产值的全部要素成本中所占的比例已经变得很小了。这一特殊推论是我于 1951 年发表在《经济学杂志》（*Economic Journal*）上的一篇文章的核心思想。[19]此后出现了戈德史密斯的研究，提供了表明土地的现值在美国国民财富中的比例正在下降的证据。1910 年所有土地占全部国民财富的 36％，1955 年只占 17％。农业土地下降得更为厉害，从1910 年到 1955 年，它占国民财富存量的比重从 20％下降到 5％。在美国的资源所产生的收入流中，农业用地带来的收入已经变得只占很小的一部分。1910—1914 年，去除农业设施后，农业用地的生产性服务在农业资源产生的净收入中占有 18％的比重，而 1955—1957 年这一比重已经降低到 11％。从整体经济考虑，农业用地产生的收入流在 1910—1914 年占国民生产净值的 3.2％，在 1955—1957 年则只占国民生产净值的 0.6％。这些估计为我的先前推论提供了有力的支持。

我们已经提出了一种经济增长理论框架，它不仅可以研究对土地的替代现象，而且可以研究别的理论还无法解释的其他经济发展问题。我们的理论建议把资源分作两个集合，即传统资源集（土地、可再生资本和劳动，因为它们是通常所设想和测度的资源）和新资源集。我们的假说赋予新资源集特殊的重要作用，即提高资源质量。它们基本上具有人力资本的性质。这些新资源的存量相对于传统资源正在增加，其回报也比后者更高。这是一个可检验的假说。尽管还有很多研究工作要做，我们考察过的证据是支持这一假说的。

注释和参考文献

［1］在亚当·斯密《国富论》的当代文库版（Random House，New York，1938）中，第一册的前面十章共计 140 页，该册第十一章和最后一章"论地租"共计 115 页。

［2］Theodore W. Schultz，*Agriculture in an Unstable Economy*（McGraw-Hill，New York，1946）.

［3］在保罗·A·萨缪尔森的《经济学》（*Economics，An Introductory Analysis*）第二版（McGraw-Hill，New York，1951）的索引中，就没有任何一处涉及土地。

［4］See Charles E. Kellogg，"Conflicting Doctrines about Soils，"*The Scientific Monthly*，66（June 1948）.

［5］Edward A. Ross，*Standing Room Only*（Century，New York and London，1927）.

［6］Raymond W. Goldsmith，Dorothy S. Brady，and Horst Mendershausen，*A Study of Saving in the United States*，vol. iii（Princeton University Press，Princeton，NJ，1956），table W - 1，pp. 14 - 15.

［7］乔治·S·施蒂格勒 1958 年 4 月从新闻报道中重新油印了这些名为《阿尔

弗雷德·马歇尔的三次讲座》（*Three Lectures by Alfred Marshall*）的报道。当然，马歇尔指的是大不列颠地区，且这些数字的单位是英镑而不是美元。

[8] *Resources for Freedom*，Washington DC（June 1952）.

[9] 不包括黄金在内。

[10] 根据《总统材料政策委员会报告》，1904—1913 年和 1944—1950 年期间，按 1935—1939 年价格计算，黄金以外所有原材料的消耗数量，从 99 亿美元增加到 186 亿美元，所有农业原料的消耗数量，从 68 亿美元增加到 122 亿美元。

[11] 雷蒙德·戈德史密斯在 *A Study of Saving* 的表 W-1 中对 1910—1914 年农场设施和农业土地的现价估计分别为 56 亿美元和 314 亿美元；它们在农业总资产中的比重略微高于 15%。他表中最后两年即 1948 年和 1949 年，对农场设施和农业土地的平均估计分别为 259 亿美元和 550 亿美元，故而，它们在农业总资产中的比重已经提高到 32%。在西奥多·W·舒尔茨的《农业经济组织》（*The Economic Organization of Agriculture*，McGraw-Hill，New York，1953）一书第 137 页，我作出了大胆的估计，1910 年农场设施在全部农业不动产中的份额为 18%，1950 年这一份额为 33%。

[12] 西蒙·库兹涅茨对 1910—1914 年国民生产净值的估计是年均 310 亿美元。因为他对 1955—1957 年的估计无法得到，我们使用美国商务部的估计 3 790 亿美元，并把这一数字缩减 23%，以使之同库兹涅茨的早期数据具有可比性。

[13] 在测算农业用地的纯租金率方面存在各种困难。如果引入这些土地存量的价值变动，则会面临相关贴现率的变动。例如，1910—1914 年同 1956 年相似的地方在于，当时农业用地的价格都在上升，预期受到下述信念的影响：这种正在发生的价格上涨并没有结束，拥有农业用地还可以得到资本收益。这两个时期不相似的地方在于，1910—1914 年的市场利率比 1956 年要高很多。我们以农业不动产为基础测度了两个指标，在其他条件不变的情况下，利率的下降大幅抵消了这两个指标的相对下降。对农业土地的任意测度指标都存在困难；英亩也是一个非常贫乏的近似度量。当人们使用不动产的资本回报这一指标时，所依赖的是通过归算到农业用地上的净收入而得到的剩余概念。我们把 1910—1914 年农业不动产总值的 15% 作为农业设施的价值，1956 年该比例则为 37%；但很难相信这样估计的农业设施能够体现（尤其是最近 15 年以来）农业用地中全部新的净资本形成。

[14] 关于这些估计及其他估计的详细回顾，参见 Theodore W. Schultz，"Reflections on Agricultural Production，Output and Supply，" *Journal of Farm Economics*，38（Aug. 1956）。

[15] In Francis S. Chase and Harold A. Anderson（eds），*The High School in a New Era*（University of Chicago Press，Chicago，Ill.，1958）.

[16] Morton Zeman，"Quantitative Analysis of White and Non-White Income Differentials in the United States，" unpublished PhD dissertation（University of Chicago，1955），table 25.

[17] Zvi Griliches，"Hybrid Corn：An Exploration in Economics of Technologi-

cal Change," *Econometrica*，25（Oct. 1957），501－522；and "Research Costs and Social Returns：Hybrid Corn and Related Innovations," *Journal of Political Economy*，46（Oct. 1958），419－431.

［18］Zvi Griliches，"The Demand for Fertilizer：An Economic Interpretation of a Technical Change," *Journal of Farm Economics*，40（Aug. 1958）.

［19］该文的主要内容参见本书第二部分第 1 章，"农业土地的经济重要性正在下降"。

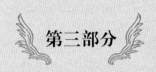

第三部分

通过有组织的
研究增加资源

第1章 研究的价值与内生农业技术[*]

经济学家尊崇的经济理论中几乎不涉及农业。包括稳定性和福利概念在内的经济学基本理论根本不要求将农业知识包含在内。在低收入国家，把农业看作穷人的宿命似乎理所当然。在高收入国家，农民的政治色彩随着他们数量的减少而不断加深，这是一个悖论，让人困惑。

我在这个时候关注农业，绝不是因为它是我在经济学领域研究的第一个课题，而是因为有更好的理由驱使我这样做。

一张农产品的供求图仍然给予管理者们很大的乐趣。李嘉图的地租概念虽然有致命缺点，但仍被保留下来。地主土地所有制阻碍经济进步是事实，同时，也是在这种情况下，政府得以控制所有土地。

曾有几个思维敏捷的经济学家年轻时冒险进入农业迷宫，并取得了了不起的成就，如兹维·格里利谢斯、马克·纳洛夫和弗农·拉坦。经济谜团和未开发的资料召唤着他们。他们的基本工具是理论和测度。亨利·舒尔茨以不朽的研究工作而成为上述领域的开创者。在食品需求方面参与探索的经济学家有很多，如吉尔西克、沃维默、斯顿、霍撒克、沃夫、托宾、伯克、尼尔。有关供给的资料，还需要能够解释报酬递增现象的理论来处理。

1. 实际政策问题

在闭门造车地提出关于技术变化和知识演进的观点之前，我更喜欢

---

[*] 本文曾提交给 1988 年 8 月 2—5 日在哥斯达黎加首府圣约瑟举行的拉美计量经济学协会会议，并以 "Value of Research, Endogenous Technology and Economic Progress: The Case of Agriculture" 为名，发表在 J. R. Vargas and F. Delgado, *Progreso Tecnico y Estructura Economica*, Proceedings of VIII Meetings of Latin American Econometric Society, San Jose, 1990。

以同国际农业研究中心有关的实际政策问题作为开端。拉丁美洲国家在这些中心的研究上下了很大的赌注，我希望这些政策问题能为我所研究的基本课题提供一些信息。

我考虑到下面四个方面：

1.1 过度组织化对有组织的农业研究来说是前所未有的危害

国际农业研究中心的成功是不容置疑的。使用所得资金对这些中心和从事研究工作的农业科学家进行合理分配至关重要。但是依我之见，这些中心依旧存在效率丢失的问题。掌管经济大权的人并不懂从事农业研究的科学家所掌握的知识。同样，他们也不理解农业中存在的大量异质性。

这个问题给美国的农业研究也造成了很大的负担。1982 年发表在《农业科学》上的一份报告实质上是建议在美国更集中地控制这项研究。它致命的缺点在于未能理解出于农业需要而进行的研究的特点。农业生产具有特定土壤、特定农作物种类、特定畜产品、特定市场，当然还伴随着特定生产地点。正因为以上所有的特定性，农业生产本质上是极其异质的。甚至在大多数州内部，农业也绝不是同质的，因此需要研究。假设华盛顿有一个政府机构，幸运的是还有一个非常有能力的管理者。这个管理者在职期间有超出同辈的眼光，有最高的电脑技术和能力很强的下属。即使在这种情况下，想让这个管理者作出符合美国农业研究需要的决定也不过是一厢情愿。让华盛顿获得对农业研究的优先权和控制是一个类似于戈斯计划（Gosplan）委员会政策失误的灾难。

如果一个农业科学家被要求花费大量宝贵的研究时间去论证其研究的合理性，就说明过度组织化了。应该提防这种伤害农业科学家研究创造性的过度组织化。

1.2 缺乏支付薪水的资金

这个尚未解决的问题主要存在于大多数低收入国家中。

那些稀缺的能够胜任专业农业知识的科学家是农业研究中必不可少的关键投入，但与此同时，对拥有专业技能的人才的需求却与日俱增。如果按照低收入国家的薪资标准来支付报酬，是没有符合这样专业标准的人才的。道理显而易见：成为一个有能力的农业科学家需要大量的人力资本投入，而在收入微薄的地方无法实现这样的投入，因此，能够胜任相关农业研究的人才的供给就不能实现。在国际农业研究中心区域范围内，这样的薪资问题是可以通过地理位置选择方式解决的。但是世界上低收入国家的大量农业试验站和农业研究所还是没有解决这一问题。

如果我没有指出，对于组织化的农业研究所获得的绩效而言，研究型企业家才能也是一个十分关键的因素，那么我就犯了经济学上的短视。

1.3　未能估计出研究带来的消费者剩余

对于"谁从农业研究中获利了"这个问题，我们应当反复思索。由于私人企业从事研究仅仅是为了利益，同时农业现代化在世界范围内也在迅猛发展，越来越大部分的农业研究在政府机构中进行。

在北美和西欧地区，由于相关剩余归属问题尚未解决，政府的经济扶持对农民的吸引力大大减少。此外，相关政府部门也逐渐发现，要得到剩余所需支付的代价越来越高昂。然而，在大多数低收入国家，不管农民对用于农业研究的财政拨款持支持还是反对态度，其政治影响力都很小，因此，政府也就不用考虑剩余归属问题了。

有几个重要的实证问题尚未解决：在什么情况下，过多长时间，农民能够从农业研究成果中受益？即使一些农民获得了一些短期的生产者剩余，与此同时却有一些生产同样产品的生产者利益受损。这种情况是怎样产生的？在竞争中把从农业研究中获取的利益转化为消费者剩余的过程需要持续多久？

30 年前，在凯洛格基金会的一次名为"展望未来"的会议上，我证明了州政府对农业的拨款显示了城市对农业研究的强烈支持。在某些以城市为主的州中，就可以发现赠地学院（land grant institutions）投入大量资金对高水平农业研究加以支持。

城市和劳动者的政治影响在美国联邦食品以及涉及联邦农业研究资金的农业拨款中也相当明显。同时，这一点也可以证明城市居民并不认为农业拨款是没用的，相反，他们认为那是对他们有益的。

例如，如果记录下小麦和棉花的生产过程，我们会发现，在农业研究成果的帮助下，生产成本是逐渐下降的。尽管高收入国家农业生产的工时价格大幅提升，但许多其他农业产品的成本仍然是下降的。

食品生产成本的下降是消费者用于食品支出的比例缩小的一个重要因素，同时，随着食品生产成本的下降，贫困家庭要比普通家庭受益更明显。这就构成了一个收入效应，也就是说，减少了实际收入分配中的不平等现象。

现在，是时候看看成功的农业研究所带来的消费者剩余所具有的经济效益了。不可否认，农业的经济重要性确实在下降，但我们不可否认农业研究会带来消费者剩余。

因此，政府应该以可获得的消费者剩余为由来扶持农业研究。

1.4 在未来的 20～25 年里，农业研究会因为科学的止步不前而逐渐停止吗？

如果科学长时间停滞不前，对农业科学家以及用于生产有用的农业知识的投入的投资将会呈现明显的报酬递减。

经济模型的理论阐述胜在它的巧妙、精炼、优美以及它的分析特性，但它们并不能告诉我们科学将在这个世纪剩余的年份中发生怎样的变化。我们需要站在长远的角度对即将发生的事或可能发生的事作出判断，这个过程包含经过长时间推敲得出结论以及合理的论证。我认为科学的进展速度还未达到顶峰，因此还存在足够的素材来保证农业研究的进行。

考虑到所有情形，我的论断表明，从长远的利益出发，持续增长的农业研究的经济价值将体现在对农业现代化的贡献上，这样，消费者剩余将会随之产生。

2. 农业研究经济学

增长理论已经失去了它的分析魅力，因为在解释增长现象时，增长理论显然不够。它把技术进步作为外生变量处理，这就使得大部分经济学理论脱离了增长框架。在 20 世纪 50 年代以前，农业产出的增长量大大超出了农业投入的增长量，这让我们这些住在芝加哥的经济学家十分疑惑，于是这就成为一个尚未解决的经济学基本问题。其中一个解决方案是寻找每种可观察的技术进步的源泉，把外生技术进步转化成内生变量以确定其投入和回报。通过这个方案，兹维·格里利谢斯在他的文章《杂交玉米：经济技术变革的探索》[1]中作出了重要贡献。另一种方法已经获得了极大进展：它考虑技能和有用知识的增进，并把这些因素作为人力资本的构成要素。

与农业的悠久历史相比，有组织地进行农业研究的时间尚短。几十年来农业研究的高速发展让我们了解到了这种研究的外在价值。据说自

1950 年以来，世界人口已经增长了一倍，已经超过了 50 亿人口。同时，世界的粮食生产也随之增长了一倍，当然，不同国家的增长是不平衡的。但是自 1950 年以来，世界对于农业研究的需求已经增长到了其实际支出的 7 倍。

马尔萨斯人口论者在李嘉图有关生产粮食的土地理论之上，在 20 世纪 50 年代提出了即将出现世界粮食危机的说法。然而，事实是：许多低收入国家大幅度增加了粮食生产。这样的大幅增产如果没有农业研究的支撑是无法实现的。

3. 农业研究的主干

政府对农业研究的支持已然制度化。这类研究在试验站、研究室以及国际化中心进行。研究需要专业科学家，也需要研究型企业家，但这些资源是稀缺的，占研究成本的绝大部分。因为这些研究身处其中，农业研究制度化并不能使之免受经济领域变化的影响。近几十年来的研究成本及其带来的回报引起了经济学家的注意，使他们对农业研究进行了大量的分析。

但是，自 1950 年才开始的农业研究经济学还处在未成熟阶段。尽管仍未成熟，人们也从中获得了很多。由于研究资金是政府公共支出的一部分，并配有有能力的研究工作者，其成本都被详细记录下来。但是由于人们对国际劳动力市场的了解甚少，所以还不知道决定优秀科学家报酬的因素。也同样缺乏有关现代科技设备国际市场的有效资料。虽然对于基础科学与应用科学之间不平衡问题的相关讨论很多，但其本质及重要程度仍不得而知。对研究成果的经济价值的估算要比确定政府支出难得多。基本问题还是到底应该在研究中投入多少资金。

4. 一种投资途径

农业太平常了，以至人们都不相信发展农业可以提高国家知名度。而进行农业研究就是为了扩大农业生产可能性。把农业研究作为一种投资需要长远的眼光，而且研究成果的取得就像野地里的野果子一样是不

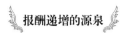

确定的。农民种植的高产杂交玉米的培植就花费了政府 20 多年的研究支出。在 1933 年以后，这项研究开始有回报了，并且社会回报率持续位于高位，比目前正常的回报率高出了许多倍。

短浅的眼光根本抓不住研究过程的本质和经济意义。如果受限于短期眼光，人们就会看到农业产品供给的高度无弹性。而从长远角度出发，供给就会随着时间的推移而较有弹性，李嘉图的农业土地理论就失去了它的经济影响力。因为农业研究发现了提高土地承载力的新方法，也就找到了土地的替代品。结果是这些土地的供给在数量、质量和地理位置上都不再是一成不变的。我们可以看出土地生产力在很大程度上受人为因素的影响。

5. 需求的改变

是什么驱动了对于农业研究的需求？营利性企业是为了利益而进行研究。但从中获得的利润是无处可查的。我们所知道的就是，这种为农业现代化提供农业生产要素的行业，所投入的研究性支出是非常高的。弗农·拉坦估计，1979 年美国用于农业研究投入的费用在 8.14 亿～9.09 亿美元之间。此外，2.7 亿美元用来购买包括农业生产运输所需在内的农用机械设备。美国农民购买化肥和其他植物营养剂、杀虫剂，以及其他化学、生物制剂、燃料、石化产品、机械设备和其他中间产品的费用总计 710 亿美元，其中 190 亿美元是生产性投入。

华莱士·赫夫曼与罗伯特·埃文森的一项新的重要研究即将完成，他们的文章《美国农业研究和教育的发展：经济学观点》表明私人农业研究费用是拉坦估计的两倍之多。[2]但赫夫曼和埃文森所估计的研究对于农业生产的贡献，与拉坦的估计相差甚微。有证据表明，政府部门进行的农业研究具有巨大的社会效益。这些效益说明用于研究的投入有高回报率，而且政府部门的研究机构不应该仅仅为了自己的利益而做这些研究，政府研究机构也不应当觊觎研究所带来的消费者剩余。

正如以上所提到的，农业是经济中正在衰落的部门，但这并不代表未来的消费者剩余无法从成功的农业研究中得到。

6. 供给的改变

农业研究是一种创造有用知识的专业化活动。成功的农业研究增加了这些知识存量。随着这种知识存量的增加，供给也随之增加。

产生这些知识的经济学理论带我们进入了人力资本领域。人力资本是需要用人力资本来生产的。随着时间的推移，人力资本变得越来越专业化。我们应当意识到这一事实，科学家是高度专业化的人力资本，这就表明我们需要用科学家来生产科学家。在这个过程中，专业化程度也会随之提高。但有两个重要的限制因素：（1）有能力的专业农业科学家的供给——培育农作物的人是最近关注的焦点，以及（2）科学进步。

可用作试验田的土地是可以不大考虑的因素。而且只要有资金来源用于建设，新的试验站和研究试验室在几年内即可建成。所需的现代科学仪器比较难获得。但事实上关键的投入还是有能力的专业农业科学家。然而，这样的资源确实是稀缺的。如果按照低收入国家的报酬支付标准，这样的专业化程度是没有办法办到的。

虽然没有很快就能解决的办法，供给的投入还是可以增加的。我们应当认识到：有价值的研究成果需要几十年才能见效，正如上文所提到的高产杂交玉米。

潜在的限制因素是科学的进展到底会如何。如果一段时间内科学停滞不前，农业科学家的报酬以及其他相关投入都会显著降低。

再次重述一下我上面提到的观点：从长远角度来看，农业研究的经济价值是，那些为农业现代化服务的研究活动持续地大幅增长，这样就可以创造出消费者剩余来。

7. 生产力的内生增长

要想认识到增长的源泉，基本的方法就是找到经济生产力提高的源泉。生产力的提高要么来自经济外部，要么来自经济内部。熊彼特在他的经济发展理论中有效地使用了这种两分论。两分论除了可用于分析创新者的贡献外，还可用于解释其他各种经济变化的源泉。在寻找经济生产力构成因素的来源时，人们会发现事实上所有这些构成因素都是人为的，并且这些构成因素源于经济内部。太阳、地球、风、厄尔尼诺现象都跟增加我们的经济生产力毫不相关。

这一点值得反复申明。现存的增长理论没有给我们一个关于生产力提高的基本真实源泉的经济解释。技术的进步仿佛被看作是来源于经济外部。人力资本的增加，包括经济主体的企业家才能也被同样地看待。这种现存增长理论被用来分析生产力提高时，其隐含的缺陷是致命的。

印度在 20 世纪 60 年代中期引进的高产小麦是由墨西哥国际玉米小麦改良中心（CIMMYT）的优秀农作物培育专家培育的。截止到 1984 年，印度的小麦产量从原来的 1 100 万吨猛增至 4 600 万吨。当我们期待用一种经济生产理论来解释这一非凡事件时，我们应该尽力解释，在旁遮普省的案例中，为什么土地、化肥、劳动力、农民的企业家才能的回报率都长年超过了同期的正常回报率？

引发印度小麦绿色革命的种子根源于 CIMMYT，它需要多年成本高昂的研究。很明显，CIMMYT 的高产小麦来自国际经济内部。它是人为制造的，而有助于生产出印度高产小麦的每一种辅助性投入要素也是如此。

引人注目的美国玉米的高产现象对于很多了解农业的经济学家来说一定都不陌生。兹维·格里利谢斯的前瞻研究[3]将杂交玉米研究的年度开支追溯至 1910 年。他证明，这些研究性支出的回报率远高于正常回报率。

思考下述事实的经济意义：杂交玉米的第一次应用始于 20 世纪 30 年代早期，为了目前的研究，我们把 1933 年视为前杂交玉米时期。在 1933 年，美国玉米的种植面积为 1.098 亿英亩，然而到 1987 年只有 7 670 万英亩，比 1933 年少了 3 300 万英亩。难以置信的是，1933 年玉米产量为 24 亿蒲式耳，1987 年英亩数虽然少了 3 300 万，但产量却达到 82.5 亿蒲式耳，是 1933 年的 3 倍多。

杂交玉米的经济学故事包含所有辅助性投入，从生产玉米中释放出来的土地的其他产出价值、养育牲畜成本的降低以及玉米产生的消费者剩余，都发生于经济内部。它们都是解释经济生产力提高的基本因素。

在这里我们有足够的证据说明为什么土地租金在国民收入中的比重下降了，为什么土地所有者的经济基础在社会和政治方面都削弱了。

8. 结论

尽量不要沉迷于研究稳态的经济学。

要坚持相信经济学家可以解释生产力的提高。

留心所要寻找线索的证据。

注意经济增长与经济失衡是相伴而生的。

研究回归均衡的经济学仍处于初创期。处理失衡的能力也是其中的一部分。最近一项关于农民的教育、健康、年龄、经验对其盈利机会作出的反应的研究也包括在其中。

搜寻报酬递增的研究迷失在增长理论的丛林之中！阿林·杨、马歇尔和斯密关于报酬递增的观点又重新被发掘出来。贸易理论和经济学的其他专业分支变得丰富起来。

熊彼特的创新者是可以提高经济生产力的人类主体之一。创新者的行为源自经济内部。但他是引致了失衡，还是发现了失衡的存在然后通过产生利润来恢复均衡呢？

人力资本投资非常重要。人力资本的内部私人效应有很多记录。随着罗伯特·卢卡斯的研究，人力资本的外部社会效应在理解增长过程中开始显得极其重要。人力资本密度假设有着丰富的内涵。

关于私人和政府对研发进行投资的经济学正茁壮成长。它的研究成果在解释生产、收入和福利增加方面的经济学中尚未得到充分利用。

我已经介绍了农业研究投资的特点。在世界范围内这种投资已经不断增长。投资的高回报率推动了它的扩张。但是农业研究投资中存在着过度组织化；在一些低收入国家，高技能的农业科学家的薪水太低；对农业研究的资助应当基于它对消费者剩余的贡献。从长远看，农业研究应该继续增加。

注释和参考文献

［1］Zvi Griliches, "Hybrid Corn: An Exploration in the Economics of Techno-logical Change," *Econometrica*, 25 (4) (Oct, 1957), 501 - 522.

［2］Wallace E. Huffman and Robert E. Evenson, "The Development of US Agricultural Research and Education: An Economic Perspective."

［3］Griliches, "Hybrid Corn: An Exploration". See also his "Research Costs and Social Returns: Hybrid Corn and Related Innovations," *Journal of Political E-conomy* (Oct. 1958), 419 - 431; "Hybrid Corn and the Economics of Innovation," *Science* (July 29, 1960), 275 - 280.

第 *2* 章   研究的政治学与经济学[*]

我们对阿尔弗雷德·诺贝尔表示敬意，是他把斯德哥尔摩变成科学家们的麦加圣地。现在每年的朝圣之旅主要由美国人进行，但一开始并不是这样。第一次世界大战之前，在 51 位获诺贝尔奖的物理学家、化学家和医学家中，只有 3 位来自美国；1944 年之后的 20 年间，这个比例上升为一半；再往后，1975—1979 年，几乎三分之二的获奖者来自美国。现在据说美国的科学研究已经达到巅峰，其生产力可能下降。而西欧和日本将会赶超美国。

科学已经达到巅峰的观点激起了我的兴趣。是由于存在着某种长周期，还是我们的"大科学"（big science）在显示着报酬递减？这种周期与报酬递减有一个类似的变动频率。但是科学与经济学是不应该混为一谈的，因为经济学与人类的弱点联系过于密切，并且在政治上没有人会受到同行注意。我非常清楚探讨这个话题所承担的风险。弗兰克·奈特著名的"谈话规律"（law of talk）非常有道理。"人们越聪明，就越有可能无法对社会原则和政策达成一致，从而这种不一致就越激烈。"我也深知经济学家不会做为了结交朋友需要做的事。科学家不会乐意接受成本和收益原则。政府对与理论经济学家的友好相处非常谨慎。经济学家唯一的真朋友是客观的、不良的事件：通货膨胀、失业与经济困难时期。

既然我要评论美国政府和公共政策，就有必要先消除你的忧虑。在我看来，无论科学的进步是为了自身的利益，还是为了最终用途，这两者都是相伴而生的。在生产羊时你总能同时得到羊毛和羊肉，虽然可能

---

* 首次发表时名为 "The Productivity of Research: The Politics and Economics of Research," in *Minerva*, xviii, No. 3 (Winter 1980), 644 – 651。

会强调其中一部分，但它们不可分离。我评价科学研究的方法依托于两个基本主张。第一个是知识的进步可以提高经济的生产能力，改善人们的福利状况。科学很明显增加了我们知识的积累。爱德华·希尔斯在他的文章《信仰、效用与科学的合理性》[1]中曾深入探讨过这个问题。第二个基本主张是大多数科学贡献具有公共品特性，这意味着企业没有足够的动力来投资那些能产生公共品的科学研究。基于这两个主张，我们会面对两个不同的问题：一个是要确定从科学进步中所获得的公共品的价值，另一个是为科研提供大部分资金的政府部门的组织性问题。我认为，科学成果的价值通常会超过投资的正常收益率。学术界的科学家比为政府或企业效力的科学家从工作中得到更多的个人满足感。正因如此，他们能够接受相对稍低的工资。我也认为公共部门对科学研究资金供应的组织充斥着诸多扭曲，并且随着时间的推移不断增加。

除了上述两个主张，还有几个次要问题我们也应该深思。在美国，那些大型国家研究实验室、加速器、望远镜、海洋考察船，以及用于自动控制、精密度衡量及计算的仪器，都要求对厂房与设备进行大笔投资。我们进行了许多大笔的投资，这些投资是不可分割的。能否通过调整现代科学研究使得小国可以力所能及？和其他任何国家相比，建立美国规模的科研基地就相当于在它们领域内设立一家通用汽车公司。在研究费用及科学家数量方面美苏两国都非常多，但有一个差异：苏联的效率比美国的要低。

1. 增长理论产生前的思想

我的关注点是科学研究匮乏的大多数低收入国家。简要叙述一下我的评价。

很少的低收入国家具有科研人员和资金来启动并维持科学研究。1972 年有 129 个这样的国家，它们的人口都少于 5 000 万；其中 49 个国家的人口不到 100 万。[2]这些国家既小又贫困。大多数石油输出国虽然现在很富有，可它们将来能够迅速建立起有成效的科研机构的前景一片灰暗。在低收入的大国中，巴西、印度和墨西哥是例外。除了农业研究外，由于资金缺乏，世界上至少五分之四的国家不打算从事任何成规模的基础科学研究。在斯里兰卡、坦桑尼亚或者危地马拉这些国家看来，通用汽车公司仿佛一个庞然大物。现代科学研究怎么

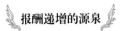

才可以分拆成较小规模的项目呢?

我们钟爱巨大的研究机构和项目。但它们难以管理而且往往会出现经济理论中的规模报酬递减现象。其中有一些是研究基金的批发者,基金依可归责性分配。这些管制对小企业来说纯粹是负担。小型研究机构中的独立科学家反而有着显著的创造性。我认为很多研究机构的规模已经太大了;与那些适合独立科学家的小机构相比,效率相对较低。美国国家医疗研究院(The National Institutes of Health)就规模超常。1979 年,它从国家财政预算中得到三分之一的联邦资金用于基础性研究。国家科学基金(National Science Foundation)也在支持其他领域的超大规模的科学研究。可是从上述机构中获得既得利益的研究人员不会抗议,因为这样做会使他们的既得利益处于危险的境地。但在研究的过度组织化中被忽视的是,小型基础性研究机构主要分布在大学中。虽然很难辨清到底是什么原因使得这些大型研究机构更受联邦预算青睐,但随着时间的推移,联邦资金向它们的倾斜的确是政府决策的结果。并且从更重要的意义上说,它是受到研究的政治因素影响的结果。

1981 年提议的预算使美国国防部成为基础研究增长最快的"买家"——以实际货币衡量上升了 12%。[3]更加依赖国防部提供的经费并不意味着学院派科学家的快乐时光到了。以这种方式分配更多的联邦资金,依然无法减少基础研究支持方面的扭曲现象。

美国联邦政府在大学校园里展开的社会改革,以政府持有的研究基金作为实施改革的筹码,这不仅仅是一个小问题。我注意到 1979 年美国所有的诺贝尔奖获得者都来自学术界。在我看来,谁来决定科学研究应当做什么,谁来配置完成这些研究的资金,是研究的政治学中的主要问题。

2．经济学与科学

科学是我们知识存量的一部分,科学研究增加了知识存量。科学作为知识,影响着我们的文化和社会行为。科学经常在相当滞后的时期改变技术。科学家个人也从自己的创造性工作中得到满足。作为知识,科学是一种形式特别、完全人为制造的资本。它既不是一种自然资源,它的成果和维护也不是免费的。知识体系中的科学主要以两种形式存在。它物化于物质实体之中,例如科学著作,以及计算机和杂交玉米这种实物形式。其余形式则物化于人类本身，构成人力资本。

增进科学知识的过程需要投入稀缺资源以求获取未来的收益与满足感。这是一种形式特殊的资本投资。科学研究是一个动态过程，常遭遇风险和不确定性。科学家都知道在探索未知或不确知领域时所付出的努力。追求科学假设的后果永远不能被完全预测，如果能就不能称其为研究了。

知识进步对于增加生产资源和改善生活条件至关重要。这里我以农业研究为例。到了 1930 年初，植物基因学家经过 23 年的研究培育出了杂交玉米。[4] 很多和玉米有关的其他研究成果也紧随其后。辅助性要素也增加了。到 1979 年玉米的种植面积虽比 20 世纪 30 年代少了 3 300 万英亩，但总量增加了两倍。除了产量效应，种植玉米的农田也有了非凡的替代品。对此，阿尔弗雷德·马歇尔早在 1890 年就明确提出一个清晰的观点："知识是生产最强大的发动机。"

我不想暗示所有知识存量的增加都只是科学研究进步的结果。私人企业家和个人都有独特的创造力。教育的功劳随处可见，健康状况的改善也是如此，因为较长的寿命可以延长人们运用年轻时获得的知识的时间。尤其值得注意的是，第二次世界大战之后，许多低收入国家国民的平均寿命延长了一半还多。

但是，如果对这些知识的源泉进行全面考察，科学研究的进展就成为其中的主要来源了。让我非常吃惊的是，科学进步的价值完全被忽视了。我认为对此科学家应负主要责任。因为他们认为科学的价值是不言而喻的，其实并非如此。非科学家要想评定科学价值会被认为是对科学的侵犯。经济学家就被认为是侵略者。他们的确有嫌疑，因为他们似乎一定要贬低科学。分析并确定科学的价值并非易事，科学家很少会因此而在自己的领域内缩手缩脚，经常以自己不切实际为荣。但是他们对于经济学研究采取了回避态度。

农业研究经济学一直是芝加哥大学的研究课题[5]，但在课题中有关理论的延伸和数据的获得方面还需付出更多努力。起初，研究范围集中在美国，然后集中在墨西哥，后来学生们开始了在印度的研究及对阿根廷和巴西的一些特殊作物的考察。美国的研究也由最初的玉米和猪肉逐渐扩大至整个农业领域。这些研究在一个关键的经济学问题上得出了有力的结论：考虑到与成功同时并存的失败因素，农业研究的回报率已经超过了经济中投资的正常回报率。

反科学运动对于科学价值的可靠评估没有兴趣，而是倾向于把科学政治化。尽管没有确凿的证据证明，但以我长期对农业研究经济学和基础研究的参与，我认为科学研究投资的经济与社会收益都是比较高的。但我严重怀疑其中某些研究活动的效率。比如说，我们对癌症研究投入了大量资金，这就使得我们无法从事其他有价值的基础研究。这其中肯定有特定类型的研究，其间存在的报酬递减表明投资不能再进行下去了。在这个问题上，再保持沉默就不行了。有太多研究存在过度组织化的现象，科学家必须花过多的时间来应付那些强加于科学研究的管制。

谁为基础研究埋单呢？我对现在的做法并不赞同。照这样分类，美国的纳税人承担了大部分支出。从数据最为完整的最近的 1968 年来看[6]，69.3％的基础研究支出是联邦政府支付的，14.8％由企业支付，9.9％由大学承担，剩下 6％由各种各样的非营利机构负担。谁真正在做研究呢？答案是大学和它们的附属机构承担了其中 59.1％，联邦政府 16.1％，企业 16.1％，其他非营利机构 8.7％。资金是最重要的，因此联邦政府就有着最大的影响力。推测起来，其影响力应该超过16.1％，即联邦政府所承担研究的比例。在那些企业承担的基础研究中，政府每拨款 1 美元，企业就要相应配套 3 美元。对于大学以外的其他非营利机构承担的研究，政府只提供 60％的研究经费。实际担负了五分之三研究任务的大学则处于最弱势的谈判地位。它们的研究资金只有联邦政府的四分之一。在这个意义上，大学能控制的只是它们自己拥有的研究机构中的一小部分。冲突就在于此。

3. 政治学与科学

基础性研究体现公众利益毋庸置疑，科学家在自己的研究中会有私人的、专业的兴趣也是一个事实。显然，公众利益与个人兴趣的紧密联系在政府与理论科学家或者说与大学之间的关系中得到体现。但这并没有告诉我们谁应该为基础研究埋单，在什么情况下应该埋单。对于企业来说，这个问题相当简单，谁获利谁埋单。对于其余关乎社会利益的部分，就必须由愿意支持公众利益的私人赞助者和财政资金来承担了。然而，在根据研究项目种类、成本、花费来决定哪种项目最值得做时，往往太过草率。在我看来，把所有这些决策都交由国会和联邦政府的行政部门来决定是不充分的。在与选民就大学自治进行谈判时，很有必要公开有关研究价值的信息。

美国联邦政府对于学术研究的支持并非直接进行，而是通过有关部门间接进行。能源部就控制着大量的资助应用和基础研究的基金。1981年基础研究投资资金在预算中的大幅增长是由国防部管理的，这也是对学术研究的非直接扶持。美国航空航天局对研究大规模的间接扶持没有上述部门有效。此外还有三分之一的基础研究基金是由国家医疗研究院间接扶持的。

我非常担心赞助者的影响会使研究出现扭曲。来自民间和联邦政府的赞助都可能使那些不能立见成效的传统基础研究衰退。1973 年，得到联邦政府预算资助的社会科学领域的研究项目中，有 60% 是从事基础研究的大学进行的。到 1978 年，这一比例降为 47%。长此以往，对于理论经济学家的负面影响是巨大的。[7]

美国对于科学研究的扭曲逊于教条主义的苏联，这似乎还让人感到欣慰。诺尔廷和范施贝克比较了美苏两国的情况。[8]在高学历科学家的人数方面，苏联生命科学家稍多；物理学家和天文学家两国几乎相同；化学家和生物学家则是美国占优。苏联拥有的农业学家比美国多。[9]农业研究自不用提，苏联其他方面的科学研究与美国相比是多么没有效率，这留给读者来想象和判断。

根据诺尔廷和范施贝克的描述，苏联的高学历农业学家比美国至少多 70%。博伊斯和埃文森揭示了更大的反差。他们引用了三家反映科研水准的国际摘要性期刊中的农业科学出版物的数据。数据显示：1969—1973 年间，苏联科学家的年均著作量为 2 690 件，而美国同期的年均著作量为 4 700 件。[10]1929 年，我曾在苏联当时非常著名的位于顿河沿岸罗斯托夫的小麦研究试验站待过一段时间。当时正值农业合作化运动前夕，这个试验站的研究水准与美国相当。但到 1960 年我做苏联科学院的访问学者时，当地农业研究的水平已经相当低了。除向日葵之外，我不知道任何苏联研究机构对农业生产力进步所作的贡献。苏联的农业研究已经遭受到其生物学教条的严重损害。

4. 结论

苏联式的教条与中央集权统治不可能成为支持科学研究的支柱力量。美国政府对于基础研究也有很多垄断性控制体制。认为这种体制会逐渐消失的想法只是一种幻想。约翰·威尔逊教授就曾以《大构思：大幻想》的题目开始他对美国状况的分析。并且发现，"不管人们是否倾向于认为目前联邦政府与高等教育机构之间的关系是灾难性的"，这种关系其实早在 20 世纪五六十年代就已经大大受损了。[11] 这个批评性理念贯穿于他担任国家科学基金会会长和芝加哥大学校长的任职过程。

一年前，杰拉尔德·皮尔先生在美国哲学协会中的致辞简洁而又具说服力：

> 如果美国大学的自主权能够得到公众支持的保证，就不必由联邦政府行政机构来对其颁布必要的扶持政策了，也不用国会来立法规定了。大学的自主权必须与选民商议。公众应当被要求对受资助的项目有充分的了解，从而实施对大学的支持。一些至关重要的投票者必须准备好接受这一提议，因为 3 000 万大学毕业生在整个人口中占了很大的比重。[12]

选民对科学的价值感到困惑可以理解。科学家（农业学家除外）几乎没有采取行动向选民普及科学知识以求得支持。结果，科学家必须面对很多"美国科学的未来"[13] 的困惑。"美国科学的未来"是由菲利普·汉德勒博士（国家科学院前院长）在他最近的一篇致辞中提出的。科学家必须要揭露"反科学、反理性"运动，例如："最时尚的营养方式"、"没有根据的环境危害主张"等。科学家必须揭穿这些假行家及其谬论来建立选民对科学的信任。同时科学家也不得不容忍有关"反应堆对于繁衍后代的危险"这样无聊的讨论，并挑战"无风险社会"的愚蠢观点。如果不这样做，科学家就得屈服于"国家范围内的精神错乱"。汉德勒博士下面的话，生动有效地说明了这个问题："我们十年前引导公众注意到潜在的危险可能是有利的……但这也会使我们走错方向。例如，如果我们那样做了，公众的注意力只会仅仅集中在加起来可能 5%，至多不超过 10% 的由辐射、人造化学物质及环境污染引起的癌症病例。这样做的代价是大量资源和人力已经被占用了"，这些资源和人力在更为重要的科学研究活动中更为有用。

我期望我们能消除这些困惑，找到与选民协商的有效途径，以最少的归责管制获得公众对科学研究的直接资金支持。

大学的自主权目前正在受到侵害。理论科学家要对政府尽太多义务。一个尖锐的现实是我们正慢慢接近苏联模式。如果不逆转这种趋势，不久的将来，每年去瑞典科学院领取诺贝尔奖金的美国科学家会越来越少。

注释和参考文献

［1］ Edward Shils，"Faith，Utility and the Legitimacy of Science," in *Science and Its Public：The Changing Relationship* （Daedalus，Summer 1974），1-15.

［2］ 数据来自 *World Bank Atlas：Per Capita Product and Growth Rates* （Washington DC，1974）。

［3］ Eliot Marshall，"Defense," *Science*，CCVII，4431 （Feb. 8，1980），619-620.

［4］ Zvi Griliches，"Research Costs and Social Returns：Hybrid Corn and Related Innovations," *Journal of Political Economy*，66 （5） （Oct. 1958），419-431. 格里利谢斯教授花费大量精力从事美国研发经济学的研究。

［5］ Theodore W. Schultz，"The Economics of Research and Agricultural Productivity," Occasional Paper （International Agricultural Development Service，New York，1979）.

［6］ *National Patterns of R and D Resources*，NSF-78-313 （National Science Foundation，Washington DC，1953—1978/9），p. 4.

［7］ See above，Part III，No. 3，"Distortions of Economic Research," See also Rickard C. Atkinson，editorial comment，"Federal Support in the Social Science," *Science*，CCVII，4433 （Feb. 22，1980），829.

［8］ L. E. Nolting and M. Feshback，"R and D Employment in the USSR," *Science*，CCVII，4430 （Feb. 1，1980），493-503.

［9］ Ibid.，table 12，p. 502.

［10］ James K. Boyce and Robert E. Evenson，*Agricultural Research and Extension Programs* （Agricultural Development Council，New York，1975）.

［11］ John T. Wilson，"Higher Education and the Washington Scene：1980," unpublished paper （University of Chicago，Oct. 1979）.

［12］ Gerard Piel，"On Promoting Useful Knowledge," *Proceedings of the American Philosophical Society*，123 （Dec. 28，1979），337-340.

［13］ Philip Handler，"The Future of American Science" （Illinois Institute of Technology，Chicago，Ill.，Jan. 29，1980）.

第 *3* 章　经济研究的扭曲[*]

　　一些社会科学家认为经济学家一心注重所做研究在经济学方面的价值而贬低其在社会文化里的价值，并且闲置方法论研究，甚至对但凡有悖经济学理论中理性假设的社会行为不屑一顾，总是喜欢以帝国主义的手腕行事。同时他们也不喜欢经济学家处理资源匮乏情形下人类主体选择行为的方式。像美国国家科学院（NAS）就更倾向选择那些应用精确的数学方法进行研究的经济学家，但它又对这些经济学家对国家科学院研究的批判性指责感到不快，其实那些研究都是国家科学院应政府的要求进行的。因此，政府只能通过为经济学家提供经济政策上的支持使其受制。目前经济学术界就流行研究当前的经济政策，即使这样的研究政治性很强且不可长久。

　　我将指出的经济研究的扭曲现象，不是由社会科学家对经济研究的定位造成的，其主要的形成原因在于一些基金会组织与大部分政府机构在分配经济研究资金时的经济政策偏向，同时许多经济学家为获取科研资金所作出的妥协让步也是其中的原因。

　　如今经济学家受益于其行业的快速发展而身价倍涨。对经济研究需求的高速增长很大程度上是因为最近新型机构的研究活动。这些机构在竞争研究资金中占了上风，而大学研究的相对优势则江河日下。各种基金会在一定程度上促进了这种经济研究新模式的发展，但联邦研究资金的增加才是更重要的原因。而一个行业高速发展的其中一个显著特征就

　　[*] 本文首次发表于 William H. Kruskal（ed.），*The Social Sciences：Their Nature and Uses*（University of Chicago Press，Chicago，Ill.，1982）。1982 年版权归属芝加哥大学。感谢兹维·格里利谢斯、D·盖尔·约翰逊、威廉·H·克鲁斯卡和 T·保罗·舒尔茨的有益建议和批评性评价。本章的一个稍微缩减的版本发表于 *Minerva* 17，no. 3（1979），460–468。这里获得了重印许可。

是会导致扭曲，经济研究亦不能幸免。从学术角度来说，为满足经济研究的需求而发生的一些混乱的变化情况是显而易见的，而这些情况却对那些代表执行政府机关的政治利益的新兴机构非常有利。我非常担心这种发展趋势会对理论经济学家的研究和教育作用产生消极影响。

大学活动的赞助人在资助经济研究项目的问题上从不采取中立态度。政治化的经济研究已成为当今时代的主流，从政府机关和一些基金会资助的"目的研究"和"任务导向型研究"不难看出这一点。私人赞助商也不例外。

本章的目的在于质疑那些为大学经济研究项目提供经费的社会机构。而这就需要对由社会机构评估标准导致的教育与研究功能的扭曲现象进行审视，与此同时呼吁对大学中的经济学家职责进行批判。

1. 经济研究涉及的机构

我不会说在二三十年以前所有的经济研究都是大学在承担。大型企业，包括银行和商贸公司，在近几十年里都聘请经济学家进行对企业有利的研究。特别是从新政时代开始，劳工组织和全国的农场主组织就已经采取了这样的措施。由精英经济学家组成的相关政府部门早就设立，如农业部、商业部、劳工部、财务部下面都细分出相关机构，职责在于分析经济成分进而提供经济数据。在早期开拓性的非营利组织中，其中两个尤为值得一提。一个是美国国民经济研究局（NBER）（其发起人是著名经济学家瓦西里·米切尔），它作出了卓越的成就。NBER 也曾寻求过大学里的理论经济学家的帮助并虚心听取批评建议。它分析及提供经济数据的活动所需要的相关设备和人员就不是大学所能提供的。例如西蒙·库兹涅茨和他的同事在 NBER 所做的卓越研究工作就引进发展了国民收入统计中所需的概念及测度标准。然而现在，NBER 的经济研究主要关注的是政策事项，在经济支持上也变得十分依赖公共资金。另一个是同样历史悠久的布鲁金斯研究所（Brookings Institution），深受基金会和公共基金的青睐。早期在哈罗德·莫尔顿的领导下，布鲁金斯研究所所进行的研究同当时特定的政策目标紧密联系，从那以后仍然如此。

其他的相对而言稍微不太出名的研究机构包括：（1）美国计划协会（National Planning Association），可追溯到新政时期，一直以来政策导向性都很强。（2）经济发展委员会（Committee for Economic Development），建于第二次世界大战后，对当时的企业组织间的主流观点持反对态度，反而对阐明当时的政策事项有重大贡献。（3）12 家有着漫长历史的联邦储备银行麾下各设置了一个研究部并各由副总裁掌管负责。在华盛顿总部工作的经济学家的人力资源也十分充足。但是联邦储备的研究仅限于政府内部用途，出版在专业期刊上的少之又少。只有当哈迪在堪萨斯城银行担任行长时情况有所不同，还有近期的圣路易斯联邦储备银行也是一个例外。

在过去的 25 年里，进行经济研究的机构激增。正如上文所述，这个现象是由以特定经济政策研究为对象的大笔赞助资金上涨所造成的。研究资金的分配形式发生了巨大的变化，它更青睐于那些所谓"恰如其分"而与大学无密切关联的专门研究项目。不过，还是会有些大学的研究机构因为没有经济学院系安排的学术工作困扰而被纳入考虑。发生这样的变化的主要原因有：大部分经济学院系都太过死板、不知变通，拒绝跨学科和团队合作项目，而且终日周旋于进行博士研究、理论课题和实证研究间脱不开身。除此之外，在人们看来，大学一般要么不能要么不愿意投其所好地去改进自身来进行所需要的政策研究。

第二次世界大战之后，非营利性研究机构发展势头迅猛。现在已经出现了各种各样高度专业化的研究机构。要列举出来不是个小工程量：其中从事经济研究的有超过 300 家。[1]它们的研究领域覆盖经济发展、计量经济模型、国际贸易、税收、企业、教育、城市发展、能源、人力资源、消费者问题、环境改造、法律事务、医疗、人口和贫困问题等。每一项研究的资金投入都数目庞大。例如，每年美国联邦政府投入在贫困问题上的研究资金达 9 000 万美元。[2]因为经济研究项目已经不再仅仅局限于大学之中，这就表明大学的经济研究已经无法满足对这些研究的特殊需求。

很显然，经济研究基金会的一些民间投资者以及几乎所有的政府机构都一致认为大学没有能力、也没有意愿去做他们所需要的研究。作出这样的判断以后，基金会所采取的策略就是选择性地扶持一些它们需要的研究作为内部活动来承担和管理。这就形成了一个确定什么样的项目类型得到资助的新方法。卡内基采取的策略与其相关但又不同，其基金会成立了一个卡内基高等教育委员会，并分配了几百万美元资金给该委员会。福特基金会在 1974 年发表了第一份能源研究的内部报告——《选择的时刻》，这是提出有害经济政策主张的一个例子，即通过采取更受公众欢迎的方式来解决能源问题。其第三份内部报告——《能源：未来二十年》，是根据汉斯·H·兰德斯伯格的观点来写的，该报告具有较高的经济理论价值。现在，新的研究机构大规模地被建立起来，但其中只有很少一部分能从事一流研究并得出高水准的分析研究报告。其中一个比较显著的例子是一个名为"未来资源"（Resources for the Future，RFF）的小规模研究机构。在过去的 25 年里，RFF 主要从事与自然资源有关的研究。虽然自然资源与政治领域高度相关，但 RFF 仍然不依靠政府资金的扶持。该机构成功地抵制住了与另一家较大的有着一定政策扶持的机构"拉郎配式联合"的资金诱惑。

在 50 年代到 60 年代期间，海军分析所和空军项目部对数学以及经济理论研究作出了极大的贡献。到了 70 年代，人力资本的博士及博士后研究得到了国家心理卫生研究所（National Institute of Mental Health，NIMH）的大力扶持。但随后这项研究被突然叫停了，因为它被认为在 NIMH 的法律授权下没有得到充分应用。早些年，由美国农业部（U. S. Department of Agriculture）拨款扶持的芝加哥大学和哈佛大学的农业经济研究也曾被突然叫停，原因仅仅是国会拨款委员一时的突发奇想。大部分国会议员通常反对将政府机构研究基金分配给那些对某些公共项目持批评态度的经济学家。

到目前为止，我已经描述了近来经济研究活动的发展状况。毫无疑问，大量的相关研究对于满足资金赞助者的一些特殊需求是有效的。作为一个副产品，一些新的相关研究所也能偶尔地对经济发展作出贡献。但是这些新研究所的成功并不能解决理论经济学家的思想和研究对评价经济政策优缺点是否有用的问题。在下文中我将涉及这个问题。到目前为止，我提出的观点主要是针对某些专业人士，他们管理着有分配研究经费权力的政府机构，深受国会强加的限制而没有自由，他们在决定理论经济学家为完成适当职责所需要的大学经费资助类型时，并不考虑资助对象的专业能力。国家科学基金会（National Science Foundation，NSF）可能被认为是一个例外，但 NSF 也很少支持对经济分析现状进行批评的研究。尽管 NSF 对经济研究带有政治敌意，但它还是资助了纳尔逊和温特对于企业利润最大化行为的批评性研究、福格尔对于社会机构的攻击性研究以及卢卡斯对于现有正统宏观经济学的批评性研究。我们应当关注的扭曲问题也包括大学为了得到研究经费所做的融通行为，这些经费的来源包括基金会、政府以及将自己的在研项目进行转包的新型机构。

在质疑社会制度的同时，我们不可忽略一个存在了几个世纪的问题，

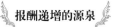

即经济学家所做的和社会主流制度希望他们做的之间的冲突。基本经济学问题之间的差异几乎与我所提到的涉及当今社会发展的冲突一样普遍。

2. 对社会制度的质疑

经济学家一直以来都是社会制度的批评者。在历史上，他们就曾批评过教会的经济学教条、国家、财产所有者阶级（地主）以及商人所谓的原则等等。虽然长久以来制度化教条与经济思想之间都有冲突，但冲突的本质已随着时间的推移不断变化。雅各布·瓦伊纳总结了早期基督教创立者、经院哲学家、天主教社会思想世俗化趋势中所包含的，以及新教和资本主义兴起时的经济学思想。[3] 教会经济教条中有关高利贷、货币资本的非增殖性以及正义价格的问题，是当时学术界流行的讨论话题。瓦伊纳也有一篇带有批评意味的文章——《天意在社会秩序中的角色》。[4] 尽管当时宗教和经济思想的冲突有所缓和，但国家与教会就教义中存在的某些社会和经济问题仍存在分歧。

在高收入国家中，租金相对于劳动及其他收入的显著下降，使得地主的社会和政治影响减弱，同时也缓解了地主与经济理论之间的冲突。但企业公司、劳工组织、农业组织和环境保护组织所要求的经济权利又使得它们与经济理论的关系趋于紧张。

在我们如今所处的时代里，大学与政府之间的冲突也日益尖锐。这一现象不仅仅局限于私立大学，也不仅仅局限于美国，而是普遍地存在于世界 150 多个国家中，只是在各国的表现形式不同。在大多数国家中，大学的学术独立性受到严重限制，在社会经济思想和研究领域尤其明显。这些国家提出的要求使得它们与大学的关系极为脆弱，也为大学发展带来了太多的不确定性。即使在美国也是这样，大学越依赖政府的资助，它们在社会科学领域自由的探索权利就越小。

在世界上的大多数地方，理论经济学家都必须唯政府马首是瞻。在苏联以及其他中央计划经济国家尤其如此。在一些低收入国家，采取的是部分控制方针，政府选择使用外部补贴来弥补它们与富国之间的人均收入差距。这么做的前提是，一旦有所需要，理论经济学家能够为政府政策目标进行辩护。近几十年来，长期以来盛行民主的西欧和北美国家在有关经济政策方面也存在冲突。

大学里的经济学研究要比自然科学研究更易受到外界的干扰，这种说法很合理。同时，生物学研究也越来越受限于政府管制。但即使与之相比，经济学也是更容易受外界干扰的。在这里，我迫切地想要指出，最近的反科学运动正改变着科学与其在公众中的印象间的关系。并且在这个过程中，这些运动也在一定程度上使得政府拨款政治化了。爱德华·希尔斯在他的文章《信仰、效用与科学的合理性》中深入地探讨了这方面的问题。[5]

3. 理论经济学的标准

尽管存在通货膨胀和大学的财政紧张，但理论经济学家很大程度上过得并不糟糕，这主要是因为大学以外的市场对经济学家的研究也有着需求。但仅仅通过这样的市场检验，我们不能轻易得出结论说，经济学家在提供大学和社会需要的产品方面具有很高的生产力。事实上大学或者社会从理论经济学家的研究中得到的效用并不高。经济学家虽然乐于评价别人使用稀缺资源的价值，但涉及自己时却很不情愿。在我看来，对于自己所拥有的研究自由，对于维护大学职能，对于自己能够从学校以外的组织获得研究基金的条件，大多数理论经济学家都沾沾自喜。他们强调自己的研究不受外界干扰的自由权，这些都体现在他们未能成功地在与民间赞助者、基金会以及政府机构的较量中得到分配研究基金的权利。但是要成功地做到这件事，就需要参与者具备一定的坚实知识，他们要深入了解与大学职能匹配的相关经济思想和研究的作用。当然，勇气也是必要的，因为需要承担疏远赞助者的风险，也就是有可能使他们对大学的资助减少。这种风险可以通过调整的方式巧妙地加以避免，即悄悄地、体面地交一份看起来能满足赞助者需求的保证书。

很显然，经济学家是与人类世俗活动打交道的。从实践角度来讲，经济学理论是非常有价值的。其效用不会体现在其恰恰缺乏的优美构架上，也不会体现在它所使用的精妙的数学方法上。经济学基本理论不论是对私人事务还是公共事务都很有效。政治经济学的精髓尤其体现在其能决定政府政策的经济成果。

按照我的评价，应用研究和基础研究之间的概念区别在确定理论经济学是否有用方面是没有意义的。现在流行的目标导向性研究和任务导向性研究的说法，通常只是干扰大学的借口。由资助机构选择人员，在某些政府机构管理的场合尤其如此，这些人员对经济研究项目进行同行评审，这是一种很方便的机制，能够得到差异足够明显的评价，在确定是否对项目拨款方面，机构管理者得到了自由裁量的权力。说到理论经济学家的积极作用，他们的长处在于对私人经济行为和公共政策进行全面分析和评价。这里所说的全面性并不是把理论经济学仅仅限制在改进经济学逻辑的内部一致性从而使之更为严格，也不是把经济学局限在数量分析工具及实证分析的改进上，尽管这方面所做的工作是极其重要的。为了保证这种全面性，经济理论学家必须考虑到社会属性以及人文、历史层面的观点。哈耶克[6]曾经善意地提醒，"仅仅关注经济层面是不能成为一个伟大的经济学家的。"随后他又补充说，"一位仅仅是经济学家的人，即使没有明显的危险，也可能令人讨厌。"在我看来，这一"专业悖论"仍然没有得到解决。

至少一部分经济学家的一个主要职责是把他们的才能投入到全面的社会与经济批判中，他们自由研究的权利是被其所在大学维护的。经济学家对于经济理论和社会制度的学术批判正处于低潮，比如很少有人对芝加哥大学教授——雅各布·瓦伊纳、弗兰克·奈特、哈里·约翰逊、索尔斯坦·凡勃伦、亨利·西蒙、弗里德里希·哈耶克等的著作质量进行评价。值得注意的是，这些人当中只有一位的研究与出版物是得到基金会、政府机构或私人赞助的。我还发现，如果只是按照自己的实际能力和研究兴趣做事，大学中的经济学家是很难得到学校以外机构的经费资助的。同样令人失望的是，社会对研究才能的搜寻使用了另外一套经济标准，结果就是当代经济学家缺乏对经济理论和社会制度进行学术批判的激励。我的论点正如本段开头所说，至少一部分经济学家的一个主要职责就是致力于全面的社会与经济批判，大学应该保证其自由研究的权利。

缺失批判是显而易见的。对各种联合国组织负责人的经济理论所进行的全面的批判性研究非常缺乏，尽管这些组织中的大多数都在贬低经济学理论。雅各布·瓦伊纳曾提到早期教会经济理论就得到了大量学者的支持，联合国内部流行的经济理论也没有受到学者的批判。哈里·约翰逊曾因批评过现行经济理论而久负盛名。[7]伦敦经济学院的彼得·鲍尔对经济发展理论表示的不满是又一个例外。[8]可是某些基金会所倡导的经济学软科学化趋势并没有受到经济学家的反对。这股逆流很大程度上是"睁一只眼闭一只眼"（live and let live）政策的产物，这种政策要求人们必须适应主流国际组织及美国国内的政治需求。

在分析选择以及稀缺性时，经济学家倾向于紧紧抓住个人及家庭的偏好，包括家庭活动所要求满足的偏好。然而有一些社会制度扭曲了这些偏好。一种广为流传的信念就是，市场失灵是经济出错的主要原因。因此，每个利益集团都有一份自己的市场失灵内容清单。为了克服市场失灵这个问题，越来越多的组织集团借助政府制定的公共计划和制度来寻求保护及救济。长久以来商业群体就是使用这种方法谋求其特殊利益的。劳工组织及各类有组织的产品群体为了自己的某种特殊利益这样活动已经有几十年的历史了。这一多元化过程目前因为健康、老龄化、贫困、收入转移、能源、环境及其他诸方面的种种政策已经混乱不堪。可是政府介入经济的修正结果并没有解决市场失灵问题，反而引起了其他形式的经济失灵。我所担忧的是，经济研究部门所进行的专业研究会无意地支持经济领域中由于政府干预而形成的利益分割。当然，理论经济学家的职责并不是为这些利益分割服务，但是由于申请研究基金时必须满足的一些条件就间接导致了这样的扭曲状况。

多数大学里的经济研究没有达到最优水平还有一些别的原因。博士的研究并没有得到良好的组织。研究生也缺乏机会在定期会议上就自己的研究进展加以汇报，并得到同学及老师的有用建议。博士生导师也忙于向校外的私人企业和政府机构提供咨询。这些咨询工作也会消耗本该用于教职工作的精力[9]，尽管学校的管理层和大学教员宣称研究是他们的主要职责之一，大学财务部门很少对经济研究加以直接支持。经济研究中的资金问题比科学研究更为尖锐。经济研究并不需要实验室以及昂贵的物质设备。一个实证经济学家所需要的一切就是一个研究助手或者一个程序设计员、合适的计算机以及获取数据的经费。这些大学未被解决的问题对理论经济学家激励上的消极影响，就充满了各种各样的扭曲现象。

4. 结论

非营利性基金组织的原则并不要求它们一定要支持短期的、政治化的经济政策研究。基金会偶尔也会向综合性的、长期的政策研究提供经费。例如，洛克菲勒基金会从 20 世纪 40 年代早期开始就向芝加哥大学的农业经济学项目持续不断地提供财政资助。在更早的时期，洛克菲勒基金会也主动向埃姆斯等经济学家提供慷慨的经费资助，而对所要研究的政策问题范围没有任何限制。我也非常感谢福特基金会六年来对我的研究和出版物的资助。当然,基金会所资助的项目不止上述所提到的这些,然而,正如我已经提到的,长期趋势表明,资金还是主要流向专门进行现实的、短期的经济政策问题研究的大量新型机构。

不过,在为综合性经济研究提供资金方面,政府机构就没有基金会那么自由了。这些政府机构在选择资助的研究项目时要受国会的管制。虽然国家科学基金会比其他政府机构更自由一些,但在判断短期研究项目的价值时仍受制于国会的标准。必须指出,国会已经把政府部门的大量政策研究任意地政治化了,因为设立的这些政府部门是要执行国会公布的政策的。研究的政治化不利于经济研究。虽然国会批准的研究资金数目庞大,但实际上在分配这些资金时,政府的每个行政机构都受到限制,资金要优先用于那些支持国会政策法令的研究。那些对政府活动或经济政策的消极影响进行批评的优秀研究,则无法列入政府部门的资助范围。

当然,联邦研究资金也并不总是以这种刚愎自用的方式加以分配。《珀内尔法案》(Purnell Act)就是一个明显的例子,这项法案保证一些大学研究能得到持续而稳定的联邦资金资助,其数量充足到可以给予终身职位。50 年前,《珀内尔法案》就规定每年拨款 6 万美元(按 1979 年的价格计算为 25 万美元),为每个赠地大学进行农村社会科学方面的研究。[10]而农业经济学就是这些联邦资金最主要的接受者。教师和博士的研究都能从中得到长期且关键的扶持。这些研究不依附于联邦政府,尽管它们有时免不了要受到各州政府的政治干预。

我主张的核心观点在于,理论经济学家的主要职责之一就是质疑社会制度。而经济学家对自己的自由研究权利都过于自得。他们不够注意维护自己作为教育工作者的职能。他们应该高度重视对于经济理论及社会制度的学术批评。对经济研究的扭曲不会因为迎合赞助者的研究经费支持而自动消失。

注释和参考文献

[1] Archie M. Palmer (ed.), *Research Centers Directory*,6th ed. (Gale Research Co. Detroit, 1979) 列举了 304 家美国和加拿大的非营利性经济研究组织,其中大多数都附属于大学。

[2] National Research Council, National Academy of Sciences, *Evaluating Federal Support of Poverty Research* (G. K. Hall &Co., Boston, Mass. (cloth), Schenkman Publishing Co., Cambridge, Mass., 1979 (paper)).

[3] Jacob Viner, *Religious Thought and Economic Society*,这部四章的未完成著作由雅克·梅里兹和唐纳德·温奇编辑 (Duke University Press, Durham,

NC，1978)。

［4］Jacob Viner，*The Role of Providence in the Social Order：An Essay in Intellectual History* (American Philosophical Society，Philadelphia，Pa.，1972 (cloth)，Princeton University Press，Princeton，NJ，1976 (paper))．

［5］Edward Shils，"Faith，Utility，and the Legitimacy of Science," in *Science and Its Public：The Changing Relationship* (Daedalus，Summer 1974)．

［6］F. A. Hayek，"The Dilemma of Specialization," in Leonard Dupee White (ed.)，*The State of the Social Sciences* (University of Chicago Press，Chicago，Ill.，1956)．

［7］Harry G. Johnson，*On Economics and Society* (University of Chicago Press，Chicago，Ill.，1975)．

［8］P. T. Bauer，*Dissent on Development*，Studies and Debates in Development Economics (Harvard University Press，Cambridge，Mass.，1972)．

［9］虽然我对这些咨询业务有反感，但卡尔·V·帕顿和詹姆斯·D·马尔沃的研究表明，1969—1975 年，来自学校的咨询数量并没有增加。而且有证据显示，在有限的机构类型及某些级别的学者中，提供有偿咨询的人无论是从研究数量、指导的研究生数、出版物，还是从担任系主任的人数来看都比不做咨询的人要更突出。可参见他们的文章："Paid Consulting by American Academics," *Educational Record*，60 (Spring 1979)，175 - 184；也可参见他们较早的一篇文章，"The Correlates of Consulation：American Academics in the 'Real World'," *Higher Education* (Aug. 1976)，319 - 335。

［10］Theodore W. Schultz，with the assistance of Lawrence W. Witt，*Training and Recruiting of Personnel in the Rural Social Studies* (American Council on Education，Washington DC，1941)．

第 4 章　农业经济政策的研究[*]

1. 核心问题

每一个中心议题都可以用一个问题来表述，这是我的习惯。

（1）怎么挑选有能力的经济学家并且使他们进入这家研究机构呢？比如，你极其幸运，刚好加拿大有许多非常胜任这项任务的高学历的经济学家，但你必须对他们进行选择，这并不容易，想让他们为你服务就更加困难了。

（2）怎样组织这家研究机构才能把真正重要的问题列上研究日程，而又不会控制研究，或者是损害其理论的完整性呢？显然，加拿大面临实际的经济问题，需要一批或者大批经济学家尽最大的努力才能解决。你如何确保这些问题能得到你选择来进行研究的经济学家的注意呢？这么做的同时你能否确保不会影响研究结果？世界上大多数国家还没有学会怎样处理这类事情，甚至在研究方面有着长期自由传统的西方国家也存在许多并不那么温和的压力需要应对。在下文中我将指出，美国也有着很多或好或坏的经验。你们在加拿大的经济政策研究也可能会有新的重要突破。

（3）你希望你的成果能经得起最高科学标准的检验，那么你如何来组织这家研究机构来确保你的经济学家能够服从资深同行不断的、适当

---

　　* 本文曾提交给 1961 年 4 月 24 日在加拿大曼尼托巴（Manitoba）温尼伯（Winnipeg）举行的农业政策研究国际会议，并发表于 *Canadian Journal of Agricultural Economics*，ix，No. 2，97 - 106。

的批判，而又不会使你的机构变成又一家大学？这一问题背后隐藏着诸多难以估计的危险。

（4）你需要一家持续、稳定又能从错误中吸取教训的研究机构。这一重要问题之中又隐含着其他问题。怎样来确定实际研究课题、研究的学术质量以及经济学家的效率，以便使用它们来作为晋升、报酬和其他奖励手段，从而提供有效刺激呢？

2. 从美国经验中得到的教训

我没有关于这些问题的答案，但下面我会谈到一些相关经验。我将分三个部分论述：（1）与大学无关的研究机构；（2）与大学相关的研究机构；（3）支持农业经济研究的公共基金。

2.1 与大学无关的研究机构

在此，你可以设想现在有一群正在从事重要经济问题研究的优秀经济学家，他们所在的机构只是与大学里面的经济学家有松散的联系。在这种安排下，这个机构的困境可能在于它的研究太过接近政策问题，以致该研究为政策辩护，或者误入相反方向，完全回避了政策问题。在我看来，这种类型的研究机构在发展和管理高水准的研究工作上面临特殊困难。

我们可以从两家知名的全国性机构——布鲁金斯研究所与美国国民经济研究局（NBER）吸取一些教训。多年以来，这两家研究机构都尽力使它们的研究接受外界评论。但这样的研究机构怎么可能从它们的经济学同行中得到严厉的批评呢？在罗伯特·卡尔金斯博士被任命为所长之前，布鲁金斯研究所在经济学方面的研究已经连续多年处境艰难。在卡尔金斯博士任命之前，该所的一些主要研究课题已经过于同政策问题纠缠不清，其中有一些对政策的鼓吹不遗余力。布鲁金斯研究所一度丧失了承担高水平研究的能力。幸运的是，卡尔金斯博士纠正了这一缺陷。但是他和他的同事能否达到他所制定的高标准，结果还需拭目以待。但如果这家机构与大学中的经济学家联系不紧密，要做到这一点将异常困难。

另一方面，国民经济研究局（NBER）与政策的关系并不密切。如果这也是一个"错误"，那这就是与布鲁金斯研究所方向相反。那些可以识别并加以测度的经济变量一直是 NBER 研究的重心所在。由于它的一些成员也在学校任职，他们的研究结果也就从大学得到了相当多的评价。这样的研究成果质量确实很高。但在我看来，他们的研究成果与公共政策的主要问题关系不大。事实上，NBER 的研究成果已经成为其他经济学家的众多政策研究的基石。因此，阿瑟·F·伯恩斯离开NBER 担任总统经济顾问委员会的主席也就很正常，他在处理国家经济政策方面给人留下了极其良好的印象。

我对兰德（RAND）公司经济部职能的了解仅限于其研究以及某些方面的咨询能力。兰德公司所做的研究是其专业领域的实际政策问题，并且一直保持着很高的水平。兰德公司也成功地招募了一流的经济学家。兰德公司经济部大部分的成功都要归功于现任职于华盛顿的查尔斯·希奇博士。

经济发展委员会（CED）的例子也很有启发性。虽然作为研究机构本身，人们未必能给它以很高评价，但在国家经济政策，尤其是货币和财政问题方面这家机构表现上佳。它大量使用大学中的经济学家和他们的智力资本。虽然经济发展委员会主要由企业家组成，研究基础很窄，但它学会了应该怎样向经济学家学习，而且在所涉足的经济政策领域提出客观意见方面显示出相当的能力。

在此我也可以评述全国计划协会的发展历程，特别是较新的未来资源学会的政策研究。但是既然我想引起你们注意的教训主要是来自布鲁金斯研究所和 NBER，我就不多加叙述了。然而，请允许我把这些教训极端化，因此会远远超出我们所引用的实例。通常这类研究机构总是面临的危险在于，太过关注政策，从而丧失了客观性和做高水平研究的能力。相反的方向是，它们也会面临这种危险，即太过远离基本政策问题，满足于常规统计性工作，而不触及与主要政策选择相关的推论与解释。

2.2　与大学相关的研究机构

主要的困难有三个：教学开始占支配地位；大学里的专业研究队伍变得与世隔绝；并且，相比较经济学里的实证研究，所谓的正式的或理论的问题受到了太多的关注。

为什么以教学为主？原因有许多：传统习惯强大的影响力；教员被雇用来就是教学的；经济学家就该带着书本在黑板上画写图表和公式；并且这样也不需要体力劳动。大学的基金就是用来教学的，并且许多基金管理者都很难看到研究与教学之间的联系。因此大部分私立大学和学院里的经济学系都很难有效地组织研究这件事儿也就不足为奇了。

在经费方面，赠地大学与学院则拥有充足的资源来支持社会科学研究，特别是农业经济学。联邦政府通过《伯奈尔法案》很早就开始对各州进行这种财政扶持。早在 20 世纪 30 年代，艾奥瓦州就将大约三分之一的大学常用经费指明用于支持研究。大部分出色的经济学家都是一半时间用于研究，一半时间用于教学；或者一半时间用于研究，另一半时间用于其他事务。

近年来，私立大学更加重视经济研究，受到这种鼓励，大部分教职人员将自己从繁重的教学任务中解放出来。同样，研究所带来的声望也起到了一定的作用。

很显然的是，在更高层次的研究生教学中，研究是必不可少的一部分。然而，正式的课堂教学和传统的高级研究课程（seminar）仍然处于支配地位，很少通过研究"讨论会"（workshops）这种方式来进行基础教学。从研究方面来讲，自然科学有着比经济学更好的组织协调。

现在很时兴在经济系内部成立新的团队并建立"中心"、"研究所"或者"协会"等机构来从事专题研究。许多这样的机构能够兴盛是因为它们吸引了基金会中的创造性冲动。成立这些机构的原因在于对实际问题的研究通常会干扰经济系的内部教学。它也是大学里的经济学家对于传统教学职责的一种变通之法。但是，请不要感到惊奇，时下流行的一个词就是"政策导向研究"！这种方法存在的问题就是这些专业团队通常在学术上与大学互不相干，因此在技术与科学标准上很难受到主流经济学的约束，并且它们在面临我上文提到的危险时也很脆弱。

在早期，这些大学里的专业团队主要是为了从事专门的实证研究，并且，如果它们愿意的话可以完全不涉及经济分析的理论与工具。斯坦福食品研究所（Stanford Food Institute）就是这样的机构。它曾经从事了很多有用的研究。尽管机构成员经常就政策问题发表看法，但是，这些研究成果对主流经济学和经济政策的思考都没有产生重要影响。在我看来，这些研究所很少与经济学有所联系，所以也很难在经济方面产生理想效果。

麻省理工大学的国家研究中心则拥有更好的表现。毫无疑问的是，联合聘任起到了一定的作用，同样，马克斯·米利肯教授的领导也产生了影响。我之所以提到它是因为它真的是一个例外，这家中心采用了相当高的经济学专业标准来约束自己的研究。当然，对于想开办这类研究的大学来说，学习这家中心的运作方式将会给它们提供许多助力。

迄今为止，芝加哥大学与智利圣地亚哥天主教大学经济系之间的"校际协议"已经持续了六年。从一开始，这项以科研与研究生教学为主的计划就是经济系整体不可或缺的一部分，像教员聘任和工作大体计划制定等所有重要决策，都与系里正常的教学和研究活动相似。结果让人非常满意，这很大程度上是因为该天主教大学经济系已经完全融入了芝加哥大学经济系。我相信，它显示了在大学里如何组织这种类似活动，因而它将会成为一个拥有大量优点的模式。

大学里的经济学家太过注重正式的和理论性的研究了。从另一方面来阐述这个问题可能会更好，那就是——对实证或实际问题的研究太少了。这不是其中一方或者另一方的问题，而是一个最优结合问题。实际问题的研究会不断提升理论的高度，反之，计量经济学和统计技术的进步也会为实证研究提供新的机会。我可以肯定的是，大多数学校不重视实证研究是因为缺乏充足的资金；或者一些学校有足够的资源但是缺乏对于实证研究的有效组织。

2.3　支持农业经济研究的公共基金

这里我将重心放在赠地学院和大学的经验，以及美国农业部"农业经济局"有时受到的影响上。基本问题主要有：（1）公众影响对学术公正性的损害；（2）地方保护主义；（3）政府的不稳定性及其对农业经济局的消极影响。

我强烈推荐大家认真研读查尔斯·M·哈丁的优秀作品——《农业教育中的自由》。[1]哈丁深入研究了众多"政治事件"，我在这里只谈及其中的两件。一件是关于肯塔基州的低尼古丁烟草研究。这件事情本来和经济学没有任何联系，只与生物学家和农民有关。农民想要种植一种叶子中含有较低数量尼古丁的烟草植物，却忽然意识到自己被卷入了一场激烈的政治争论中，因为立法机关当时正试图通过一项法案来阻止肯塔基州大学的这项研究。幸运的是，这项法案并没有被通过。但是对于学术界专家甚至州长来说，阻止其通过是一件很需要勇气的事情。

我依稀记得另一件事，它被哈丁教授称为"艾奥瓦人造奶油事件"。在读到哈丁教授对这件事的态度时，我感到非常吃惊，他所写的一切都不像是出自他客观、独立的立场，更不像是出自哈佛大学这样具有超然优势的学者之手。从他的态度中，我们感觉自己就像小动物一样，正在和正式及非正式的政治力量搏斗。我本来可以用完全不同的形容词来描述这些特殊力量，但是这件事与我试图主张的研究公正性有关。

从某一角度出发，哈丁教授说道："在公众埋单的情况下，农业工人是不可能拥有象牙塔的。对他们来说，学术自由并不是一条护城河，而是经常需要他们修理和更新的盾牌。正如古代斯巴达勇士，他们用意念和力量筑成自己的城墙，以此抵抗敌人，或者进一步反守为攻。"

同时我也要讨论一下地方保护主义。我的意思是，州立学院和大学的农业经济学都将研究的重心放在它们所在州，而更重大的全国性的政策问题却不在它们的研究范围之内。为进一步说明，我们以加州大学詹尼尼基金会（Giannini Foundation）为例。加州很自然成为了它的研究对象。而除了 M. R. 邦迪克，几乎没有人真正进行全国性的研究。举个具体的例子：由于货币政策和财政政策的失误，1959—1960 年初的经济复苏非常微弱，因此美国农业深受其害。工业中过高的失业率使农民很难从农业中转移出来，农业受到这些货币政策和财政政策的消极影响。但据我所知，在我们的赠地大学中，没有农业经济学家或相关方面的经济学家将研究工作放在经济政策领域，尽管这方面的研究对于农民的经济福利具有重大意义。

再谈一下凯洛格的两笔拨款。一笔给了艾奥瓦州，另一笔给了北卡罗来纳州。这两个州的农业经济学家都在开拓新的重要研究领域。我确信这些资金都能被很好地利用，然而这些研究都是地区性的研究机构进行的。艾奥瓦州立大学的那项研究已经进行了很久，因此人们已经可以对它作出初步的判断了。尽管这项研究很不错，但它并非全国性的，而是局限于"玉米带"。然而真正与农民利益有着最大关联的经济政策并非区域性或局限于农业范围内，而是上升到了货币、财政和国际贸易层面。更为重要的是，它们还关系到想要脱离农业、从事工业岗位的人们的利益。

在华盛顿特区，美国农业部的经济研究经历了高低沉浮的过程，这反映出联邦政府严重的不稳定性。政府并没有尽其所能地支持一流的研究项目，而是雇用了一帮唯唯诺诺的经济学家。哈丁教授曾受雇于农业经济局，在当时所做的研究中记录过部分这段令人遗憾的历史。他的相关文章发表在 1946 年 8 月的《农业经济学》上。1953 年，老的农业经济局被当时的农业部部长完全分解[2]，而现任农业部部长又把各个部分重新组合了起来。但是，要建立一个全新的有效率的研究组织，要花费一段相当长的时间。所有这些政府不稳定行为对农业部经济研究所造成

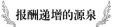

的损害，其代价事实上是相当高昂的。

3. 研究机构的条件

最后，我来总结一些成为一流研究机构的主要条件。因为没有足够的时间来详细阐述每一个方面，我只能挑主要的来说。我会对上文提到的美国经验进行总结，但这远远不够，其他情况也必须考虑在内。

3.1 规模

太容易组建一个具有庞大研究队伍的研究机构了。按照最低标准来看，一个研究机构最少应该有五位经济学家，并且每人应该拿出至少一半时间从事科研。在美国，研究机构的人员太过冗余。对于我们那些主要的农业经济系，如果能够削减人员，其中很多系都会变得更好，优秀的研究人员也不必被同事所拖累。如果让我来发展职员，我将会挑选三位农业经济学家和两位综合性经济学家。我不会要求他们都从事农业研究，因为经济的问题与农业关系密切但远不只是农业那么简单。

3.2 研究中心的数量

开始的时候应该至少建立两个研究机构。一个研究机构是不够的。就像你不能把鸡蛋放进一个篮子一样，这种做法会冒极大的风险。这是我从自然科学家那里学来的经验，并且如果这适用于自然科学，那么它就应该更适用于经济学研究。几年前，詹姆斯·科南特博士曾经提过一个有力的论证。他说，如果有一个研究小组承担了一个课题，研究如何"最好"地教数学，那么他们就不该去假设存在这么一个"最好"的方法。科南特博士简单地说道："如果计划和资金不允许你进行至少两个或者三个项目来证明如何'最好'地教数学，那你就别去接受这个课题。现实中有一打教数学的好方法，但不会有最好的方法。"

3.3 兼职的内在危害

经济学家应该全身心地投入到研究和相关的教学当中。这意味着他们不应该去外面赚取咨询费。通货膨胀和薪水调整的滞后，促使一些大学里的经济学家不得不去挣取外快。他们的主要任务却被搁置了，这就使得赚取外快的机会成本特别高。这就意味着，经济学家的薪水应当达到一定水准，这样他们才不需要为了谋生而赚取外快。考虑到价格水平和优秀经济学家的"市场价值"，他们的薪水应该在 15 000～20 000（加拿大元）美元之间。

3.4 与学校的联系

就像上文所提到的，每一个这样的研究机构都应该与大学有所联系，因为这是使经济学家处于专业的技术和科学的评价体系下的最好方法，它是维持高水平研究必不可少的条件。研究资金的赞助者不能提供这种监督。资金的提供者和管理者没有资格进行这项任务。如果校长、系主任、管理人员或者其他人认为自己有资格去从事这类评价，那么整个研究机构将一事无成，因为资金的提供者将会破坏研究的公正性。

3.5 董事会

另外一个条件就是有一个董事会将研究机构和社会联系起来。这个董事会或者理事会原则上有责任制定研究的日常工作事项，这样，类似于农业和政府政策的实际经济问题才能得到重视。（再次说明，这个董事会不会接触分析性的问题，包括因果关系、经济逻辑、理论、模型、证明、测度和统计推断等。）这个董事会的管理行为应该表现得就像一个处于资金提供者和研究机构之间的"缓冲器"。在这方面，你可以吸取美国的教训，你也可以教我们如何在经济研究中使用巨额财政资金而又不损害研究的公正性。

3.6 机构

最后，组织起来的董事会和研究机构应该保证其连续性，并具有从错误里吸取教训的实际能力。

4. 结论

你将开始一场新的冒险。作为开拓者，你会面临很多艰难险阻，也会有人怀疑你的动机。那些赠地学院和大学的创立者就是这样过来的。这些机构如今在庆祝它们的百年诞辰，并取得了许多骄人的成就。但是，正如历史教授 E. D. 罗斯所说，我们不应该忘记，《莫里尔法案》的颁布并不是为了响应农民的要求，相反，农民对此普遍都抱着漠不关心的态度，甚至很多人都怀疑这一强烈激发莫里尔和其同事积极性的伟大构想——知识和教育能给农民带来尊严。

我真心希望你们能开始这场冒险，并且作为经济政策研究的开拓者继续前进。祝你们成功。

注释和参考文献

［1］Charles M. Hardin，*Freedom in Agriculture Education*（University of Chicago Press，Chicago，Ill.，1955）.

［2］See *Journal of Farm Economics*，Feb. 1954.

第5章　有组织的研究中的企业家才能[*]

企业家才能在经济活动中无处不在。无论是象牙塔里的教授还是教会里的牧师，都需要企业家才能来避免经济的失衡现象。

在生命周期的不同点上，每个人都是一个企业家。每个人都忙于调节自己的时间分配来面对不断变化的环境。因此，在这个意义上，我们都是企业家。和其他相关资源一样，时间也是一种稀缺资源，因此企业家才能也被当成一种经济活动。然而，很难确定哪些要素决定了企业家才能的需求和供给。

为了提供一个理解的基础，考虑一个应对经济失衡时所发生、随处可见的资源配置过程。无论考察经济的哪一部分，我们发现人们都会根据经济条件的改变而重新配置他们的资源。这种再分配过程不限于农民和商人。受雇提供劳动或自我雇用的人也随其工作价值的改变而重新配置他们的服务。家庭主妇也如此分配她们用于购物和家庭生产的时间。只要他们的期望收益和从教育中所得满足程度的预期价值发生变动，学生就会重新分配个人时间和受教育时间。在我们的大学里，学术型企业家才能远比我们所想象的更重要。如果一所大学长期完全按日常惯例分配资源，那么这所大学在走下坡路。校长、院长、研究项目主持人，还包括各系负责人、教师、研究人员，都是学术型企业家。一次获得知识积累或研究机会并不意味着永远拥有。教师遵守惯例只是在履行职责，研究人员遵守惯例则违背了研究的本意。如果有这样循规蹈矩的人，那么他们是失败者。尤其当消费机会在不断变化时，即使是纯粹的消费活动也需要时间，因此人们要根据机会的变化来重新分配时间。

我认为，处于动态经济中的我们在各自的生活中都是企业家，而能

---

* Kaldor Memorial Lecture，Iowa State University，October 15，1979.

否扮演好企业家这一角色则是另外一回事了。

然而，仅仅考虑可观察到的资源配置反应是不够的。问题来了：是什么因素决定了人类这种感知自己该做什么的能力？现在我们有大量证据证明，教育能强化这种能力。菲尼斯·韦尔奇曾对教育的这种影响做了开创性研究。值得注意的是，早在这种方法受到学术研究的重视之前，在艾奥瓦州的玛格丽特·里德就出版了《家庭生产的经济学》[1]这本书。在该书中，劳动力的教育问题及其对移民的影响得到了研究者很大的重视。我也在"应对失衡能力的价值"一章中进行了大量的研究。[2]

这里又有一个问题：经济失衡的哪些原因和性质决定着它对于企业家才能的需求？很少有理论能回答这一问题。即使有一些研究，但也用途不大，我会在下文中解释原因。这个关键而悬而未决的问题跟企业家所依赖的信息的特性有关。

在应用经济理论来分析企业家的功能时，企业家才能的供给或需求很少被注意到。我们可以创新而巧妙地将供求分析工具应用于劳动力、可再生资本品和自然资源上，却很少应用于分析企业家才能上。人们担忧那些无法预期的净利润和净损失，从而掩盖了企业家活动的经济价值。从经济学文献中不难发现，关于风险—不确定性的二分法在理论上具有很大的吸引力，但它的应用却有限。

一小部分经济学家在运用奥地利理论方法来分析企业家才能。这里我主要指伊斯雷尔·柯兹纳：《竞争与企业家才能》[3]，以及柯兹纳、奥德里斯科尔和里佐在1978年8月美国经济学会（American Economic Association，AEA）年会上提交的三篇未发表论文。应用劳动价值论，我对这些论文进行了深入的研究。还需要重读奈特，包括他为伦敦经济学院1933年8月重印《风险、不确定性和利润》所写的23页很有洞察力的序言。[4]我最大的贡献在于推广和使用各种预期方法，来分析学生在教育中的预期收益变化时的行为，以及农民在处理技术变化和通货膨胀时的行为。我对这些问题的投入让我变得极为挑剔。企业家才能肯定不会只用来发意外之财或承受意外损失。

尽管这些论文都认为在标准均衡理论中没有企业家的存在空间，但主流经济理论的逻辑是如此严密，没有企业家也很正常。未预期到的利润和损失也不能充分解释企业家的存在。为了使企业家在理论中占领一席之地，企业家的行为必须具有某些经济价值。获得意外之财或承受意外损失仅仅是其中的一部分。如果企业家才能具有经济价值，那么它必须起到一种重要的作用，而且它的供给是稀缺的，也就是说，对企业家这种资源存在需求和供给。我认为，只有当企业家才能具有它实际上"赚到"的收益那样的经济价值时，企业家在经济学中才有立足之地。

问题在于经济学家过度受限于奈特不确定性的某种含义，这种"（奈特式的）真正不确定性"的特定含义占有支配性的地位。如果这是唯一有效的界定，那么我们过分夸大的利润制度仅仅以某种未指定的方式分配突然出现的意外之财和意外损失。我发现在一个变化与失衡同时出现的经济中，柯兹纳的结论产生了不良后果。他在论文结尾提出企业家不是一种有用资源。根据柯兹纳，企业家的行为没有确定的经济价值。因此得出结论，在失衡占主导的经济中，企业家不是一种有价值的资源。柯兹纳在这个问题上的原话是："……企业家才能并没有被当作一种资源……市场从来就没有意识到企业家的能力是一种可利用的有用资源。"

得出这个结论的过程哪里错了呢？错在柯兹纳赋予企业家独特的属性和纯粹利润的概念。他并没有说清楚是否存在非纯粹利润的收益。结果，就无法看到重新恢复均衡的那些人所得的报酬。在此，我要赶紧说明，我所引用的柯兹纳的文章和结论并不影响我公正地对待他的《竞争与企业家才能》一书。我发现这本书非常透彻地分析了企业家经济理论的发展状况。但一直到这本书结束，他都没有看到恢复经济均衡的那些人所得的回报。

奈特的著作并没有把纯粹利润和净损失的产生只是限于意外所得，而是把其中的大部分归为动态经济中企业家行为的结果。奈特详细地研究了经济中固有的或由于技术演进和价格的不稳定所带来的风险的不确定性问题。之后，奈特认识到知识进步是经济发展过程中最普遍又是最重要的一个因素。[5]他的文章大量地分析了实际情况发生变化和进步时信息和预期的局限性。可以看出奈特的确非常关心企业家对于均衡过程的贡献。他花了大量的篇幅（该书第五章）论述了缺乏不确定性的经济变迁和进步理论，并且再次（第十一章）回到"变化中的不变性"。注意，在奈特看来，要完全复制我们的思维，需要一个完全可知的世界，这样的世界是我们逃难时的庇护所。但是这里有一个决定性问题并没有得到解答。它涉及奈特对"风险和不确定性之间区别"的论断，即"风险所指的事件服从于一个可知的概率分布，而不确定性所指的事件是无法确定它的数学概率的"（米尔顿·弗里德曼的《价格理论》，第 282 页）。[6] L. J. 萨维奇有关个人概率的观点则否认二者之间的区别。

在我看来，为了能确定企业家的经济价值，我们需要对理论加以推广，从中得到有关企业家才能的供求因素的含义。我在 1975 年发表于《经济学文献杂志》的综述性文献就曾试图这样做。[7]但是，沿着这个思路对理性预期理论进行论证、推广和应用的工作有多少能被完成呢？结果还不得而知。的确，适应性预期可以成为理性预期的一个完整组成部分。然而，确定那些随着时间而形成和改变企业家理性预期的实际信息来源，仍然存在没有解决的难题。另外，无论是现存的还是预期的失衡都是一个短暂的现象。失衡有很多类型，并随时间不断改变。毫无疑问，在一个不稳定的经济中，学生的预期随着教育的价值而调整。农民的预期根据科技变化和通货膨胀而调整。但是这些预期源于何处呢？它们是用何种方式观察现象并采取行动的呢？至今这些问题都还没有答案。

所有的科学研究包括农业研究都是一种冒险性事业。它需要有人来分配稀缺资源。考虑到资源的稀缺和知识现状，就需要有机构和人来决定最值得从事什么样的研究。研究不是在汽车装配生产线上装配零件、种玉米或是烤制一份蛋糕这样的常规劳动。研究是一个动态过程，是真正意义上的冒险。研究是做之前从未被做过的事，并竭力增加知识存量。在我的书中，我称那些作出研究决策的人为研究型企业家。可他们是谁？他们具有什么程度的素质？美国农业研究过度组织化了吗？在后文中我将论证这些研究确实过度组织化了。

追溯过去，农业研究领域确实出现过很多优秀的研究型企业家。我的名单包括：多年在明尼苏达大学任职的著名生物学家斯泰克曼和赫伯特·K·海斯。乔治·哈里成功地创立了洛克菲勒基金会和墨西哥政府的农业研究机构，墨西哥的机构后来逐渐演变为国际玉米小麦改良中心（CIMMYT）。在我看来，他的成功代表着卓越企业家的成就。类似的还有在印度工作的拉尔夫·卡明斯的成功。在经济学界，杰出的瓦西里·米切尔推动了国民经济研究局（NBER）的发展，还有约翰·布莱克的经历，以及过去20年约翰·克劳福德爵士的成就。其中最称职的研究企业家就是布坎南了。在艾奥瓦州的那些年，我欠了他很多人情，非常感谢他对我的帮助。

最后，我简要介绍一下我最近的一篇论文——《对于研究型企业家才能，我们正在做什么？》[8]在论述企业家才能在研究中的应用之前，我先简要重述一下企业家才能的作用。

研究的动态性在经济增长领域和实际研究行为之中都普遍存在。从长远来看，更新更好的知识是经济增长的主要动力之一。如果没有知识进步，整个经济将达到一个静止状态，所有的经济活动本质上都会变成例行公事。随着时间的推移，新的知识可以提高土地的生产力，并使新形式的物质资本和新的人力技能得以发展起来。长期经济增长的根本动力是经济研究中的研究性部门。

事实上研究的本质是对于未知领域或部分未知领域的一种冒险活动。这个过程仅有资金、组织和优秀的科学家还不够。创造知识的一个重要因素是人的能力，也即我所定义的企业家才能。它是一种稀缺的能力；这种才能往往难以识别；只是在非营利研究部门中被随意地支付报酬；它渐渐被误用，并受到研究机构过度组织化的损害。在这一点上，农业研究也不例外。

这些研究型企业家是什么人？在追求利润的商业企业中，首席执行官（CEO）履行着一种企业家功能。研究机构的管理者可能是企业家，然而大部分实际的企业家才能是处于科学知识前沿的科学家作出评价的能力。他们的专业能力可以用来确定最值得从事的研究设想。

在申请拨款和研究经费时，极少有人考虑到作为研究型企业家才能源泉的稀缺性能力。最方便的一种假设是认定一个高度组织化、被管理者稳定控制的研究机构在执行这个重要的功能。但实际上，控制过严的大组织往往会扼杀创造性的研究，无论这个组织是国家科学基金会、政府机构、大型的私人机构，还是一个大型的研究导向型大学。在华盛顿的国家研究项目的管理者中，没有人能知道科学知识的发展状况和前沿理论所能提供的研究选择集合。基金会的经理中也没有人知道为了履行这一功能需要了解些什么。我曾担任一个研究咨询委员会的成员多年，该委员会是给一位极有才能的试验站主管做顾问的。作为委员会成员，我们也能过问经费分配，能够看到这些资金所支持的众多研究人员。我确信大部分专职科学家是研究型企业家。但是组成一个机构来有效使用这些特殊才能极其困难。组织是必要的，也需要企业家。农业研究就受益于试验站、专业化的大学实验室，以及最近才发展起来的国际农业研究中心。但研究经常处于过度组织化的危险中。顶层指挥着下面的研究工作，要求专职科学家花费大量时间提交报告来"证明"自己所做研究的合理性，要求他们把研究当成常规工作。

在现代化的经济中，企业家所履行的必要功能具有相当大的经济价值。让人有点困惑的是，标准均衡理论对企业家并不熟悉。这就难怪决定企业家供求的因素长期受到忽视。

结论

（1）美国有组织的农业研究及其推广活动所取得的发展和成就史，

就像一支良好的疫苗，让人们对世界末日论、增长极限论和每年都要出现的农作物危机所带来的忧郁与悲观具有免疫能力。

（2）在华盛顿和美国的其他地方，没有人真正认识到如果像我们这样使用资源，未来几十年后环境将变成怎样。我们应该保持灵活、怀疑和敢言的批评态度。[9]

（3）懂研究的人需要知道科学知识发展的现状、它的前沿以及所提出的假说。只有优秀的专职科学家才最了解这些东西，他们是进行创造性研究所必需的研究型企业家。

（4）由于知识的生产成本高昂，我们必须作出分配的抉择。无论我们是否支持市场，市场提供的价格信号仍然是信息的一个基本组成部分。我们在分配研究资金和投入到研究机构中的时间时，都不应当忽视这种信息。[10]

注释和参考文献

［1］Margaret G. Reid, *Economics of Household Production* （John Wiley & Sons, New York 1934）.

［2］See above, Part I, No. 3, "The Value of the Ability to Deal with Disequilibria."

［3］Israel M. Kirzner, *Competition and Entrepreneurship* （University of Chicago Press, Chicago, Ill., 1973）.

［4］Frank H. Knight, *Risk, Uncertainty, and Profit* （London School of Economics and Political Science, Reprint No. 16, 1933）.

［5］Frank H. Knight, "Diminishing Returns from Investment," *Journal of Political Economy*, 52 （Mar. 1944）, 26 – 47.

［6］Milton Friedman, *Price Theory* （Aldine Publishing Co., Chicago, Ill., 1976）.

［7］See above, Part I, No. 3.

［8］Theodore W. Schultz, "What Are We Doing to Research Entrepreneurship?," in Wm. F. Hueg Jr and Craig A. Gannon （eds）, *Transforming Knowledge into Food in a Worldwide Context* （Miller Publishing Company, 1978）, pp. 96 – 105.

［9］See the editorial by Charles J. Hitch, "Unfreezing the Future," *Science* （Mar. 4, 1977）.

［10］See Theodore W. Schultz, "The Economics of Research and Agricultural Productivity," *International Development Services* （IADS Occasional Paper, New York, Nov. 1979）.

第四部分

现代农业的起源

第 *1* 章　传统农业的现代化 *

无论什么原因，对一个穷国来说，建立现代化的钢铁厂要比现代化的农业容易得多。无论是出于生产需要还是国家威望，当一个穷国要建立钢铁厂时，可以求助于欧洲人、俄罗斯人或者美国人，而且能保证有求必应。但当一个穷国想发展现代化的农业时，又能满怀信心地求助于哪个国家，并且确保它学到的经验可行呢？去跟苏联学？这肯定会要求过于注重意识形态。当然，施助的国家必须是现代化的农业具有巨大贡献的国家之一。因此，美国有这样的资格。我们拥有现代化的农业，但是我们的农产品在国外并没有起到很好的作用。这是为什么呢？

作为现代农业的建设者，美国为什么不擅长于在国外推广现代农业的经验呢？我们因将公地赠与农业学院、试验站、推广服务机构和农业部而闻名于世。虽然我们常常忽略农民学校教育的重要性，但我们非常看重提供农业投入品、处理和分发农产品的工业，重视服务于农民的通信网络，重视农民的技能。然而我们似乎并不知道怎样把这种政府与私营部门合作的方法制度化地推广到海外。

不能说我们没有尽力帮助穷国实现它们的农业现代化，因为我们已经投入了大量资金和人力。几十年来，美国政府一直致力于提供农业技术援助。我们多数的基金会工作都是开拓性的。农业大学也一直在国外进行相关研究。另外，我们参与他国的计划来帮助其实现农业产出的增加。我们还参与别国的土地改革、农村信贷机构的建立、社区发展计划的实施，还提供其他类型的农业推广服务、农业技术援助、大学合作项

* 首次发表时题名为 "Economic Growth from Traditional Agriculture," in A. H. Moseman（ed.）, *Agricultural Sciences for the Developing Nations*（American Association for the Advancement of Science, Washington DC, 1964）, pp. 185 – 205。Copyright 1964 by AAAS, 重印得到出版社的许可。

目以及安排专业化的培训等等。但是尽管有这些项目，这些措施至今为止甚至都没有达到预期效果。我们自己和受援国的领导者都逐渐开始怀疑我们在解决这些问题方面的能力了。然而，是什么导致了这样明显的失败呢？

回答这个问题的一个困难是目前有了太多的解释。有些人认为失败在于我们对美国农业成功的真正基础没有搞清楚，我们至今还没有找到最为关键的制度因素；也有人认为原因是我们对短期内完成的事作了完全毫无根据的预期；也可能是我们计算成本和收益的方法不恰当，因此对于效率的检验存在缺陷。但是无论困扰我们的问题根源是什么，其中一些援助项目毫无疑问优于其他项目。与此同时，现在的危机在于：由于我们和我们的政府不能正确评价这些项目，甚至效果最好的项目也可能会得不到支持甚至会停止援助。因此，我们很有必要对所有情况加以整理。是什么原因造成这些项目的失败呢？

为了找到这个问题的答案，我将按以下顺序进行论述：

第一，阐述传统农业的经济基础；

第二，说明私人谋求利润的行为在哪些方面需要互补性的公共行为；

第三，明确为实现穷国农业现代化而进行的大多数项目不能成功的原因；

第四，说明一个有效途径的基本要素。

1. 传统农业的经济基础

我的书《改造传统农业》[1]的核心是分析农业作为增长源泉的经济基础。因此，我只是概述与两个重要经济属性有关的逻辑与实证结果。

第一，人们会惊喜地发现，总体而言，穷国的农民配置自己可以支配的农业生产要素时并非没有效率。然而，一旦理解其中的道理就变得简单了。这些农民通常受制于典型传统农业的特定经济约束。具体而言，就是受制于谋求和持有财富的偏好以及生产技术状态的约束。这两个条件事实上几乎持续好几代而保持不变，因此长期以来达到了一种静止的均衡状态。因此，对这些地区现有比较糟糕的农业要素集合采用一种不同（更好？）的配置方式能大幅增加农业产出这一流行的假设既不符合原有均衡中农民行为的经济逻辑，也不符合现有的经验证据。这一点看起来可能有些奇怪，可在严格的配置检验基础上，我们发现穷国的农民要比大多数现代农业中的农民更有效率，因为后者处于失衡状态，这也是所谓"快速进步"的结果。

第二，当提到增加农业产出的投资时，传统农业中的农民一般都会利用所有的收益机会来对自己能够控制的农业生产要素进行投资。这就意味着对农民长期以来应用的农业要素加以投资，其边际回报率很低，以至农民几乎没有激励进行储蓄和投资。因此，传统农业产生经济增长的代价是很高昂的。在实践中这表示，世代以来农民一直在为灌溉修建更多的井和沟渠，购买更多牲畜和农业工具，以及投入此类其他形式的可再生资本。但添加这些要素几乎不再能提高劳动生产率，实际上已经无法产生可以吸引投资的回报率。

在理解传统农业中的农民行为时，有两个基本的经济属性。当我以此为基础建构理论时，我称第一个属性为"有效配置"，第二个为"无报酬的投资机会"。它们所隐含的农业对经济增长的意义对许多穷国而言真实而确切。因此，那些只是为了提高农民经济效率的方案注定要失败。我要重申：不管看起来多么荒谬，在严格的经济学标准下，传统农业中的农民在按照自己的意愿使用土地、劳动和可再生物质资本的特定集合时，通常都比技术先进国家的农民更有效率。同样地，那些只是一味引导传统农业农民增加其世代使用的农业要素投资的援助项目，也将因不被接受而失败，仅仅是因为回报太低了。

那么使得我们所研究的传统农业实现经济增长的报酬源泉是什么呢？是更多的土地吗？在历史悠久的、长期定居的国家中，边界已经确定，人们很难得到更多的适合耕种的土地。当然，有些国家可以；例如印度近年来农业产量的提高，其中一部分似乎就源于可耕地数量的增加。但是，在未来的 10 年中，这个办法几乎不可能再成为经济增长的重要源泉。虽然在部分拉丁美洲国家，尤其像巴西，新修的道路开辟了很多新的定居地，但是一般来说，农业产量的提高只能来自大面积的已耕地，尤其是对长期定居的穷国来说更是如此。

增加灌溉设施和增加可耕地有着近似相同的经济地位。例如，印度人均可灌溉土地的数量是日本的三倍，但是近年来印度仍然投入大量资金增加灌溉设施。反之，如果印度投资足够的资金来发展低成本高效率的化肥产业，其收益无疑会比投入到灌溉设施多得多。在这方面墨西哥是一个明显的例外，灌溉设施一直是其农业经济增长的重要源泉。正如我们已经注意到的，再购置与穷国正被使用的农业生产要素相同的牲

畜、农机、相关工具和设施，绝对不会是增加报酬的源泉。

在这里，区分一下农业内部形成的投入品和从农业外部供给的投入品会很有帮助。很少会有例外，穷国农民自产的农业投入品成本一般都很低。然而事实上，所有真正有使用前景的农业投入品都来自农业以外的供给。肥料、农业机械、拖拉机、杀虫剂和基因优良的动植物的发展都是显而易见的例子。学校教育和其他提升农民技能的方式相比之下虽然不太明显，但也属于农业以外的供给。

高收益的源泉主要来自对农业投入品的质量改进。农民只能从非农企业和从事农业研究、推广工作和学校教育的机构获得这些投入品。因此，我们很有必要开发提高质量的方式方法，不仅改善实物性可再生投入品的质量，而且提高农业生产者的素质。迄今为止，在我们帮助穷国发展现代农业的尝试中，我们对经济增长的真正源泉并不确定。即使有时我们碰巧集中在正确的目标上，也无一例外地未能按照正确的顺序去做，未能促使这一过程制度化。

建立钢铁厂的人的工作可能更简单一些，但很明显，他们证明，与我们在农业现代化方面相比，他们在建立钢铁厂时更清楚自己应该做什么。

2. 经济激励弱在何处

有两个因素是农业经济现代化的关键。它们是：第一，改善农业投入品的质量；第二，以农民能够获取并可以有效利用的价格供应农业投入品。但是单靠营利企业而没有研究机构、学校教育和推广工作的帮助无法实现这个目标。也就是说，仅靠单一的市场途径远远不够。尽管人们在经济政策领域大都倾向于市场途径，遗憾的是，农业研究、推广工作和农民子女的教育不能这样做。美国农民就是在正规农业服务机构中接受技能培训的。下面我会简要解释一下，为什么非农领域的营利企业在为农业现代化提供投入品时常常缺乏经济激励。

为了避免被误解，有两个关于经济激励的问题我必须先说明一下。我所讲的缺乏激励，并不是说穷国的农民对价格没有反应。穷国的农民对于价格变化和信贷条件要么漠不关心，要么反应不当，这种看法是明显错误而且有害的。

在帮助其他国家发展农业现代化时，我们对产品和要素的价格并没有给予足够的关注。如果产品价格被压制，农民的利益被损害，无论方案的设计和管理有多好，也不会成功。很明显，如果化肥相对于农产品的价格太高，在这种情形下就不能推行那种引导农民多用化肥的方案，因为农民肯定不会也不应该再多用化肥。在日本，每英亩土地的化肥使用量是印度的很多倍，因为日本的化肥价格比农产品价格低得多。在日本购买一磅氮肥需要的小麦磅数不到印度的一半（参见表 IV.1.1 和表 IV.1.2）。如果用大米来衡量价格，差距甚至更大。印度农民购买化肥需要支付的大米数量，是日本农民的 3～4 倍，泰国农民所花费的价格则超过 5 倍。印度[2]和泰国的农民都认为使用化肥无利可图也就不足为奇了。

在《公共法 480》[3]（Public Law 480）条款的实施下，农产品的出口很可能产生负面影响，不仅影响到世界农产品的价格，更重要的是与所研究的问题相关——它会影响一些穷国农产品的价格，这些国家大量接受该法案下美国的出口品，从而使得本国农产品价格受到冲击。尽管受援国可得的资源总量增加了，但是该条款下的进口很可能大幅压低了本国某些农产品的价格，因而在一定程度上损害了农民增加农业产量的经济激励。如果我们没有发现并帮助穷国纠正其国内普遍存在的低价出售农产品而高价购买投入品的现象，那么我们事实上就是玩忽职守。

即使并没有公开的政策导致上文提到的抑价和提价现象，其他与经济激励相关的基本问题也会影响受传统农业约束的农民。上文已经说明了可观察配置效率和无回报投资机会的经济基础。其含义是，处在并不宽裕经济中的农民，在利用现有贫乏的农业资源集合时，不得不精打细算；用经济学的术语来说，即边际成本与边际收益刚好相等。这些农民已经把从经济效率中得到的好处全部用于各种实际用途。他们也耗尽了从对自己长期使用的农业生产要素所进行的新增投资中得到的好处。他们能够获得的生产技术水平也已经达到外部极限状态，正好使边际储蓄倾向和边际投资回报率相等。

现在我们来看一个很关键的问题：为什么没有非营利农业研究机构、推广工作及学校教育的援助，营利企业就不能有效地促进农业现代化呢？答案真的很简单。因为这些服务的大部分收益由个人和企业获得，而生产者却一无所得。这意味着如果营利企业想去提供服务，它们就必须负担所有的成本，却不能获取所有的回报。因此，企业是否会为大众提供农业研究、教育培训、推广工作等服务，由其边际收益能否补偿边际成本决定。既然营利企业得不到大部分（社会）收益，期望这样的企业按照社会最优目标去做就是错误的。那么显然，营利企业在这方面无法达到社会最优，其基本经济原因仅仅是因为它们不可能得到这些行为的所有收益。

表 IV. 1. 1　化肥和农产品价格：不同商品和不同国家之间的比较，1960—1961 年

国家	农民购买化肥的价格，1960—1961 年[a]（美元/百千克）			农产品售价，1960 年（美元/百千克）	化肥与农产品价格比		
	氮肥	磷肥	钾肥		(1/4)	(2/4)	(3/4)
	(1)	(2)	(3)	(4)	(5)	(6)	(7)
			小麦[b]				
印度	37.00[c]	26.20[c]		6.75[d]	5.48	3.88	
日本	24.70	21.90	9.20	10.40	2.38	2.11	0.88
法国	30.00	21.50	8.30	8.10	3.70	2.65	1.02
美国[e]	26.90	19.70	9.40	6.40	4.20	3.08	1.47
			大米[f]				
印度	37.00	26.20		7.80[g]	4.74	3.36	
日本	24.70	21.90	9.20	19.30	1.28	1.13	0.48
美国[e]	26.90	19.70	9.40	10.10	2.66	1.95	0.93
			玉米[h]				
印度	37.00	26.20		5.30	6.98	4.94	
美国[e]	26.90	19.70	9.40	4.10	6.56	4.80	2.29
			甘蔗[i]				
印度	37.00	26.20		9.10	4.07	2.88	
美国[e]	26.90	19.70	9.40	9.50	2.83	2.07	0.99

　　a. 来自联合国粮农组织（FAO）表 174。农民为了增加耕地营养而对袋装化肥支付的价格。

　　b. 1960 年生产者价格。来自 FAO 表 126。

　　c. 1959—1960 年价格。

　　d. 来自 FAO 表 126 中批发价格的 75％。这一调整参见 *Indian J. Agr. Econ.*, 17, 81 - 84, Jan. - Mar. 1962。

　　e. 是袋装化肥和散装化肥的均价。

　　f. 1960 年稻谷的生产者价格。来自 FAO 表 133。

　　g. 来自 FAO 表 133 中粗米批发价的 83％。参见 *Indian J. Agr. Econ.*, 17, table 1, p. 48，and Appendix 1, pp. 51 - 52, Jan. —Mar. 1962。调整基于 1957—1958 年波普尔市场的季节流通价。

　　h. 1960 年生产者价格。来自 FAO 表 130，印度批发价按 75％调整。

　　i. 来自 FAO 表 134。

　　资料来源：FAO, *Production Yearbook*, 1961, Vol. 15.

表 IV. 1. 2　　　　　八个国家的化肥和大米价格，1960—1961 年

国家	农民购买氮肥的价格 （美元/千克）	农民出售大米的价格 * （美元/千克）	比率 （1/2）	以日本为基准 （128＝100）
	(1)	(2)	(3)	(4)
日本	24.70	19.30	1.28	100
意大利	21.00	9.30	2.26	177
美国	26.90	10.10	2.66	208
锡兰	36.80	12.10	3.04	238
印度	37.00	7.80	4.74	370
泰国	27.90	4.30	6.49	507
阿拉伯联合 酋长国	40.30	5.20	7.75	605
缅甸	28.60	3.00	9.53	745

* 日本的数字包括包装大米。泰国价格是曼谷的批发价。
资料来源：FAO, *Production Yearbook*, 1961, Vol. 15, Tables 133 and 174.

3. 缺乏成功及其原因

在本章的一开始我就指出，作为现代农业创立者的我们在穷国的援助计划并不成功。但是我们在海外的农业计划真如我所推断的那样失败吗？对此我首先要承认，根据现有的证据不足以证明这个推断。相关数据很难得到。遗憾的是，当初没有人能预见这些计划的试验性质，因此就没有人进行必要的记录，也就无法从这些试验中得出结论。

1960 年有一些证据能支持我的论断。外国农业产量的增长与我们在这些国家推行的农业计划似乎有点联系。除了一两个例外之外，第二次世界大战后最令人印象深刻的农业产量增长几乎都发生在我们援助过的国家。日本和以色列是最为成功的。西欧诸国中的奥地利和希腊也如此（参见表 IV.1.3）。美国对希腊的援助无疑对希腊农业近年的增长有所贡献。然后是墨西哥，墨西哥农业发展带来的经济增长引人注目，墨西哥农业产量的某些增长很可能与洛克菲勒基金会建立的农业研究所有关。菲律宾和中国台湾经常被当作效果上佳的例子引用，它们接受了我们大量的援助，这两个地区总的农业产量的增长远远高于大多数地区。再看印度和巴基斯坦，我们在这两个国家投入了大量的公共和私人资金以及智力资源，但其农业部门的绩效仍然很差。

表 IV. 1. 3　各个国家和地区农业总产量和人均产量的增长（1935—1939 年和 1962 年）

国家/地区	总产量		人均产量	
	1935—1939 （1952—1953 年到 1954—1955 年=100）	1962	1935—1939 〔（1）和（2）除以以 1953 年=100 的人口指数〕	1962
	(1)	(2)	(3)	(4)
日本[a]	83	159	102	146
中国台湾	89	144	144	107
菲律宾	73	143	104	108
印度	83	130	102	107
巴基斯坦	103	121	126	100
（南亚和远东）	88	133	110	111
墨西哥	47	157[b]	70	126[b]
巴西	73	150[b]	106	116[b]
哥伦比亚	64	124[b]	91	99[b]
智利	73	118[b]	99	91[b]
秘鲁	61	117[b]	82	98[b]
（拉丁美洲）	72	129[c]	103	101[c]
以色列	70	212[c]	115	155[c]
土耳其	66	122[c]	90	95[c]
（西亚）	69	129[c]	97	101[c]
	战前		战前	
奥地利	94	137[c]	97	135[c]
希腊	85	135[c]	103	125[c]
（西欧）	81	121[c]	92	113[c]

a. 黑体字代表特别成功的国家。

b. 1961—1962 年数据。

c. 1962—1963 年数据。

几年前，我和一些同事调查了拉丁美洲正进行的技术援助项目对拉美各国的经济影响。[4] 我们在拉美的技术援助项目很早就开始了。1943—1955 年间，美国在拉美对农业和其他自然资源项目投入了 4 400 万美元，也就是说，美国在这期间平均每年对拉美的政府支出达到了 900 万美元。在此后的一段时间内，这些项目的产量效应会渐渐显现。可尽管拉美的农业产量总体上的确持续增加了，但农业产量增加的速度没有人口增加快。在 1953 年到 1961—1962 年间，有 9 个国家的人均产量都下降了；其中有 2 个国家（阿根廷和乌拉圭）没有接受过我们的援助，而另外 7 个国家，尤其是智利、哥伦比亚、哥斯达黎加、巴拉圭、秘鲁，我们对每个国家都进行了大规模的农业技术援助项目。在人均产量增加的 11 个国家中，有一个国家（委内瑞拉）没有接受过我们的农业技术援助，剩余国家中有两个（海地和多米尼加共和国）取得了农业产量的些微增长。这些证据表明，我们推行的农业现代化计划和已实现的农业产量增长之间的关系并不密切。

为什么我们援助别国一直缺乏成功呢？答案就在于我们对援助任务的认识。我们有太多的设想了，每一种设想都基于一定的观点和经验。因为首先我们是在实践，十分依赖实用主义思维，并且我们的思维都是建立在大量试验的基础上。但实际上，由于缺乏一个一般性理论来指导决策和评价实际行动，这些思维经常会被无关的考虑所淹没。

造成这种困境的部分原因源于我们混淆了手段和目的。然而本应当很明显的是，我们的基本目标不是建立一套新的农业制度；只有在成为农业经济增长的源泉时，这些现代化制度的存在才能得以确保。而且在实践中，我们也不能充分证明农业产量的增加是建立制度的结果，我们很有必要按照成本收益法来证明建立农业制度是一种相当划算的经济增长源泉。至少在一个国家不能找到比这种增长途径成本更低的方法。

穷国的农民大多受到传统农业的经济约束。但无论在哪个国家执行农业推广计划，如果这些计划建立在农民使用（配置）他们可支配的农业要素一定没有效率的假设上，那么这些计划很有可能没有意义，也不能推动经济现代化。

也有一些农业推广和农村信贷计划是基于这样的观点发起的，其观点是：穷国的农民既不储蓄，也不会拿充足的收入进行农业投资，他们无法达到一个最佳的信贷量。其实这些项目忽视了这样一个事实：在传统农业的经济约束下，农民不可能得到有回报的投资机会。因此，农民不可能借助这些项目从传统农业中得到日益递增的回报。

诋毁穷国农民的说法实在太流行了。常见的说法是他们偏于懒惰，既不勤勉也不节约，并且缺乏企业家才能，还有因为文化方面的某些缺陷，他们的基本经济素养匮乏。的确，穷国存在例如学校教育这样的文化限制，但是这些限制与上文提到的经济素养并不相关，我们不要再诋毁穷国农民的经济素养了。实际上，我们在国外推行的农业推广计划试图引导农民采用一个或多个新的农业投入品，可这些农业投入品并没有足够的生产能力，对农民来说不值得引用。对于这些新的农业投入品，包括技术和生产工具，农民并非天生就厌恶。他们只是因为从使用这些投入品中得到的收益很少，近乎于零甚至为负，于是作出正确的回应。因此，这些农业援助项目几乎没有产生效益。

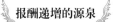

在大多数情况下，穷国农民极有可能不对我们实施的农业援助计划作出回应，因为这些计划没有给农民提供真正便宜并有利可图的农业投入品，让农民接受并学习如何有效地使用它们。有利可图的新的农业投入品的缺乏正是问题的关键。在农民能够得到这种投入品的地方，例如，墨西哥，农民作出了反应，我们可以看到，农业部门出现了大幅的经济增长。

因此，这些农业援助项目缺乏成功的原因，可能并不是充斥在相关文献中的那些可以列出很长篇幅的传统理由。也就是说，可能不是因为在国外从事农业推广工作的美国农业专家在土壤、农作物、家畜和农场管理方面所受的训练不够，也不是因为他们没有在国外花费足够长的时间，更不是因为他们的活动组织不力或不够融入当地农业社会文化中。虽然农村信贷设施可能匮乏，但是也只有在新的非常高效的农业投入品出现后这一因素才能发挥作用。农场规模可能会太小，但这也不会是缺乏成功的原因。也不会是像大家所说的，穷国农民喜欢偷懒，不节约勤勉，没有企业家才能。事实上，这些项目没有成功的原因很简单，那就是农民没有可以采用的有利可图的农业投入品。

4. 一种有效的途径

在什么时候、什么地方能建立起作用的推广部门、研究机构、学校和营利企业呢？是否有一种自然秩序呢？在什么方面它们相互竞争或者相互补充呢？对这些问题的思考会帮助我们找到一种有效途径所需要满足的必要条件。仅仅一味追求农业产量而不顾成本不是问题的解决办法。成本必须根据那些形成收入流的报酬来核算。我们的经济目标是增加收入，可决定性的问题是应该付出多少成本呢？因此，经济核算应当以收入流的来源为基础，不管收入流是来源于农业还是其他经济活动。传统农业的一大特征——成本过高已经阻碍了我们对扩大再生产的投资。由此断定，改造传统农业的必要条件之一是提供低价的资源。在现代化农业中，这些资源的提供者包括营利企业，以及公共的和私人的非营利机构，需求者首先则是依赖信息来了解资源的农民。因此，一种有效的方法就是把这些企业、农民和机构联合起来，共同作为农业收入新源泉的提供者和需求者，这样他们就可以实现最优收入增长速度。

以经济发展概念为基础的分析表明成功进行农业改造项目必须依赖

以下基本条件：
　　（1）必须存在具有相当高回报率的新农业投入品；
　　（2）对于农民来说，得到这些投入品具有可能性；
　　（3）农民得到投入品后必须学会有效使用它们。

　　第一个基本条件是指，任何改造农业的项目都必须以能带来明显收益的农业投入品（有时也泛指工具和技术）为前提。这样的农业投入品主要由具备特定质量的因素组成，这些因素是物质投入和人体不可或缺的。这些因素根植于农具、农机、化学制剂、土壤结构以及动植物的基因特征中，也体现在农民获得的大量新技能中。有利可图的农业投入品是一个关键的基本条件似乎显而易见。并且不容置疑的是，我们在国外推行的农业项目缺乏成功大多是因为没有满足这个条件。

　　除了极少数的特例，我们国家最为优秀的农民也没有找到和开发出具有高收益的农业投入品。1904—1915 年，在艾奥瓦州的 75 000 块土地上进行了为期超过 12 年的玉米良种测试。正如马丁·L·莫舍[5]所说，即使有特别有能力与干劲的领导和工作者，这种提升玉米产量的途径仍然见效缓慢，困难重重。艾奥瓦的玉米平均产量也只是从 1896—1905 年的每英亩 32.4 蒲式耳增加到 1913—1915 年的每英亩 33 蒲式耳。

　　我们自己的农业研究机构虽然在农业研究方面历史悠久，却也未能生产出高回报率的农业投入品。尽管大约从 20 世纪 20 年代中期开始我们的农业研究就一直无所突破，但是我们一直忽视了一个事实，就是在那之前的几十年，我们的农业研究曾创造出源源不断的增长。1900—1925 年农业产量的增加可以说完全是传统农业投入要素增加的结果。当时农业产量的增长率很低，每年只有大约 0.9%，而传统农业投入要素的年增长率为 1%。[6]因此，我们或许会比较谨慎，不会理所当然地认为印度、拉美各国或其他穷国的农业试验站已经发现了高回报的农业投入品等着农民来采用。尽管可能会有例外，但总体上 60 年代的农业试验站还没有产生巨大的成功；在这方面它们可能比得上我们 1900—1925 年间的水平。

　　通过直接转移美国高产和高回报的农业投入品到穷国，能取得多大的成效呢？无疑我们不得不从经验中学习。我们已经付出了高昂的学费，但是现在我们知道了通常这种农业投入品的直接转移对穷国来说是没有回报的。

　　然而我们还有第四种来源——新的农业研究。可为什么新兴的研究会比已经考察过的旧方式更富有成效呢？原因相当明显。因为科学知识（包括科学理论和原则）最近有了重要进展，这些知识经过实践验证是有益的。当然，这些知识对于热带农业来说可能不完全适用。新的农业研究代表着一种等待被激活的重要的科学资源。但是在针对国外的农业项目中，这种新型的农业研究却被忽视了。

到 1964 年，尽管美国政府在整个拉美积极进行了长达 20 年的技术援助，可一个一流的农业研究中心都没有建立。墨西哥农业发展取得了很大的进步，但这却不是因为美国政府任何的技术援助，而是因为洛克菲勒基金会的资金与人员支持起了很大的作用。日本自力更生，发展得极好。但在整个南亚，我们的政府和私人对农业的援助都不少，但大都忽视了新的农业研究。只有印度的小麦、玉米和高粱品种的新研究和菲律宾刚刚成立的国际水稻研究所是例外。

关于穷国的农业研究中心还有三个问题没有解决：（1）数量；（2）科研人员；（3）最优规模。有一些小国很可能一个一流的研究中心也负担不起。而像巴西、印度这样地大物博的大国呢？[7] 我们自身的经验最具说服力：在美国只选择建立一个一流的研究中心并且把它建于华盛顿实在荒谬。当然在整个印度，把新德里的皮萨（Pusa）作为唯一的一个农业研究中心也十分荒谬。对于第二个问题，显然科研能力无可替代。因此，美国国际开发总署（Agency of International Development，AID）和大学的协议总体上也并不成功。不过在另一方面，菲律宾的国际水稻研究所却拥有一个非常优秀的研究团队，墨西哥农业研究机构的研究人员也相当优秀。至于研究中心的最佳规模，相关研究太少。就我所知，还没有人为了解决这个问题调查过科研人员之间的互补性。只有一个科学家的研究中心太过荒谬，一个太小的研究中心可能会离最优规模过远。我们自身的经验似乎支撑了两种推论：第一，研究人员应当是一个学院或大学的必要组成部分；第二，研究人员的数量不能少于我们大多数州农业试验站的人数。用这个标准衡量的话，达到最优规模的美国农业研究中心也许不到 10 个。

现在来看第二个基础条件：农民能够得到具有大量高回报率的农业投入品。如果这样的投入品被发现、改造并得到验证，谁来生产并把它们提供给农民？新型良种的繁殖和分配就是一个例子。一般来说，试验站和推广服务机构不能有效地进行这种活动。非营利的农业部或合作社也不能有效地完成这项任务。因此，我们必须找到方法转由营利企业来承担这项任务。不用说，许多穷国的政府部门要么不相信这些私人营利企业，要么试图在政府内部建立这样的小机构，实际上就是不愿意把这么重要的供给职能转移给服从市场规律的企业。

第三个基本条件是向农民传播信息，提供农民可以学习的方法。严格来说，只有其他两个条件满足后这个条件才能得到保证。因此，农业现代化进程存在着一种自然的基本顺序。但是我们一直在重复犯错，总是在其他两个条件未满足时就进行第三个任务。比如在秘鲁，在 20 世纪 50 年代早期，精细化的农业推广服务已经开始成形，但遗憾的是，由于有回报的投入品不足而没能发展成功。20 世纪 60 年代早期，印度也出现过这种情况。在早期我们国家的农业推广服务似乎也没有向农民提供有用的信息和方法。第一次世界大战期间，我们为增加农业产量付出了很多努力却鲜有成功也证明了这个推断。与 1912—1914 年的产量相比，1917—1919 年美国的农业产量只增长了一个百分点。[8] 无论如何，只要我们的目的是实现农业经济增长，一个不争的事实就是农民必须能得到具有高回报率的农业投入品，否则农业相关服务机构就没有任何存在的意义。

但是在恰当时机进行推广服务只是信息传播和学习的一个方面，农民所付出的成本则是另一个方面。除了其他因素外，这些成本主要取决于农民面临的新生产过程的复杂性。在考虑成本时，有一个基本的问题是农民会接受什么价格的投入品。这里提出一个假设：农民愿意接受的概率主要取决于新投入品的回报率。无可非议，新的生产过程越复杂，成本就越高。假如一个新的高回报投入品只需要传统生产方法的一些简单变动，农民获取信息和学习方法的成本就很低，于是精心设计的推广计划就是不必要的。我们也发现有时候一些新的投入品十分有利可图，以至一旦农民发现这些投入品有用，就会导致供不应求。这样的投入品就像自喷油井一样难得，大量事实证明，在国外推行农业计划时，很需要发现和推广这样的投入品。根据我们自己的经验，杂交玉米就是这样一个发现，因此，在 20 世纪 30 年代早期和中期，尽管玉米的价格普遍走低，快速采用杂交玉米种子的核心玉米带的农民仍然得到了最多的回报。

然而，随着农业现代化进程的推进，农业生产变得越来越复杂。许多新的投入品只有在经过生产方法的多种变动后才会有收益。这就要求农民了解大量信息，并学习新技术。

信息传播和学习还有另一个方面，即需要营利企业、新投入品主要供给者、推广服务提供者和学校等非市场机构之间的协作。尽管在这方面我们在国内做得很成功，但在国外推行的项目中这一点就往往被忽视

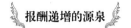

了。因为我在别的地方已经涉及了这一点，在这里就不详述了。[9]

还有一个关于信息和学习的问题，虽然有可能是最重要的，但我也只能在本章最后提及了。从长远看，我们很有必要明白农民获取新的技能也是一种主要的、有利可图的新投入品。虽然我一直在强调新的物质投入品，尽管它们是必需的，但对经济活动有用的知识进步所产生的成就更大程度上依赖于新的技能。农业现代化就要求掌握这些新技能，这促使我们关注农民的人力投资问题。怎样最有效地对农民进行人力投资呢？迄今为止，我们对这个问题知之甚少。在某些情况下，应急计划是必要的，像旨在指导农民的农业示范、在职培训等。但从 10～20 年这样的长远观点看，投资于教育很可能是最经济的措施。这意味着相对于成本来说，教育的收益可能极高，远高于通过其他途径学习新技能的投资收益。

安东尼·唐对日本农业投入产出的研究[10]让我对农业研究、推广服务和教育的投资收益率作出了极其乐观的推断。这个推断是针对1880—1938 年这个时期的。在这期间的前五年，98％的总支出用于教育，而在最后五年，农业研究和推广服务也占到了总支出的 9％。所有这些教育、研究和推广服务的社会回报率高达每年 35％。哪里还能取得比这更可观的经济增长呢？

毫无疑问，身为现代农业的创立者，我们应该尽快学会在穷国发展现代农业。尽管困难重重，但终有一天我们可以像成功地建立一座钢铁厂一样帮助穷国实现农业现代化。

注释和参考文献

[1] Theodore W. Schultz, *Transforming Traditional Agriculture* (Yale University Press, New Haven, Conn., 1964).

[2] 在印度，化肥相对于甘蔗和马铃薯的价格来说是有吸引力的，这可以从农民的行为中得知。

[3] 1954 年 7 月 10 日通过的《公共法 480》允许美国使用"剩余"农产品进行对外资金援助。

[4] 参见 *Technical Cooperation in Latin America* (National Planning Association, Washington DC, 1950)。这些研究由 NPA 赞助，在此基础上出版了几本书，书名都在所引文献中提到了。

[5] Martin L. Mosher, *Early Iowa Corn Yield Tests and Related Programs* (Iowa State University Press, Ames, Iowa, 1962).

[6] Vernon W. Ruttan, "Technological Change and Resource Utilization in American Agriculture," *Proceedings of the Indiana Academy of Sciences 1961*, 71

(1961)，353 - 360.1925—1950 年，农业产量每年增长 1.5%，而常规投入品每年只增长 0.4%。

［7］我们肯定还记得，在建立赠地大学时，美国还比较穷。1862 年的《莫里尔法案》（Morrill Act）生效时，美国的人均国民生产总值只有 1964 年的 1/7；1887 年向农业研究投入联邦资金的《海奇法案》（Hatch Act）生效时，人均 GNP 只有现在的 1/4。

［8］See Neal Potter and Francis T. Christy Jr，*Trends in Natural Resource Commodities*（Johns Hopkins Press，Baltimore，Md，1962），table EO-1，p. 81.

［9］Schultz，*Transforming Traditional Agriculture*，chapters 10 and 11.

［10］Anthony M. Tang，"Research and Education in Japanese Agricultural Development，1880—1938," *Economic Studies Quarterly*，13（1963），table 2 and p. 97.

第 *2* 章 经济学、农业和政治经济 *

自 1972 年以来农产品的涨价提出了几个重要的问题。这些过高的初级产品世界价格是长期的，还是暂时的？照我看来答案很大程度上取决于政府对农业采取何种措施。那么政府行为又会给农业成本带来什么影响呢？在这一背景下，也可以提出下述价值和价格问题：如果世界农业的成本一直这样高，在未来 10 年或更长的时期内，能以比 1974—1975 年更低的价格提供满足需求的农产品吗？我认为使农业增产的技术进步和投资机会肯定能解决这个关键问题。但这并不是说这些技术进步和投资机会都能实现，也不是预言政府会采取适当的措施。

显而易见，国与国之间政府的农业政策有着很大差异。同样也很明显的是，国家之间农业部门的经济绩效也大不相同。然而，不太确定的是，这些经济绩效的差异在多大程度上是由政府农业政策造成的。大多数农业经济学家认为这个问题太有争议，难以分析，还有人认为这个问题需要特殊价值、福利目标和政府当局的支持才能解决，这些问题都超出了实证经济学的研究范围。然而，我的观点是，经济学家可以研究这些问题的主要内容，可以评价政府农业政策的经济后果。

为了说明我的想法，考虑一下 1973 年农产品价格开始急剧上升时全球在农业反应上的显著区别。能够使得农民扩大农业生产的真正激励在各国之间差异很大，而这些差异跟政府政策有很大的关系。因此，1973—1975 年类似的一场"思想"试验，研究了政府政策对于农民生产激励的不同影响，以及这些激励上的差异对农民生产行为的影响。我

---

* 来自"纪念埃尔姆赫斯特讲座"，发表于 Theodore Dams（ed.），*Decision-Making and Agriculture*（Alden Press，Oxford，1977），pp. 15 - 24。重印得到了国际农业经济学家协会（International Association of Agricultural Economists）和内布拉斯加大学出版社（University of Nebraska Press）的许可。

们现在来看一下这个试验。

根据瓦伊纳的定义，农业经济学是农业经济学家的工作。他们的工作大都完成得很好。瓦西里·里昂惕夫在就职美国经济学会会长的演说中就公正地赞扬了经济理论在实证研究中的应用。他对下述经济学研究倾向加以批评，即提出理论假设时没有充分考虑到可以观察的现象。但他也注意到，"以下情况例外，即理论和实证分析适当平衡，及农业经济学专家与相邻学科专家进行合作"[1]。然而，里昂惕夫教授的评价仅仅说对了一部分。确实，作为农业经济学家我们非常了解土壤、农学、农作物和家畜，而且我们也了解农业科学家的贡献所在，但是我们对于农民作为工人、资本家和企业家的角色的了解很肤浅。我们精通现代数量分析技术，有时候我们当中还有一人促进了这种分析技术的进步。我们对农业生产和管理的研究是以企业理论为指导的，我们构建的宏观模型是把农业当作总体经济的完整组成部分来考虑的。但里昂惕夫教授没看到社会和政治思想对经济学越来越多的反对。政府倾向于轻视经济学，经济学家也不愿意或无力应对这种负面倾向。农业经济学中的"理论和实证之间的恰当平衡"也不足以应对这一挑战。

这种对于经济学的否定不单独局限于低收入或高收入国家，不局限于某一类型的政府，也不只存在于农业领域，很明显其他经济学分支也不能幸免。大多数国家和国际政治领袖，无论他们是为第一、第二还是第三世界说话，都从心里轻视经济学。但是尽管对于各国现实中的政治组织、卡特尔、市场、商品合约、要素和产品的内部定价机制来说，差异在所难免，然而共同之处在于世上没有免费的午餐。提供产品和服务必定产生成本，这一板上钉钉的事实不会被国家或国际政治所抹杀。于此，经济学的发展不仅很有希望而且很有必要。

一个取巧的方法是迎合反对意见。但这样经济学家的作用就会降低到可以容许的地步。虽然公司、工会、农民组织和消费者都在提倡发挥经济学的积极作用，但他们并不是天真的经济主体，因为他们总是不惜牺牲别人来为自己争取利益。为了满足这些组织的特殊利益而曲解经济学就等于是廉价推销经济学。虽然政府确实有必要存在，但如果政府无论做什么都要经济学屈从于它们，就等于取消了经济学的真正用途。所有这一切对我们从事农业研究的人来说，意味着农业经济学家不能只把政府的特定经济目标当作给定的研究对象，否则经济学家只能依附于政府。如果经济学家真的这样进行研究了，我们将很容易观察到，经济学

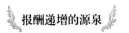

家已经变成了政治经济的应声虫。

我相信经济学的核心内容足以评价各种政治经济制度的成本和福利影响。我们不必因价值判断而陷于困境。当然，我现在论据不足，很明显我需要一些证据的支撑。接下来引用我的同事哈里·约翰逊的一段文章：

> 社会科学研究人员遭受到的某种处罚或享受到的某种特权是，随着年龄的增大及在学术生涯中专业能力的成熟，不得不根据逐步扩大的制度和文化框架来思考问题。而刚毕业的年轻的经济学家……专业技能有限，深受导师思想的影响，还处于不变的制度和社会环境下，因此他最初只能运用他的技能……另一方面，只有当他变得自信，而且经验足够多时，他才可以质疑社会制度……[2]

不用说，农业经济学家并非以批判性评价各种政治制度对农业的经济影响而闻名。一般来说，经济学家越宽容，价格和价值的积极意义就越弱。为了达到最佳效果，不要在分析中引入价值判断，而且一定要十分小心地确保你的假设不会遭到违背。

有两种学术方法可以用来处理经济假设和价值判断。20 世纪 20 年代到 50 年代，其中一种方法用于质疑理论分析的假设和讨论隐含在理论中的价值判断。这种方法很恰当地被称为"规范经济学"[3]。从那以后，研究的重点转向在给定的假设下，经济理论的含义能否被可观察的经济行为证实。这种方法就是"实证经济学"。

对早期英国经济学家过于简化的假设提出疑问并不难。不过他们理论的某些特定含义在实践中是有效的，例如，取消进口小麦的关税可以增加劳动阶层的实际收入。马克思就认可这个理论，并称这种关税为"面包税"。尽管马克思理论所依存的假设受到诸多批判，他有一个观点却得到了高收入国家经济发展史强有力的证实，即农业中的技术进步会降低地主的收入份额。然而，马克思及古典理论的其他观点则没能经得起实证经济学的检验。

我认为合适而重要的分析工作不必局限于研究当前经济发展问题。我们可以从充满政治经济试验的经济史中获取信息。我将从历史的角度首先论述社会思潮和制度秩序的相互作用，从而展示特定政治经济制度的兴衰以及这些制度不稳定的原因。然后我将考虑不同政治经济制度对当前及近期农业更为重要的经济影响中的某些内容。

1. 社会思潮和政治经济的相互作用

　　我要诉诸三个假设：社会思潮由各种社会、政治和经济观点组成；占主导地位的社会思潮塑造了社会（国家）的制度化秩序；现存社会制度的失灵反过来会改变社会思潮。体现在社会思潮中的观点又有两种历史类型：一种是对主流制度的合理化并使之条理化，另一种是对体现在社会思潮中的、足以引起政治经济制度变革的现存制度的反对。[4]

　　例如，在 1776 年之前的英国流行了一个多世纪的重商主义经济学就得到了教会和宪法的支持。当时的经济"文献"也使重商主义合理化，它们为政府对贸易、国内价格、工资及移民政策的限制提供了支持——限制政策再度展翅高飞。重商主义的理论主张中有一个观点是：工资水平的降低能增加国家产出。正是这个理论为当时的贫困效用论提供了依据。

　　回顾历史，当时的贫困效用论令人震惊，这不是因为贫困效用论不再被大多数国家推行，而是因为这个理论当时竟受到了如此多的公开支持。贫困效用论在英国历史上推行了一个世纪，在这期间，下层社会的贫困被宣称是合理的。1660—1776 年，为了使贫困效用论合理化，英国的重商主义把当时的外交和国内政策变得十分繁杂。埃德加·S·弗尼斯[5]在他的一篇关于哈特、沙夫纳和马克思理论的获奖文章中用了很长的篇幅讲述"贫困效用论"。在那个时期名人的理念可以使人怀疑任何时期的社会思潮。托马斯·孟德的观点是"贫穷和物质匮乏一定会使人变得智慧而勤劳"。阿瑟·扬声称"除了傻瓜，每个人都知道下层社会必须贫穷，否则他们永远不会勤劳"。约翰·劳主张"劳动者导致了反复出现的高价，因为只要食品价格便宜，他们就会无可救药地变懒"。威廉·配第主张"消费应该征税，向国外移民应该被限制"，他认为慈善机构是懒惰的温床，人口越多劳动者就会越穷，因此应该鼓励外来移民。克劳恩的主教乔治·伯克利提议，为了推行贫困效用论，应该奖励多子女的家庭，而对无子女的家庭征税。[6]

　　古典经济学家的一个贡献是证明了下述见解：与重商主义经济学家的主张相反，政府强加的低工资减少了国家产出。我认为他们对这个问题的分析是实证经济学的一个绝佳例证。

　　自由主义经济理论的提出是为了抗议重商主义对社会和经济的不利

影响。自由主义的基本观点逐渐发展成强大且内部一致的社会思潮，最后，重商主义制度最终被自由主义的政治经济制度所代替。因此，1776年很容易就被当作自由主义思潮的诞生年度。被称为经济学圣经的《国富论》也是在这一年出版的。亚当·斯密主张的基石是下述命题：在一个开放竞争的经济中，不存在任何私人和政府的垄断约束，政府的功能也受到极大限制，人们在经济活动中基于不同的自我利益各行其是，就能使社会产出最大化。斯密的经济学思想成为当时自由主义社会思潮核心内容的重要组成部分，在接下来的几十年中深刻地改变了许多政府的制度性作用。

在亚当·斯密的经济体系中，贫困效用论无法产生作用。真正的效用是体现在人们谋求自身利益的过程中的。斯密的开放竞争市场理论隐含着自由贸易，以及一个工资不会固定不变或政府不对工资加以限制的自由劳动力市场，并且人们可以不受约束地从农村迁往城市或迁往国外。随着制度变迁和经济增长带来的经济机会的出现，移民大量出现。移民带来的人口的增长反过来又引起了迁移。我们甚至可以从奥古斯特·哈克斯豪森[7]1843年去俄国的自述中看出，俄国政府实行自由主义政策，当时的教派分裂运动（Mennonites and Hutterites）就是在这些政策下发生的。

但是自由主义政治经济制度的具体实践却引起了抗议。这种自由主义经济体制被认为有重大缺陷，即这种体制承认私人财产权，因而会造成劳动者权利得不到充分保障的资本主义和工业化。弥补这个缺陷的方法体现在很多倡导政治经济秩序的社会思潮中，即政府扩大其职能，政府的职能要比重商主义时期更全面。从社会思潮角度来看，这就是社会主义；从政治经济制度角度来看，它可以界于从中央计划经济体制到指令经济体制之间的任何范围。在卡尔·马克思之前，表示抗议的观点倡导各种形式的社会主义。然而，马克思的贡献在于强调社会主义所需要的政治经济基础。对马克思理论的应用极大地改变了许多国家的制度体系。如上所述，许多这些国家的政府经济职能明显扩大了。

支持社会主义理论的一个重要原因是开放竞争的体系是盲目的，为了实现经济发展的效率和公平，人们的个人利益必须得到引导和控制。价格、工资和移民都是政府为了实现效率和公平的手段。

目前出现了一种新兴的新自由主义迹象。由于社会主义对政府越来越依赖，一些国家形成了强大的专制政权，政府对个人自由的限制也造成了消极影响，结果类似两个世纪前对社会制度的抗议又出现了。

过去三个世纪的历史纪录显示出社会思潮和制度很不稳定。这种不稳定性有一些周期性特征。比如当社会制度运转不良时，就会埋下衰落的种子。在我看来，不稳定的周期说明形成制度的社会思潮是不足的。

2. 农业和政治经济

大多数农业经济学真正重要的部分是研究政治与经济制度的差异。当市场被政府分割时，扩大市场规模的优势就丧失了。当进出口被管制时，农产品价格就会失常。当市场出现垄断时，农民和消费者最好要当心了。当政府批准向农民采购农产品时，农业经济就会被置于接受者的地位。当农业部长把农业科学家看作其职员时，农业研究事业就会停滞不前。

由此而论，农业经济学有短期和长期的影响。在短期中，农业经济学最常被用来测试重大变化。1973—1975 年的重大事件发生得出乎意料，并且迅速地导致了巨大的变化。我将用这一时期的事件来评论农业经济学的短期影响。在长期意义上，我会研究过去 30 年中政府对农业生产的各种影响。

如我之前所说，1973—1975 年的世界农业在价格方面是一个很有启发意义的"试验"。我们都知道，食品和粮食的短缺会提高这些产品的经济价值，但有一个事实却被忽略了，即价值的提高被各国政府极大地扭曲了。一些主要国家抑制短缺引发的经济信号，这些国家的消费者就不用调整他们的消费来适应短缺，因此，其他国家的消费者必需的调整负担就增加了。同样地，在欧洲经济共同体的农业生产中，农产品的价格受到抑制，农民就没有增加产量的经济激励。与欧共体形成强烈的对比，在澳大利亚、加拿大和美国，食品和粮食市场是开放竞争的，农民能对升高的价格作出敏锐的反应。巴西的农民也能对大豆价格的变化迅速地作出回应。总体而言，在这个问题上，很多低收入国家比欧洲经济共同体有更好的经济记录。

一个国家对农产品价格的控制会增加其他国家的不稳定性吗？看看1973—1975 年粮食与谷物供求平衡的变化产生的价格效应吧。答案是肯定的。理论和实证都说明了这一点。当一国政府通过控制农产品进出口来实现国内价格的稳定时，会引起其他国家价格不稳定现象的增多。

虽然 20 世纪 60 年代农作物歉收导致的世界粮食产量不足的幅度远高于 70 年代早期，但是 70 年代早期开放市场中农产品价格的波动却远远超过 60 年代。这两个时期农产品价格的差异一般被认为是美国、加拿大和澳大利亚的粮食储备政策导致的。但是对这些储备政策的价格效应的仔细分析表明了 70 年代的价格波动还有很大一部分无法解释。

盖尔·约翰逊（1975）[8] 提出了一个假设。他认为 20 世纪 70 年代农产品价格无法解释的不稳定性是由国内价格控制政策造成的。与 60 年代相比，70 年代早期更多国家粮食的生产和消费被纳入通过限制进出口来稳定国内价格的政策体系中。事实也证明了这个假设：限定国内农产品价格逐渐成为苏联、欧共体等的政策规定，而这些国家近年来的粮食消费量几乎占到世界总消费量的一半。因此，当世界供求平衡改变时，几乎半数国家的价格"都没能对消费和生产起到任何作用"。所以，所有的调整一定是由另一半国家承担的。在 20 世纪 70 年代早期，"这些调整由两类国家承担，即粮食主要出口国和进口粮食的低收入发展中国家"。理论表明，没有限价的国家由于粮食短缺造成的价格上涨是半数限定国内农产品价格的国家的 2 倍。这一理论的重要含义与价值判断无关，它是可检验的，并且依据实证经济学，实践也支持了这一理论。

从长远来看，发展农业时什么样的政府控制政策会得到农业经济学家的推荐呢？毫无疑问，这个问题并没有意义，因为我们还没有对其他可选择的政策工具进行分析并确认其经济绩效。下面我将列举一些永远都不会被遗漏的经济罪犯——它们永远都不会被人遗忘。

在《公共法 480》[9] 下粮食由美国转向受惠国，但据我所知，没有一个国家的农业生产力因此而提高。这个法案在我的列举内，因为当涉及构建农业时，《公共法 480》是一个义务。

政府当局从生产者手中收购农产品是一种糟糕的经济现象。当这种现象发生时就说明使用这种政治权利的国家肯定陷入了农业困境。不用说，行政收购也是我列举的主要经济罪犯之一。

在市场中，有必要区分处于竞争中的合作组织与作为政府机构享有垄断权的市场管理机构。我觉得很奇怪的是，农业经济学家大都忽视了P. T. 鲍尔对西非市场管理机构的优秀研究。这些机构总会借一些高尚的借口成立，比如，稳定农业价格。但如果农产品主要用于出口，这些机构就可以很方便地成为增加政府收入的一个工具；作为唯一的买方，它可以低价向农民买进，再以高价卖到国外。这样政府机构就成功地把优质出口品置于死地。并且，这些机构还"雇用"大量受政府青睐的人，这就是所谓的"分赃制度"。关于肯尼亚的各种购销管理机构的评定主要汇集在《肯尼亚的农业发展》[10]这本书中，这本书很有说服力，而且很实用。我认为享有垄断权的市场管理机构也是一个经济罪犯。

虽然《公共法480》下的进口政策、行政收购和享有垄断的供销管理机构等对农业产量的负面影响并不难测定，但是这里还有有待解决的别的更重要的经济问题。比如说，如果消除了以上负面影响，租金、利息和利润就"永远不会被人惦记"，这样说对吗？为什么不用管制价格代替竞争价格？黑市繁荣的经济含义又是什么呢？

从1929年开始，我独自去访问苏联，后来又考察过其他东欧社会主义国家。跟世界上大多数国家相比，这些国家基本上都技艺高超、技术领先、装备精良。可使人困惑的是，这些国家的农业发展却有失水准。尽管它们投入了大笔资金来提高农业生产，但很明显，生产牛奶和肉类的成本仍然极高，消费者的需求量也不足。天气状况、气候和土壤都不是这个谜题的关键，我们也不能归咎于农业生产管理能力不足。在对第二次世界大战后苏联不尽如人意的农业发展的分析中，我的同事盖尔·约翰指出这不是集体农庄的过错。[11]

问题的关键在于农业生产的资源配置。而在资源配置中，缺乏经济效率正是问题所在。配置问题不仅存在于社会主义国家。虽然各国用于配置资源的管理方式不尽相同，但实际上，配置问题在大多数低收入国家也很普遍。

当社会主流思潮否定地租、利息和利润的存在性，宣扬市场竞争的盲目性时，相应的政治经济方法在配置农业生产的资源时受到严重的阻碍。各种资源配置方式被设计了出来，如通过配额来分配化肥和其他投入，控制农民从农场到农场和从农村到城市的流动，在一国范围内分割农产品市场，禁止不同区域之间的流通，除非得到政府的授权，甚至不准农民之间相互交易。

于是问题的核心变成了解物品真正的经济价值之所在——只有那些按照命令生产和消费的物品才具有真正的经济价值。在这种情形下无论什么人，不管是计划者、集体农庄的经理还是小型私人农场主，使用这里产生的信息来做经济决策，结果都没有经济效率。这并不是说提供正确且有用的经济信息是无成本的。在上述环境下对于许多国家来说提供这类信息变得异常昂贵有两个原因：经济信息的质量极为低下且成本高昂。也应当注意，农业科学家通过更优良的植物、动物、化肥和设备所做的质量改进——这些在投入被有效使用时同样重要——也无法用来解决有关确定农业产品和投入的真实经济价值的难题。简单地使用更先进的计算机技术也不能解决这一问题。

　　最后回到我开始时提出的问题：农业产品未来的成本前景是什么呢？从技术可能性和纯粹的经济机会来看，降低成本的前景是乐观的，但从政治上的所作所为来看，这一前景不容易出现。同时，国际粮食会议形成了许多难有作为的报告，而社会思潮产生了强大的意识形态观念。但是报告和观念并不生产粮食。幸运的是，植物和动物并不读报告，它们也不会歧视任何政府的价值观念。有一件事是肯定的——农民的所作所为是问题的关键。如果农业经济学家能够帮助农民就太好了！

注释和参考文献

［1］Wassily Leontief，"Theoretical Assumptions and Nonobserved Facts," *American Economic Review*，69（1971），1-7.

［2］这段话引自 Harry G. Johnson，"Learning and Libraries：Academic Economics as a Profession；Its Bearing on the Organization and Retrieval of Economic Knowledge"，*Minerva*，13（4），621-632。

［3］Harry G. Johnson，*On Economics and Society*（University of Chicago Press，Chicago，Ill.，1975），p. ix.

［4］引自 Theodore W. Schultz，*The Economic Value of Human Time*（Economic Research Service，USDA，Washington DC，1977）。

［5］Edgar S. Furniss，*The Position of Laborers in a System of Nationalism*（Houghton Mifflin，Boston，Mass.，1920），chapter 6.

［6］See Theodore W. Schultz，"Public Approaches to Minimize Poverty," in Leo Fishman（ed.），*Poverty Amid Affluence*（Yale University Press，New Haven，Conn.，1960）.

［7］August von Haxthausen，*Studies on the Interior of Russia*，edited by S. Frederick Starr and translated by Eleanore L. M. Schmidt（University of Chicago Press，Chicago，Ill.，1972）.

［8］D. Gale Johnson，"World Agriculture, Commodity Policy, and Price Variability," *Proceedings of the American Journal of Agricultural Economics*（Dec. 1975）.

［9］参见本书第四部分第 1 章注释 3。

［10］Judith Heyer，J. K. Maitha，and W. M. Senga（eds），*Agricultural Development in Kenya*（Oxford University Press，Nairobi，Kenya，1976）：see especially chapter 10.

［11］D. Gale Johnson，"Theory and Practice of Soviet Collective Agriculture," unpublished paper 75：28（Office of Agricultural Economics Research，University of Chicago，Dec. 1975）.

第 *3* 章　全球农业现代化中智力资源的有效配置 *

当市场价格变成影子价格时，资源配置便成为一门精巧的艺术了。当人力资源变成体力资源或者脑力资源时，语言的选择就是诗人的事了。但是当我们说起工资和薪水、熟练和不熟练工人时，影子价格就进入经济学的领域了。如果诗人愿意听我们的意见，我们可能会对他说市场不太需要体力资源，而强烈需要智力资源。那么他们就可以像爱丽丝虚构兔子一样想象市场了。

薪水相当于价格，它们意味着一个市场的存在。特定高技术人才的市场已经国际化了。其中的人员随着市场薪水变动而在国家之间流动。一些人力资源就是这样在世界范围内配置的。尽管一些观察者认为这种现象会导致"人才流失"，是有害的，但经济学家还是应当谨慎对待这种有关人才市场的评价。尽管这个市场显然并不完善，尚不成熟，但确实是一种制度上的成就。我认为我们的任务是尽力找到导致市场不完善的原因，尤其是要学会使它完善技术人员的配置，从而在推动经济增长方面发挥更大作用。我的观点是我们应该加强市场力量，使之更有效率，而不是损害或削弱市场。

我研究的问题是农业科学家和技术人员在国与国之间的有效配置。我把经济学家排除在外，不是因为他们的技能在农业现代化进程中没有价值，也不是因为国际化市场不需要经济学家的才能，更不是因为经济学家已经得到有效配置，而是为了保证客观或无偏性。

* 首次发表于 *Journal of Farm Economics*，49，No. 5（Dec. 1967），1071 - 1082。感谢洛厄尔·S·哈丁、赫伯特·G·格鲁伯、D·盖尔·约翰逊、乔治·S·托利、劳伦斯·W·威特的批评性意见。

在观察时以报酬均等化作为思考准则是很有帮助的。首先我会概述使这种特殊的人力资源报酬均等的各种方法；其次探讨引起配置无效率的两个主要原因，这两个原因不太容易看出；最后为国家间人力资源报酬均等化问题提供可能的解决办法。

阐明这个问题的一些假设条件很有必要：（1）人的天然禀赋的配置及获得这些禀赋的必要条件，与国家或穷或富有着相同的概率；（2）一个国家的资源禀赋（土地）是给定的，不可能被转移；（3）耐用的可再生非人力资本（包括土地改良在内）存量是可以改变的，但每年的变动较小；（4）农民每年购买的农业投入品是从国内或国外获得的，一些现代农业投入品也可以这样获取。

还有几个附加条件，虽然看起来不太合理，可以把它们看作便利的假设。这些条件是：（1）已经取得必要技能、有资格成为农业科学家或技术人员的本国和外国个体，他们对收入的反应不只表现在获取技能上，还表现在从事的工作上。也就是说，他们在国与国之间的流动不仅是为了获取必要的培训，也是为了找工作。（2）有一种相当强的趋于私人所谋算的均衡的倾向，尤其是在国家内部。（3）新技术与现代物质投入品在生产中有很强的互补性。长期来看，这些新技术和现代物质投入品一般都会取代传统农业中的生产要素，即传统的物质资本（土地）和不熟练人员。（4）发达国家和发展中国家的农业生产不平衡，这是新技术和与之互补的现代物质投入品的供给差异造成的。

但是，这是否由于"人才流失"造成的呢？撇开那些普遍而混乱的看法，令人信服的答案是"不"。正如哈里·约翰逊教授所指出的那样[1]，"人才流失"这个词其实"别有用意"，它涉及经济和社会福利的隐藏定义。这个词代表的是经济民族主义的目标，而非那些流动人才的福利。最近的研究也大都证明了这个问题。虽然约翰逊[2]、赫伯特·格鲁伯[3]、格鲁伯和安东尼·斯科特[4]都特别阐明过国际人才流动的问题，但是在如何处理所谓"人才流失"问题上，还是有许多甚为混乱的政策主张。现在不是说"美国佬，滚回去"，而是说"不要去美国"。经济民族主义实行了各种各样的限制人才外流的措施。人才的自由选择和福利水平就这样被损害了。不管我们的文化价值取向如何，我们当中总会有一连串贬低个人的提议。这些提议是对契约式服务的一种回应，是为了不让人才外流或保证出国进修的人才能够回来。为什么不直接建造更多的柏林墙呢！目光短浅的做法是政府压低高技能人才的薪水，并通过各种社会和政治手段来保证"充足的供给"。这种方法的哲学根基与

1660—1775 年在英国流行的为支持贫困效用论而推行的经济民族主义类似。[5]

澄清我们目前面对的问题的另一个途径是对知识的不同状态加以区别。我们知道，农业科学家和技术人员的供给高度集中在发达国家，并且雇用这些人员要花费很高的成本，但是我们并不清楚农业现代化所必需的技能，即那种就回报率而言值得进行投资的技能。私人营利企业的另外一个能力就是，可以促进这种人力资本的回报率在国内或国家间相等。我们知道，与发达国家相比，发展中国家在生产和出口农产品方面一直落后。但我们却没能看到这种差异实质上是由与农业科学家和技术人员工作相关的知识进步导致的，与发达国家相比发展中国家人力资源回报率低也是一个原因。

1. 均等化的各种途径

现在我借助国际贸易理论来说明问题。通过贸易而使生产要素价格均等可能仅仅在理论上成立。但是这种使报酬均等化的途径难道只是纯粹的虚构，真如凯夫斯想让我们相信的那样[6]，这只是建立在"充满讽刺意味的要素价格均等定理"上的"一个极其无用的推理"吗？充满讽刺意味的理论也可能提供好的均等化途径，以此为基础的更多均等化方法是凯夫斯和其他人看不到的。[7]而且，以农业科学家和技术人员为例，他们在国家间的流动也伴随着要素价格均等。因此，我们就有这种人力资本产品的国际贸易，以及这种形式的人力资本在国家之间的流动，因而也就有相关的收益率均等化方法。高级捕鼠器（the better mouse-trap）的谚语说明了同样的道理。如果你能放置一个更具吸引力的诱饵，世界市场的机遇将纷至沓来，或者如果你愿意，会有人安排你在国外销售你的产品。为了确定这些均等化途径的规则，我们必须采用实证研究。

农业科学家和技术人员新增加的价值，是作为农业投入品和农业商品的一部分进入贸易的。他们出版的著作也会进入贸易，并且他们也在国家间流动。简要概述如下：

（1）他们创作专业论文。期刊越理论化，术语越深奥，引用就越频繁。对于生物学家来说，《国际基因期刊》就是成功的标志。致力于小麦研究的培育者更喜欢在这本期刊上展示其知识成果。但是旁遮普省生产小麦的耕种者不会了解这本期刊，印度从事推广活动的工作人员和经济决策者也不会读这本期刊以求获利，甚至从事小麦研究的培育者也可能会让这本科学期刊落满灰尘。然而，这本期刊中最有价值且最为基础的新知识却在国家间传播，并且这本期刊的成本不超过年订阅费率。长期来看，我们就很容易低估新知识中的这种"贸易"的经济意义。但即使是我们这里所说的"贸易"也是不均衡的。我确信人们会发现，比如日本和苏联的个体和机构会大量订阅这个领域质量高低不同的期刊，但许多巴基斯坦、印度和阿根廷人则不会订阅。

（2）农业科学家与技术人员发现并培养的农业投入品中也存在着贸易。这些投入品包括品种更优的种子、鸡、土壤和食品添加剂，还包括药剂、机械发明物等等。然而，其中一些高度专业化的品种仅仅适合某些农场，而另外一些品种在应用时又不太专业。实现更大范围应用的成本和收益是一个很重要的问题。增加小麦的地域适应性的实践是一个引人注目的成功，洛克菲勒基金会的诺曼·鲍罗格和他的同事在墨西哥推广小麦的实践向我们证明了这一点。

政府部门也可能成为贸易者。印度政府就是这样一个例子，印度政府 1965 年就从墨西哥购买了 200 吨"索诺拉（Sonora）64"小麦种子和 50 吨"莱尔马-罗若（Lerma Rojo）64"小麦种子，1966 年又从墨西哥购买了 18 000 吨"莱尔马-罗若 64"小麦种子。我们经常断言印度农民对改善他们经济状况的方法漠不关心，可恰恰相反，印度农民对这些小麦种子的需求竟超过了供给。这些小麦在印度迅速地传播，"在当年的大丰收后，这种生长周期短、施肥效果显著的良种的供应应该不再是制约因素了"[8]。

盈利厂商当然也是贸易者。它们是国际范围内某些农业投入品的供应者。也就是说，它们提供现代设备、杀虫剂、农药、其他用于农业生产的化学药剂，还有最重要的——化肥。通常，如果市场太小，它们生产农业专用性投入品来出售就不会盈利。

（3）我们不应该忽视农产品贸易的作用。它的贸易量当然很大。如果农业科学家和技术人员带来的知识进步仅仅适用于发达国家的农业生产，即不适用于发展中国家，那么这种知识进步带来的报酬均等化就得依靠农产品贸易的调整来完成了。在这种情况下，如果其他条件不变，该知识进步会倾向于提高发达国家在贸易中的比较优势。有些经济学家认为这样的基本转变已经出现了，并且会持续发展下去。但毫无疑问，他们错了。他们没能分清楚这种变化是短期的还是永久的。我们所说的进步并不仅限于发达国家，相反，基础科学知识的进步都可以转移并应用于发展中国家。因此，除了短期的变化，从长远来看，与农业生产有关的新知识不会损害发展中国家在农产品贸易中的比较优势。

（4）除了以上贸易渠道外，知道怎样到国外工作的人也是贸易者。这种人才在国家间的流动也是要素报酬均等化的一个途径。发展中国家的私人企业可以从发达国家招纳农业科学家和技术人员。政府也可以引导他们中的一些人员迁移或到国外工作，而且可以培训当地的核心人才成为农业科学家和技术人员。如果有必要，这些人也可以出国进修。近几十年，墨西哥在这方面取得了显著的成功。

与这些途径相关的影子价格在哪里呢？谁为了什么而向谁支付报酬？要确定多少数量的美国人有资格成为农业科学家和技术人员，以及他们能够获得多少薪水，所需的基本数据却难以获得。1960 年美国统计局关于《海外的美国人》的专题报告给出了一些与之相关的线索（见表 IV.3.1）。从这份报告中，我推断出大约 400 名美国农业科学家和技术人员在海外工作，其中不到一半的人是联邦政府雇员。[9]这大约相当于在美国工作人员数量的 2%。（美国农业试验站和农业部在 1965 财政年度共雇用了 10 900 名科学家；与农业相关的研究行业也雇用了同等数量的人员。）[10]

表 IV.3.1　　　　　**1960 年在海外的美国人（按种类区分）**

	联邦政府雇员	其他公民	资料来源*
25 岁以上的人	33 000	115 800	表 2
完成学校教育的平均年限	16.1	13.6	表 2
从业种类			
专业人士、技术人员、类似工作	15 900	31 400	表 3
从事农业工作			
农民和农场管理者	2	476	表 3
农场工人和监工	1	205	表 3
林业和渔业	7	1 089	表 3
最高学位获得者的主要研究领域是农业和林业			
学士	303	319	表 8 和 18
硕士	117	73	表 8 和 18
博士	73	38	表 8 和 18
主要研究领域是生物科学			
学士	192	306	表 8 和 18
硕士	66	97	表 8 和 18
博士	123	200	表 8 和 18

＊*US Census of Population 1960*，*Americans Overseas*，PC（3）IC，Selected Area Reports.

2. 配置无效率

研究发现，人力资源是由一小部分拥有特定技能的人构成的。这些人受雇于商业企业或在研究机构（如试验站、实验室、研究所）从事一些研究型工作。在美国，这些为私人营利机构效力的人员数量与非营利机构大致相当。市场上，对这方面技能的需求强劲而活跃，并且我们不得不承认农业科学家和技术人员对双方工资上的差异是相当在意的。他们的工作所创造的新增价值一旦进入农产品贸易或者那些被当作农业投入品的产品的贸易之中，这些价值就是可贸易的。此外，这些人也在国家间流动。在这种条件下，我们难道不希望看到这类人力资源在国内外的配置出现一个很强的均衡趋势吗？如果对这种期望的检验是一个趋于维持配置均衡的动态过程，它肯定不是我们现在所观察到的结果，因为目前的人力资源离有效配置还有很长的一段路要走。

这种配置无效率的原因中，很大一部分都是显而易见的。自第二次世界大战以来，很多发展中国家为了加快本国的工业进程和支持城市消费者，一直谋求食品价格的低廉和进口替代政策。因此，相对于其他价格，很多这些国家的农产品价格一直是受到压制的。一直以来农业投入品的价格也是相对较高的。由于价格缺乏效率，这些国家的错误配置像杂草一样到处疯长。对发展中国家的农业利润和这些部门产生的经济增长来说，发达国家在援助、贸易和国际货币组织方面的表现都很糟糕。[11]

但是这一领域的效率也因为另外两个条件不具备如此明显的发展状态而受到损害。一个是与农业相关的知识进步速度。另一个是营利企业对这些知识能够进行的投资是有限的。

让我们假设均衡趋势是很强劲的，但与农业生产相关的知识的演进是长期的过程而不是一劳永逸的。考虑到这个概况，即使有强劲的均衡趋势也不能达到均衡。如果这一领域知识进步的速度继续上升，这种失衡程度随着时间的推移将越发加剧。几十年前我们进入了一个与经济相关的知识进步时代，演进还在不断加速。结果是，发达国家与发展中国家在这个世纪已经出现的不平衡加剧了。经统计发现，与过去几十年相比后者从技术进步中的获益更少，已经被远远地抛在了后面。

第二个条件被巧妙地隐藏在我们大部分的生产经济学中，也就是说，那些营利（农业与非农业）企业并不足以在这些活动中实现资源的最优配置。这是产品固有的天性。假设农业科学家和技术人员在一段时间内开发出了两种不同系列的产品。其中一个系列的产品是这个企业专用的，也就意味着只有这个企业可以申请专利，从该产品系列中获取利润。如果农业科学家和技术人员开发出的这种产品具备专用性，营利企业在雇用他们时就可以假定边际成本与边际收益相等。在美国，拥有这项技能的工人中有不到一半的人为营利企业工作。另一系列的产品是通用的，它们的生产不是为任何企业专用的。这种产品在公共领域（public domain）出现。如果企业要生产这样的产品，它就不能独占这种产品的全部或者部分生产。与此相对应，如果这类产品是通用的，正如在此所定义的一样，那么一家企业无法使得边际成本与社会边际收益相等。因此，如果一种产品是通用的，那么一般它会遵守这种情况：如果农业科学家和技术人员的雇用完全由营利企业决定，企业在他们身上将会投入过少的资源。换一种说法，如果只有谋利的私人行为，私人企业的支出将低于最优水平。因为有不少回报这些企业是无法得到的，它们会耗散到全社会，有些回报归于其他企业，有些归于消费者。即使私营企业可以得到强有力的专利保护，这种保护也不能确保在雇用农业科学家和技术人员时产生一种具有社会效率的资源配置。[12]

现实情况又是怎样的呢？最好通过以下命题来加以描述：

（1）对于专用性产品，正如上述分析，营利企业的行为与我们的理论相符，但与这些企业在传统资本和拥有传统技能的雇佣工人上的投资相比，它们对雇用农业科学家和技术人员所得利润的反应存在较长的时滞，因为即使在这种情况下产品的盈利能力也经常受到不确定性的干扰和挑战，并且需要相当长时间和相当的经验来获取对价格的有关信息。

（2）对于通用性产品，生产活动有必要由公共机构、基金会和大学组织。这里我们就进入了社会核算体系，但是相关的影子价格特别是产品价值和社会回报率难以得到。这类产品的组织与信息不充分相结合，导致经济效率无法实现。

（3）与之相对比，发展中国家在这两种产品系列的生产和分配方面的效率要比发达国家低得多。说到专用性产品，发展中国家的私营企业在这方面信息闭塞，经验匮乏，因此与发达国家相比它们的反应比较滞后。但是在与农业科学家和技术人员工作相关的通用性产品的生产与分配方面，它们的差异更为巨大。

（4）当说到通用性产品时，研究表明，发达国家的表现比发展中国家的表现要好很多。有明显证据表明它们在这类活动中的投资是远远不足的。

3. 可能的解决措施

正如一开始所提出的，问题是如何在国家之间有效配置农业科学家和技术人员的产品和服务。未解决的问题是：如何在发展中国家和发达国家之间以最佳方式做到这一点？国际贸易是一种方式，国家间人才的流动则是另一种方式。

为了使经济活动的计算更有效，这个问题的解决需要两个重要的改革：（1）把更多的生产转向营利企业，降低其对这些活动带来的利润的反应滞后性；（2）建立一套体系来引导非营利组织配置资源，使它们能更好地权衡边际成本和社会边际收益。

（1）第一项改革的关键在于区分专用性产品和通用性产品。我认为现代农业中隐藏着很多专用性产品，并且为了增加发现这些专用性产品的可能性，我们可以设计农业研究来寻求新的知识。因此我们应该付出实际的努力来说明和识别可能属于这种类型的产品。我确信我们最终会发现尚存有诸多机会来增强国内和国外营利企业的作用，并通过它们参与的国际贸易而使得国家间报酬均等。

（2）有证据表明试验站的工作人员通常都不区分专用性产品和通用性产品。相反，为了能继续执行项目，更多人倾向于模糊二者的界限，即使他们的工作已经达到了开发专用性产品的阶段。如果在某种意义上这是真的，那么向营利企业进行产品转移的合意行为就被延迟了。

（3）既然对于专用性产品，市场规模是决定其潜在盈利能力进而影响企业进入该市场的重要因素，那么在寻找作为专用性产品基础的通用性产品时，我们的设计应当使之适用于尽可能大的市场。这并不是空谈。一方面，提高通用性产品的地域专用性可以增加收益。例如，杂交玉米最开始只适合在一个地区生长，然后被限制到同一类型的农业产区，最后甚至被限制到由一两个县的部分地区组成的更具同质性的产区。但是，另一方面，我们还可以开发对地域和其他农业生产条件不要求太多专用性的产品。比如，对光不那么敏感和能使用更多种类化肥的农作物新品种。

（4）用来减少营利企业对农业领域盈利机会的反应时间的方法和手段十分重要且复杂，我在这里不能展开充分的研究。但有一点可以肯定，发展中国家喜欢设置贸易壁垒（包括对农业投入品），喜欢制定规章制度来降低在这些国家设厂的外国企业的盈利能力，不管这些产品是不是有利于本国农业经济的增长。但是造成反应滞后的因素比这些壁垒和政策更普遍、影响更大；并且这些因素在发达国家也起着作用，尽管作用没那么明显。它们属于获取经济信息的成本，在新的风险和不确定性充满经济活动时，人们可以利用这些经济信息来预测未来的盈利能力。寻找降低这些成本的方法应该纳入经济学家首要的研究日程，这有赖于农业科学家和技术人员的帮助。

（5）现在来看第二项改革，必要条件是：①农业领域的非营利组织应该专业化生产通用性产品；②设计一个核算体系来确定这些行为的成本和社会收益；③非营利组织要把这种研究当作一种投资活动，并依照预期相对社会回报率显示的先后次序进行决策；④建立一个高技术人才的国际市场，不设置贸易壁垒，不限制人才在国家间的流动，要向人才支付与其工作的社会边际收益相称的薪水和报酬。

（6）但是这些收益足够支付必要的薪水和相关的成本吗？一些有力的事实给出了肯定的回答。在转向这个问题之前，先看一下洛克菲勒基金会和福特基金会联合建立的国际水稻研究所可能会更有帮助。这个研究所的运作成本很高，因为它要向科学家支付高昂的报酬，再加上住房及其子女的教育费用等。但是科学家的工作能力、合适的组织，再加上或许一点好运已经足以证明，这无疑是一家高收益的研究机构。

我所提到的一些有力的事实是指格里利谢斯[13]和彼得森[14]对高收益的农业研究的分析，这项分析由美国政府组织并资助。在发展中国家也有这样的研究，即阿迪托-巴莱塔[15]关于墨西哥的农业研究。从这项研究中我们发现，1943—1963 年，墨西哥实现了 290% 的年均回报率。到 1963 年，墨西哥的薪酬和用工设计已经足够并且已经建立起以科学家和技术人员为核心的研究团队。其中 156 人拥有理科硕士学位，81 人拥有博士学位，还有 700 多名相关工作人员。另外，还有 10 名科学家可能并非墨西哥人，而是由洛克菲勒基金会资助的。如果按照当前回报率计算，并考虑到成本并非只包含薪酬，我们把现在的工资提高三倍，墨西哥仍然可以产生至少 100% 的年均回报率。

我确信，墨西哥高收益的实践可以在许多发展中国家复制。这些国家的有组织的农业研究需要充分发掘并利用这样的投资机会。制定足够高的工资来逆转所谓"人才流失"趋势，这样这些国家的相关企业仍然可以盈利。虽然美国公共机构和基金会的资金支持在为这些国家开启投资机会方面很重要，但这里我们要做的还是把相关影子价格变成真正的经济选择，并向这些政府证明这是实现经济增长的最好投资之一。

这样一来，影子工资就变成了真实工资，真实工资又可以吸引国际市场中外流的人才。实现有效配置也变得可能，我们想象中的兔子变成了真正的兔子。

注释和参考文献

［1］Harry G. Johnson，"The Economics of Brain Drain：The Canadian Case," *Minerva*，3（Spring 1965），299－311.

［2］Ibid.：see also Johnson，"International Economics：Progress and Transfer of Technical Knowledge," *American Economic Review*，56（May 1966），280－283.

［3］Herbert G. Grubel，"The Brain Drain：A US Dilemma," *Science*，154（Dec. 16，1966），1420－1424.

［4］Herbert G. Grubel and Anthony D. Scott："The Characteristics of Foreigners in the US Economic Profession," *American Economic Review*，57（Mar. 1967），131－145；"The Cost of US College Exchange Student Programs," *Journal of Human Resources*，1（Nov. 1966），81－98；"The Immigration of Scientists and Engineers to the United States，1949—1961," *Journal of Political Economy*，74（Aug. 1966），363－378；and "The International Flow of Human Capital," *American Economic Review*，56（May 1966），268－274.

［5］Edgar S. Furniss，*The Position of the Laborer in a System of Nationalism*（Houghton Mifflin，Boston，Mass.，1920），chapter 6，17.

［6］R. E. Caves，*Trade and Economic Structure*（Harvard University Press，Cambridge，Mass.，1960），p. 92.

［7］感谢安妮·O·克鲁格（Anne O. Krueger）教授的一篇未发表文章"Factor Endowments and Per Capita Income Differences Among Countries"（University of Minnesota，1967）。

［8］Ralph W. Cummings，*Wheat Production Prospects in India*（The Rockefeller Foundation，New York，Feb. 8，1967）.

［9］在表 1 中我归纳了 1960 年在海外工作的美国人。专业是农林业和生物科学并具有博士或硕士学位的联邦雇员共有 379 人，"其他公民"中符合条件的有 408 人。我估计这 787 人中大约一半是农业科学家和技术人员。

［10］See *A National Program of Research for Agriculture*（Association of State Universities and Land-Grant Colleges and the US Department of Agriculture，

Washington DC，Oct. 1966），table F-1.

［11］Harry G. Johnson，*Economic Policies Towards Less Developed Countries* (The Brookings Institution，Washington DC，1967).

［12］Theodore W. Schultz，*Transforming Traditional Agriculture*（Yale University Press，New Haven，Conn.，1964），chapter 10.

［13］Zvi Griliches，"Research Costs and Social Returns：Hybrid Corn and Related Innovations，"*Journal of Political Economy*，66（Oct. 1958），419-431；and "Research Expenditures，Education，and the Aggregate Agricultural Production Function，"*American Economic Review*，54（Dec. 1964），961-974.

［14］Willis Peterson，"Returns to Poultry Research in the United States，"unpublished PhD dissertation（University of Chicago，1966).

［15］N. Ardito-Barletta，"Costs and Social Returns of Agricultural Research in Mexico，"unpublished PhD dissertation（University of Chicago，1967).

第 *4*章　低收入国家的农业生产力经济学[*]

我们的经济思想为我们的经济学语言所制约。自 20 世纪 50 年代以来，我们就一直受制于"绿色革命"这个术语。这个术语指的并不是新事物，因为自农业发明起这样的事件就时常发生。早在历史学家开始记述工业革命之前，绿色革命就已经发生了。然而，相对于我们的宗旨而言，这两场所谓的革命都没有对经济现代化的主要部分，即农业和工业的相互作用，发现并提出重要的、正确的问题。

下面的问题应当纳入我们的研究日程：（1）政府和私人对人力资本的投资足够吗？（2）对知识生产部门的投资足够吗？（3）经济组织能提供最佳的经济激励措施吗？（4）私人企业的经济价值完全实现了吗？我认为大多数国家对这些问题的回答在不同程度上都是否定的。

对于与上述难题密切相关的问题，我的解决方法需要先提出几个基本的概念和假设：

（1）我将使用一个广义资本概念。它包含所有的物质资本和人力资本。这两种资本存量的增加都是投资的结果。研究证实，在现代化进程中，人力资本存量的增加与物质资本有关。功能性收入分配显示出一个国家的收入越高，收入中来自工资、薪水、自我雇用和企业家才能的部分就越大。在美国，大约五分之一的国民收入来自物质资本，即资产，接近五分之四的国民收入来自人力资本，也就是来自工资、薪水、自我雇用和企业家才能。

（2）现代化借助各种方式的投资获得了新形式的物质资本和人力资

　　[*] 这篇文章是提交给"台湾中央研究院"（Academia Sinica）经济研究所第一届中华讲座（Chung-Hua Lecture）的，发表于 *Conference on Agriculture Development in China*，*Japan and Korea*，December 17–20，1980，pp. 15-27。

本，不可避免会导致经济失衡。这些新形式的资本改变了生产过程和业已实现的均衡。政策、法律都不能避免这种失衡，当然花言巧语也不起作用。

（3）随着现代进程的发展，在有效处理失衡的问题上，企业家才能的经济价值非常重要。如果没有企业家，经济就会崩溃。此外，市场在组织企业家职能方面至关重要。

（4）在增加生产和福利方面，经济组织和用于增加知识存量的投资比传统的资本投入更重要。这个关于组织和知识的看法可以追溯到阿尔弗雷德·马歇尔，他曾在《经济学原理》一书的第四册第一章清楚地提到，"知识是生产最强大的发动机"，"组织协助知识增长"[1]。

我现在转到农业经济学。富人大多都是城市人，他们对农业了解得最少。然而，这阻止不了他们对农业问题发表意见。我们富有的城市专家在食品和农业方面进行了大量可怕的预测，却没有农民把它们当真。在《圣经》里有一句古训："富人难以上天堂"，套用在经济学上，即"富人难以理解穷人的经济行为"[2]。

最近大量出现的可怕预测是说，事实上适合耕种的土地数量有限；用来耕种土地的能源也将耗尽；来自农业研究的农业生产力增长逐渐降低。因此，很快我们就不可能生产出足够的食物来满足仍在不断增加的人口。这些预测大都未经过细致分析。在过去的一个世纪中还有很多关于食物供给的悲观预测，结果都被证明是错误的。当然，这一事实不能证明目前的预测也是错的。但是，我们还是应该谨慎看待与现代农业发展有关的迹象及其对于未来粮食供给的意义。[3]我认为在世界上大多数国家中，农业生产力一直以惊人的速度增长，并且生产力增长的源泉远远没有耗尽。[4]在未来的 10 年或 20 年内，如果农业投资被用于农民的教育和健康，被用于开展农业研究和对研究成果的宣传，那么我们就不会进入报酬递减时期。

我花费超过 50 年的时间去尽力了解世界各地农业发展的复杂性。1929 年，我在苏联建立了大量的参照物。后来我又回到这些地方来检查其农业发生的变化。我观察墨西哥农场和农民的第一次尝试是在1930 年。从那以后，我就经常回到墨西哥。

我有幸能在世界上大多数国家直接进行农业考察。我的想法和研究在很大程度上受到这些观察的影响。我见证过失败和成功的实践，我知道不同国家的农业绩效是不平衡的。政府从经济失误中吸取教训要比农民学会利用新的有价值的经济时机慢。

据说女人发明了农业，她们这样做是为了防止男人不再能通过打猎获取足够的食物。我们主要的食用作物几千年前就有了。现在不论好坏，我们所有人——政府、银行、计划制定者、工程师、经济学家和科学家，都认为我们掌握了农业发展的奥秘。我们告诉贫困农户做什么和怎么做，却经常忽略了农妇对农业的重要性。

我对农业发展的前景既不悲观也不乐观。我认为正如上文已经提到的，前景不会由地球的物质资源决定，即不取决于空间、适耕地数量或能源，一个决定性因素将是人的能力。在这一点上，农业发展的前景是无可限量的。在未来几十年中人类能取得的成就不可能被预料到。马尔萨斯不可能预料到父母的素质对孩子数量的影响；李嘉图也无法预料到现代农业研究的成果已经取代了土地在农业生产中的地位；《国富论》的卓越也没能让亚当·斯密或那个时代的其他任何人预知会有一些国家约五分之四的国民收入来自薪金，而只有五分之一左右来自资产。美国就是这样的例子，美国大部分财富来自人获得的能力，即人力资本。

农业研究的经济价值现在受到了广泛的认可，面向低收入国家需求的援助和农业研究正在取得真正的进展。虽然组织问题还大量存在，但如果有足够的时间，这些问题都会被解决。在过去 30 年中，许多低收入国家投入了大量的公共和私人资金用于提高健康、教育和技能水平，也因此提高了人口素质。

对经济组织感到悲观是有原因的。从最坏的角度看，现实中的经济组织是非常糟糕的，因为中央计划经济已经失去了魅力，市场失灵的教条也逐渐得不到支持。但是市场的经济地位仍然遭到削弱，限制市场作用的政府干预仍然在降低农业生产力，致力于扩大和加强市场作用的国家实在太少。大多数国际捐助机构都有反市场的倾向。而对于这些问题，大多数私人基金会除了支持农业研究时立场坚定，其他方面都摇摆不定。

经济集中控制最强大的国家，如苏联和大多数东欧国家，在为农业部门创造可行的市场空间方面可能进展缓慢。中国也许是个例外，但我们还必须拭目以待。

在非洲，许多国家政府的更迭不利于农业发展。在拉美，甚至那些人均收入较高、经济增长和人力资本投资取得过辉煌历史的国家，现在在政治方面亦不稳定，农业亦不能幸免于其不利影响。

世界上绝大多数人口都居住在亚洲，而且这些人大多以农业为生。农业前景取决于亚洲国家经济上的成功。除了中国（因为中国正在进行经济政策的重大变革），其他大多数亚洲国家的现实迹象表明它们正在为提高农业生产力而努力。

在这样的背景下，我现在将回顾一下最近影响农业潜在经济生产力的变化，然后讨论获得农业生产经济潜力的关键条件。

1. 发展概况

我列举的良好的发展包括：（1）工业以农业为代价而进行的补贴在减少；（2）健康状况的改善；（3）农业比较优势的增加；（4）更多更好的教育；（5）农业研究的进步。在农业区域布局方面，由于国家内部经济发展的不均衡导致了诸多农业难题。农业生产也受到了来自诸多方面的不利影响：（a）政府对市场的损害；（b）对物质资本和人力资本进行公共投资所产生的扭曲；（c）由于农业激励措施的扭曲，农民私人经济行为未达到最优水平。现在我来简单回顾一下这些发展。

（1）之前整个工业化进程很少或根本没有关注过农业发展，但近年来，以农业为代价的发展在很大程度上下降了。虽然廉价食品政策在许多低收入国家仍然盛行，但与 20 世纪 50 年代和 60 年代早期相比，忽视农业发展的国家越来越少了。很明显这是一个有利的进步。

（2）健康状况的改善提高了农业劳动的生产率。健康状况改善方面可以得到的最好的指标是寿命延长。许多低收入国家在过去 30 年里人均寿命延长了近 50%。这一卓越的成就甚至超过了欧洲在低收入阶段的人均寿命增长率。值得注意的是，自 20 世纪 50 年代起，低收入和高收入国家长期存在的人均寿命之间的显著差距大大减小了。这一成就的取得对农业生产有决定性意义。

（3）更多更好的教育、对更好的生产技术信息的获取以及经验教训都提高了农民的生产力。每一个对于人力资本的投资都提高了人口素质。务农的年轻农民比他们的祖先获得了更多的人力资本。他们的劳动更具生产力，许多低收入国家的农民已经是茁壮成长的企业家。

（4）自 20 世纪 30 年代晚期起，一些高收入国家的农业生产力极速增长。农作物产量和其他生产手段都远远超过低收入国家。随着生产力差距的拉大，农业方面的比较优势转移到某些高收入国家。现在这种差距逐渐减小，从而农业的比较优势也开始向一些低收入国家转移。

现在我以小麦生产为例粗略地衡量一下这种变化。相对于加拿大和美国近来小麦的增产，印度北部农民显然提高了其小麦生产力。类似的有利于低收入国家的变化也发生在其他农作物及家禽、家畜上，只是变化速度相对较慢。

（5）由于以满足低收入国家要求为导向的农业研究的增加，比较优势的变化可能更大了。国际农业改革的成功也是其中一个原因。但更重要的原因是对国家农业试验站和实验室的财政支持和组织。尽管需要做的事情还很多，但发展方向已经确立起来了。这意味着农业研究在世界范围内的贡献已经实现均匀分布。

（6）由于经济全局尤其是农业经济的发展，难题又出现了。这些发展通常会随着时间的推移逐渐而显著地改变一国内部最佳的区域布局。高收入国家也没能逃脱这些问题。然而在日本、西欧的一些国家、加拿大和美国，这些农业中的问题大部分都被解决了。在极大程度上，这些问题的解决不是通过政府政策，而是通过以农业为目的的人口流动或是通过农业家庭同时从事非农业生产来实现的。[5]

农业中这种区域重新布局问题的出现，是因为提高生产力的经济机会不平衡，而这种不平衡是土地、气候条件、市场和农民素质的多样性导致的。还有一个原因是相对于其他经济部门，农业部门减少了。普遍的经验事实表明，相对于非农人口农业人口减少了，而且完全是在经济增长的更高阶段下降的。

我第一次正式开始我的学术工作时，美国四分之一的人口是农民，但现在只有 3％了。从那时起到现在，超过 3 000 万人脱离农业成为城市人口，这很可能是在如此短时间内最大规模的迁移。

而且，随着一国内部农业区位比较优势的变迁，一些地区丧失了相对其他地区的优势。例如，比之玉米地带，从平原地区（Plains States）迁出的农民比例要高得多。相应地，印度德干半岛的农民可以得到的经济机会就没有旁遮普地区的多。

2. 农业发展的基本条件

我现在将讨论农业发展的基本条件。从印度的实践来看，建立现代化的钢铁厂比实现农业现代化更容易。许多低收入国家的纺织业要比农业发展得更好。中国香港在为世界市场生产电子元件方面要比孟加拉国在为本国人民生产稻米方面更成功。工程师更擅长于设计可以发电的水坝而不是大规模的高效灌溉设备。大多数国际捐助机构在关于社会改革的要求上表现强劲，但一涉及农业生产力却表现不佳。

许多国家的政府官员和决策人员认为理解一个高产的、繁荣的、富有活力的农业所需的基本条件极为困难。要是认为只靠几处地产、几件简易的工具和强壮的脊背就能达到目的，那就把问题想得太容易了。农业生物学并不简单。只靠读几本入门的书籍是无法掌握所要求的物理和化学条件的。政府官员很少能察觉到农民真正的经济实力。

在农业生产方面有三个基本经济要素：（a）农民分配农业领域的资源时能履行政府官员不能履行的职能；（b）农业研究是一种创造性活动，不能从上至下地被指挥或管理；（c）任何农业经济组织如果不能提供可行的市场空间，就不能使农业生产、农民的劳动回报及企业家才能达到最优。

农民不是机器人，对于能改变现状的经济机遇他们并非漠不关心。他们是能够很好地测算边际成本和边际收益的精明的经济主体。政府也不要把农业工作者与科学家看作其职员，对农业活动和农业研究的集中管控必然会失败。

就农业发展的必要条件而言，经济理论和实证研究通过大量事实得出了一致的结果。吸取各个国家成功和失败的教训促进了农业经济的增长。亚洲国家农业成果的差异很有启发性。日本的大米产量大大增加，韩国也在这方面取得了显著成果，菲律宾也在农业现代化方面展现出了美好前景，而中国台湾农业现代化的发展是最好的。在南亚，马来西亚西部在棕榈果方面的成就显著；而尼日利亚虽然率先发展棕榈果却失败了，与马来西亚形成强烈的对比。尼日利亚的经济政策对棕榈果的生产简直是一场灾难。

在农业研究方面，印度远远领先于中国。中国严重缺乏熟练的农业科学家，然而印度现在拥有大量优秀的科学家。但事实上，真正能满足农业发展必要条件的国家十分罕见，大多数政府都造成了对农民经济激励的扭曲。当提到模式化的经济政策时，我们发现不存在农业部门的经济体最有可能，比如中国香港和新加坡。关于这一点我们还要仔细考虑。

在农业发展中投资和组织经济活动非常关键。无论一个人在处理经济事务时多么能干，无论这个人是农民、工程师、管理者还是政府官员，组织的无效率都会引起投资失误。我这里所指的投资是能提高未来收入和满足程度的各种资本形成过程。我认为组织包括所有的公共和私

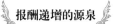

人经济机构。在农业中，它也包括农业和其他经济部门之间的组织联系。作为企业家，农民不仅受到土地、设备和其他生产要素的制约，也受到与有利可图的经济机会相关的信息限制，还受到常常被经济组织扭曲的激励的制约。很明显，由于无效组织造成的不当投资，农业的潜在生产力在许多国家没能实现。接下来我就从投资开始论述。

3. 投资

那些能够在各种可行的投资选择中产生最大回报的资本形成往往是投资的目标。既然存在各种各样的资本，我们首先应该确立一个广义资本概念。认为资本只有物质形式是一个严重的错误。物质资本仅仅只是投资内容的一部分，更重要的组成部分是人力资本。然而，在国民收入和资本账户中，使用了一种容易误导人的做法，即忽略了人力资本形式。这是因为传统观念把人力资本投资看作当期消费或福利支出。从长期对经济增长包括农业生产力的贡献来看，人力资本存量的增加提高了人口素质——健康水平的上升，提供了更多更好的教育、技能和工作培训，通常都是高回报的投资。

对农业研究的投资需要设备和优秀的农业科学家。研究成果反过来也有利于物质和人力资本存量的增长。比如，一种新型的高产水稻品种是一种物质资本，那么农民从农业研究中获得的更好的轮作信息就变成了一种人力资本。科技进步对知识体系的重要贡献也就变成了人力资本存量的一部分。

采用了广义资本概念之后，下一步就会面临资本的异质性，因为各种资本形式大不相同。我同意希克斯的看法[6]，他认为资本同质性的假设对于资本理论来说是一场灾难。

资本具有两面性。这种两面性所阐述的经济增长过程——这一过程通常是动态的——通常并不一致。这一结果是必然的，因为成本故事讲述的是沉没投资的寓言，另一个故事则同这些投资引起的期望服务流现值有关，它会随着经济增长而变化。[7]任何给定时点的现有资本存量都是由很多不同的具体形式的资本构成的。根据相应的投资成本，这些不同形式资本的当前回报事实上很少相等。即使按照预期回报，过去的所有投资都是最优的，但是实际取得的回报也会随着经济增长的变化而改变。

现实中的公共和私人投资当然会受到可用资源的制约。多样的投资选择也要求资本异质性的存在。由于经济增长的动态性和实际回报率的不同，特定形式资本的预期回报率也会不断变化。各种特定形式的资本回报率的差异是无法避免的，这是经济增长所产生的结果。目前所有的增长模型都无法证明这种回报率的差异只是特例。但是我们为什么要作茧自缚呢？即使我们观察不到这些差异，我们也得创造出它们，因为它们提供了引人注目的经济增长信号。

4. 组织

尽管资本理论有局限性，但是也为投资提供了有用的经济学原理。关于经济组织原理的争论颇多。争论一直在有关中央集权与市场的观点和理论方面持续。实际上，近几十年来，世界范围内的经验清楚地表明对农业集中控制是没有效率的。不依赖市场对农业直接实施经济控制的政府行为没有成功过，因为任何一个农场资源的有效配置都不是通过从上至下的管理完成的。

在农业现代化中，经济组织中的基本部分包括特定的政府行为和有活力的自由市场，缺了哪一个都不行。在这里，区分政府在哪些经济活动中有比较优势、在哪些活动中没有比较优势很必要。[8]

5. 政府的优势

不考虑标准如何，稳定的、管理有方的政府在以下活动中有比较优势：

（1）在收集和报告农业统计数据方面政府有优势。这些统计数据对生产者和消费者来讲是重要的信息来源。美国农业部在这方面成果显著。

（2）在提供交易商品的衡量标准及贸易中执行该标准时，政府有优势。在国内和国际市场中，这些标准对农产品和农业投入品的定价都极其重要。

（3）在确定购买者和销售者的产权方面，政府是绝对的权威。

（4）在减少动植物病虫害的发生和传播方面，政府有比较优势。食

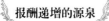
品卫生检查就与之密切相关。

（5）稳定物价水平从而避免周期性的通货膨胀和通货紧缩也是政府的一项重要职能。稳定物价总水平超出了消费者、农民、劳动者或商人的能力范围。

（6）农业研究也需要有政府参与在内的特殊组织机构。

有组织的农业研究是一个新生事物。在过去几十年中，我们对农业研究经济学了解甚多。这项研究对提高农业生产力作用甚大，而且它的投资回报率通常也很高。这些回报率告诉我们，有组织的农业研究值得尝试，也给了我们进行这项研究所需成本的一个参考。但是不管回报率多高，它都没有告诉我们谁应当承担费用，研究又该怎样组织。细想一下与农业有关的试验站、实验室和大学的研究。它们不出售产品也能使研究成果为公众所用。它们也没有提供可以补偿研究成本的资金。谁从中受益、谁承担成本还需要进一步的研究。在亚洲，不到 5% 的研究费用是由工业部门负担的，在美国则是 25%。可以理解，工业企业也会限制对它们所希望从中获利的农业研究项目的投资，这个经济学道理很简单明了。

可能有人认为正如工业企业一样，按照同样的经济学逻辑，应当由从中获利的农民支付研究费用。套用这种逻辑的第一个难题是，在竞争条件下，农业研究成果导致的农产品实际生产成本的下降被大量转移给了消费者。最先采用新的高产品种的农民能够获利。但当绝大多数农民都采用这个品种时，大部分收益就转移给了消费者。而且即使农民成了受益者，他们也没有能力独自进行农业研究。农民更不可能组织起来并资助国家的农业研究。

虽然农业研究的好处最后大多归于消费者，但让消费者来组织并资助国家的农业研究事业也不可能。对现代有组织的农业研究而言，唯一可取的方法是把农业研究的大部分成果定义为公共品。这样，它们就必须由公共资金来支付费用，而且不会排斥私人对农业研究的投资。

在用公共资金来支持更多基础研究方面，还有一个重要的组织难题没有解决（离解决还差很远）。此类研究大多数是由大学来进行的。但是此类研究基金的配置和随之而来的管制却严重损害了科学家正在进行的研究。与低收入国家相比，高收入国家的农业研究机构的历史更悠久，管理更有方。这个还未被解决的重要难题就是过度组织化和高层对农业研究的过度控制倾向。[9]

6. 市场的优势

尽管关于市场失灵的讨论甚多，但市场并没有被淘汰。虽然许多规章制度和政府干预扭曲了市场价格，但市场仍然存在，市场仍然发挥着经济所需要的重要的定价职能。虽然市场承受着各种限制，但市场仍然很强大，这更让我们知道市场在生产、贸易和消费方面有多么重要。很容易就能罗列出没有依靠具有活力的市场所产生的负面经济影响。

（1）正如上文所提到的，"取消"市场的政府没有一个能取得农业现代化的成功。毋庸置疑，一切中央集权的经济在配置农业资源方面都没有效率。苏联虽然拥有自己的农业机械、化肥，并对农业进行了大量投资，但还是没能建立起现代化、高效率的农业部门。当我在苏联考察时，曾与集体农场的管理者进行讨论，所以了解到他们其实是精明能干的人，不应该为苏联农业发展的低劣绩效负责。用莫斯科发出的命令取代市场价格是一个糟糕的主意。

（2）在南亚，由于恶劣的气候导致粮食歉收，从殖民地时期开始，政府就经常从农民手中强征粮食。而现在一些政府仍以低于市价的价格从农民手中获取粮食，再提供给平价食品商店，这主要是为了城市消费者的利益。[10]这样的行为打击了农民的生产积极性，降低了农民实现农业现代化的可能性。

（3）几年前，印度政府废除了小麦市场，转而由政府直接控制小麦的分配，结果却引起了社会混乱，政府只好放弃了这个貌似崇高的尝试。

（4）大多数欧共体政府都在国内对主要的农产品实行过高定价，其实这是一个昂贵且浪费的政策。在这些国家中，越来越多的人认识到这不是一个可行的政策。按照国际市场价格来进行自由贸易对于欧共体国家的消费者来说是一种福利。

（5）相比之下，许多低收入国家尽管对粮食的需求旺盛，但却压低它们的农产品价格。对于大多数这样的国家，自由贸易和按照国际市场价格确定国内价格对其农业现代化来说是一个福利。

（6）借助进口控制、产量和化肥分配，一些低收入国家实际上通过政府来控制化肥定价。政府这种无效的努力和浪费的例子随处可见。

最近，我编辑了一本书，名为《农业激励的扭曲》[11]，里面的一组

论文都是由优秀且经验丰富的国际农业权威人士撰写的。上述负面影响在低收入和高收入国家都造成了很大的经济损失。市场价格是经济体系的必需品，这一点要反复强调。只有买方和卖方一致同意、双方都对之影响甚小的价格，才是接近交易物品真正经济价值的价格。

7. 社会和文化价值

社会和文化价值同我一直提到的经济价值有可能一致吗？不管这样做的目的是为了增加社会服务，还是促进公平，政府和市场都发挥着重要的作用。经济学家喜欢说"没有免费的午餐"。值得关注的是这句话对于任何社会（国家）的文化、社会结构和政治组织都适用。免费的食物、免费的住房（不收租金）和免费的医疗保健可以隐藏这些服务的经济价值，但却不会消除它们的生产成本。任何付费物品的边际成本和边际效用必须一致，否则就会出现稀缺资源的浪费和滥用。

社会和文化价值的确重要。它们必须适当地被包括在经济分析中，因为在大多数研究中，它们都与人力资本有关。对教育投资的研究不会削弱教育中文化因素的作用，因为学生期望从教育投资中获取的未来文化满足程度也是其收益的一部分。这一点对于任何其他形式的人力资本投资也都适用，比如为增进和维持健康进行的投资。原则上，任何需要使用稀缺资源的文化或社会价值都不会是免费的。在这些条件下，很有必要解决社会价值的边际成本与边际效用一致（相等）问题。"外部性"在经济中并非是一个新的概念，这个概念可以追溯到庇古[12]和他关于工厂排放烟气造成的社会成本的分析。与向工厂征收污染费用相比，用管制方式来解决这类问题没有效率，因为前者可以产生一个明确的价格。还有一些其他的外部性问题，比如市场没有能力生产某些很有价值的公共品。至此，我已经介绍完了有组织的科学和农业研究，它们可以增加我们的知识存量，这些知识会进入公共领域并转化为有价值的公共品。

8. 结论

上文我主要论述了对人和知识的投资，以及对经济活动的组织。在对知识的投资中，我主要集中于农业研究。在提高农业生产力方面，现代化的有组织的农业研究是一项起决定作用的活动。虽然有组织的研究要求充足的资金（资源），但通常是高回报的投资，是一个国家实现经济增长的最好方法之一。

我一直比较重视与经济组织有关的问题。在很多国家，长期内主要的经济无效率都是反对市场发挥作用的大量偏见造成的。既然农业研究主要在公共部门进行，那么组织问题就专门针对这些部门的表现了。政府的不稳定会有碍于农业研究。即使有稳定的政府和支持农业研究的保证，也会存在三种研究型企业家，即高层政府官员、研究主管和农业科学家。他们各自拥有其制定研究决策所需要的信息。但这三者之间经常缺乏协调安排，因此就无法汇聚每一方拥有的信息来共同有条不紊地作出决定。

对于在首都工作的政府官员来说，农民是被遗忘的一方。然而正是农民生产了粮食。他们熟知自己的地块和保护地力的方法。他们知道不管自己和自己的家庭能否生存，风、雨和太阳都漠不关心。害虫、昆虫和疾病对他们的庄稼虎视眈眈。大自然是吝啬的。被遗忘的农民是实现农业现代化必不可少的经济主体。他们把边际成本和收益计算到一种极为精巧的程度。他们比我们更关心改善自己和子女的命运。农业的发展在很大程度上取决于农民增加其生产的激励和机会。

注释和参考文献

［1］ Alfred Marshall，*Principles of Economics*（Macmillan and Co.，London，1930）.

［2］ 这是我在诺贝尔颁奖典礼上的演说主题。"The Economics of Being Poor,"重印于 Theodore W. Schultz，*The Economics of Being Poor*（Blackwell，1993），Part I，No. 1。

［3］ 关于最近的农业研究对于农业生产力的贡献，参见 Theodore W. Schultz，"The Economics of Research and Agricultural Productivity"（IADS Occasional Paper，New York，1979）。

［4］ Theodore W. Schultz，"Investment in Population Quality Throughout Low-Income Countries,"受联合国人口活动基金资助，发表于 Philip M. Hauser（ed.），*World Population and Development：Challenges and Prospects*（Syracuse University Press，1979），339 - 360；也可参见 Theodore W. Schultz and Rati Ram，"Life Span，Health，Savings and Productivity,"*Economic Development and Culture Change*，27，No. 3（Apr. 1979），399 - 421。

［5］ 日本和美国的农业家庭收入中超过一半来自非农业，主要是非农业的工作。

［6］John Hicks, *Capital and Growth*（Oxford University Press, Oxford, 1965）, chapter 3, p. 35.

［7］Schultz, "The Economics of Being Poor."

［8］关于这个问题的扩展分析，参见 Theodore W. Schultz, "Markets, Agriculture and Inflation," L. J. Norton Lecture, University of Illinois, Urbana-Champaign, June 11, 1980。

［9］Theodore W. Schultz, "The Economics of Research and Agriculture Productivity," 也可参见本书第三部分第 2 章 "研究的政治学与经济学"，以及本书第三部分第 3 章 "经济研究的扭曲"。

［10］Theodore W. Schultz, "Distortions of Information about Food," Agricultural Economics Paper No. 80（7）（lecture at Macalester College, Saint Paul, Minnesota, Mar. 20, 1980, published by University of Chicago）.

［11］Theodore W. Schultz（ed.）, *Distortions of Agricultural Incentives*（Indiana, 1978）.

［12］A. C. Pigou, *The Economics of Welfare*（Macmillan and Co., New York, 1920）.

第5章　变化中的经济和家庭 *

尽管我们对家庭经济学的研究已经获得大量结果，但经济条件变化时家庭处理经济失衡问题的能力却还没有人研究过。在这一章我们考虑三个问题。首先，讨论家庭作为一种经济实体没有逐渐消失的原因。我认为虽然存在家庭各种经济功能衰退、离婚率上升以及其他不利因素，家庭的生存能力仍然十分强劲有力。其次，我们的经济手段应当拓展至研究以下诸因素对家庭经济行为的影响：人均寿命的增长，商品、耐用品和服务相对价格的大幅度变动，收入构成中持久性和暂时性部分的变动，以及家庭的企业家才能。最后，可以把这一点视为一个假设，家庭代际禀赋的分配对个人的禀赋和报酬分配影响较小，而对以下方面影响较大：长期中实际人均收入的增长；收入构成及其中的永久性和暂时性部分的变化；从工资、薪水及企业家才能中得到的人力资本收入，相对于从财产中得到的收入，二者之比率的提高。

家庭经济并不是那么和谐，家庭可能无法逃脱经济学家的悲观倾向。这并不是因为我们属于罗马俱乐部（Club of Rome），我们只是忠于经典智慧。按照推理，我们的结论并不乐观。我们发现家庭的稳定性受到人力资本增长、人类时间价值的长期上升和普遍的收入转移的损害。1960年以来，美国的离婚率增长了一倍，非婚生育率也增长了一倍。[1]经济发展得越好，妇女赚钱的能力就越大，离婚率就越高。然而，我们不能就此推断出家庭就要消失了。

不管怎样，子女的生养不会消失，生养子女的比较优势毋庸置疑，

* 首次发表于 *Journal of Labor Economics*，4，No. 3，part 2（1986）。ⓒ 1986 by the University of Chicago。感谢玛丽・琼・鲍曼、约翰・里奇、玛格丽特・里德、弗农・拉坦、T・保罗・舒尔茨的批评性评论。

因为迄今为止还没有可接受的生育子女的生物替代技术，在抚养子女方面也不存在包揽一切的社会替代方法。我们有理论和实证来解释为什么每个家庭的孩子越来越少。但是每个家庭平均该有几个孩子我们无从得知。

家庭是与企业、家人或市场等不一样的经济实体，家庭本质上是一个生物的、文化的、法律的、经济的机构。但是我们并没有把家庭的这些特点当作一种制度来研究。然而无论是教会和民政部门批准的婚姻，还是同居情侣，都没有陷入困境。当涉及数据和实证研究时，我们发现同居而未婚的情侣数量太多以致无法统计。[2]虽然根据婚姻制度并不能提出富有成效的经济学假设，然而婚姻市场的观念开启了一个重要的研究方向。

作为一种生物的、文化的、法律的经济实体，家庭在应对政治经济变化方面历史悠久。对家庭作用的短期观点非常悲观。贝克尔在他的《家庭论》开头（第 1 页）简洁地陈述道："从过去 30 年的事件看，西方国家的家庭已经彻底改变了，甚至有些人声称家庭几乎被毁灭了。"但在该书的最后一章"家庭的演变"中，他又提出基于许多历史事件的长期观点，家庭的生命力非常强大。

虽然很难区分好坏，但家庭近期所有的衰退趋势并非都是坏事。从长期来看，家庭的生存能力比达尔文主义更长久。

1. 家庭的企业家才能

把家庭看作被动的经济实体并不对，家庭的行为并非是常规性地重复。它不是一个机器人，而是一个精明的、能作出决策、采取行动的经济实体。我发现把家庭看作应对内外部条件变化的决策者是很有用的。在过去，一个平静而没有变化的社会并不是家庭生活的主体。我认为未来的家庭无可避免地需要应对变化。

实际上，几乎没有家庭能够在变化出现时，在其家庭生命周期的所有阶段获得和保持均衡。我们应该努力确定的是那些可以引导家庭成员去实现均衡的激励。因为家庭还是生物的、文化的、法律的实体，所以失衡并不限于经济领域。

我发觉让人难以理解的是，既然我们在对家庭经济行为进行专门研究，为什么在我们的家庭经济研究中家庭的企业家才能却被忽略了。米尔顿·弗里德曼的研究并不是我们在此所说的家庭经济学研究的主流，然而在他经典的《消费函数》一书中，他从理论和实证方面研究了家庭的企业家才能。[3]

我们的经济学方法并不太喜欢研究经济绩效和家庭行为之间的相互作用。这不是说我们假定了一个完全自给自足的家庭，而是我们倾向于把经济中的变化隔离出来，并当作给定的数据来处理。关于家庭经济学，我们想知道的和我们现在已经知道的绝大部分，都是经济绩效对于家庭机遇、家庭结构和家庭作用的影响。因为在长期中，家庭的选择、作用和经济重要性与经济绩效和成就有着紧密的联系。家庭也不能避免短期的周期性变化，如经济周期、就业波动、有利或有害的（印度）季风、经济增长率的巨大变动等等。有关长时间累积性经济变迁以及人均收入显著增长的研究，将充分增加我们对美国家庭的理解。

当我们从长期的角度来看家庭的变化时，就会发现长期中的经济机会增加了，专业化的市场能够以更低的成本提供许多家庭以前自给自足的服务活动。专业化也改变了家庭的结构，因为妻子和丈夫以外的家庭主要成员，会离开原有的家庭并建立各自的家庭。家庭收入的累计增长也使得父母能够从经济上支持子女的婚姻及其家庭，直到他们有足够的收入自力更生。令人满意的个人收入也使得退休的夫妇或单身老人能够脱离子女维持自己的生活。这样，经济增长创造的机会增加就导致了家庭成员的减少，家庭结构也就发生了改变。经济增长会引起经济条件变化，因此家庭的企业家功能仍然重要。

2. 家庭的衰落

以夫妻为核心的家庭成员数量在减少。家庭经济自给自足的能力在衰退。成年子女对父母晚年的赡养费用在减少，有时意外也会导致这种赡养费用的支付提前。由于对这些问题的研究还不充分，所以以上这些家庭的变化可能只是假设。但是正如农业部门的经济重要性在世界范围内显著下降，我把家庭衰落的假设看作一个可以接受的命题。同样地，这一命题与李嘉图"土地原始产权"带来的地租在国民收入中所占份额的下降有着密切联系。

家庭的这些衰落什么时候会结束呢？对于家庭经济行为的研究也许已经到了要给这些问题一个临时答案的时候了。兼职或全职已婚妇女在劳动力中的比例还没有上升到顶峰。没有明显的理由会让我们相信，妇女的时间价值不会随着现代经济增长而继续增加。随着要求蛮力的劳动需求的下降，以及对体力要求更少的技能性劳动的增加，更为合理的是，女性与男性相比，其劳动时间的生产率价值提高了。在这样的情况下，男女之间的收入差距也将减少。但迄今为止，由于要生养教育子女、做家务劳动或在劳动力市场就业，妇女在这三方面的时间配置还没有实现一般经济均衡。

在家庭作为一种经济实体发生衰落的过程中，导致上述各种现象的福利影响还有待分析。而另一方面，从长期看，个人家庭收入的累计增长有可能还会继续。至于随着时间的推移，可以观察到家庭的自给自足能力在下降，我对此毫不怀疑。通过谨慎的推理你就会发现，家庭会越来越依赖市场绩效，它们从中得到的效用在提高。亲戚数量的减少，以及老年时对子女依赖的变弱，也会产生某种效用。

3. 经济和家庭的相互作用

把经济学应用于理解家庭行为已经得到了引人注目的新知识。但是我们的理论还没有被应用来理解那些并非源于家庭内部，而是源于经济其他部分的经济变化的性质和意义，还没有涉及两者之间的分歧。现在考虑以下还未解决的问题。

3.1 人均寿命的激增

自 20 世纪 40 年代后期以来，在大多数低收入国家，寿命延长的成本降低了。这就使得可观察的预期寿命显著延长，因而可被视为一个非凡的成就。西欧和北美为了实现这个目标比很多低收入国家花费了更长的时间。比如在印度，根据 1951—1971 年的人口普查数据，男性的预期寿命增加了 43％，女性增加了 41％。[4]到 1981 年，正如世界银行所预计的，印度人口的预期寿命增加了 52％[5]，比 1951 年增长了 63％。在过去的 30 年中印度见证了人均寿命的激增，提高了人们的福利水平——诚然，福利水平的提高可能并不平衡。人均寿命延长的主要原因是知识进步。家庭也受益于各方面的努力，比如现代药物在治疗疟疾、肺结核和其他流行性疾病方面的有效性，医疗中心提供的服务，更多更好的食物带来的营养增进等等。我想知道下述现象及其背后的经济学原理：（1）对于预期寿命延长，可以观察到的成本下降；（2）家庭对这种低成本的反应速度；（3）随之出现的家庭结构、家庭成员的年龄构成和家庭职能的变化。我的假设是，人均寿命激增的主要原因是延长预期寿命的成本下降了。

当我同一位忽视相对价格*变化的经济学家在一起的时候，我总是很警惕。如果这位经济学家对中央计划经济极度支持，更明智的做法是同他讨论诗歌。实际上，相对价格的变化是现代化进程中经济效率赖以产生所必需激励的主要源泉。

在将我们所讨论的方法应用于家庭行为的很多场合中，出于实证研究的方便，我们主要关注劳动所得（earned income）（包括工资和薪水）的变化。但是商品、资产（房屋、汽车、家庭耐用品）和服务等的相对价格变化的来源和影响很少得到研究。

相对价格变化所创造的激励，能引起资本存量的结构和规模以及家庭收入来源的变动。这些变化和家庭变化的相互作用应当提上我们的研究日程，正如下面的案例所示。

3.2　小麦—大米价格比

小麦和大米是世界上的重要粮食。小麦已经很便宜了，比大米要便宜得多。大多数以大米为主食的家庭将至少一半的收入花在了食物上；而许多以小麦为主食的家庭只花费一小部分收入在食物上。在美国，食品支出只占个人收入的 12％。

1867—1877 年，在伦敦世界市场，小麦价格超出大米价格 30％，但是到 1911—1914 年，两者价格几乎相等。而多年以后，现在世界小麦价格只有大米价格的一半。[6]可这两种食物每吨所含的营养价值几乎相同。那么就产生了两个疑问：相对大米来说，为什么小麦的成本下降了？为什么小麦对大米的替代性很弱？

思考一下劳动需求的变化，小麦的生产活动以男性为主，而在亚洲的部分穷国，种植和收获大米以女性为主。男性和女性的劳动需求情况如何？它们对于家庭收入有着什么样的影响？

3.3　玉米和牛奶生产中的劳动力

在美国，从 1929 年到 1979 年，生产 100 蒲式耳玉米所需要的劳动

---

　*　成本。——译者注

时间从 115 小时减少到 3 小时，生产 100 磅牛奶的时间从 3.3 小时下降
到 0.3 小时。玉米的价格降低了 30%，而牛奶的价格上涨了 13%。农
民的实际工资增长了 3 倍多。（实际工资从 0.49 美元/小时增加到 1.59
美元/小时，名义工资从 0.25 美元/小时增加到 3.41 美元/小时。）玉米
生产对妇女劳动的需求很小，而与专门从事大田作物的生产相比，后者
对妇女劳动的需求足以减少她们的非农就业。萨姆纳[7]研究了非农就业
的劳动供给和农业家庭成员的劳动收入。从他对伊利诺伊州的样本数据
看，与其他农业生产类型相比，"奶牛场主的妻子更不可能从事非农工
作"。

3.4　相对价格的变化

很难找到检验相对价格变动对家庭行为影响的数据。舒尔茨[8]基于
瑞典 1860—1914 年的数据表明，黑麦相对于黄油价格的下降，引起妇
女相对于男性工资的上升，以及生育转型。结论是："瑞典这 50 年的县
级数据表明，妇女时间价值相对于男性的上升，对瑞典生育转型、维持
男性实际工资的稳定、婴儿死亡率和城市化都起着重要作用。"

4. 家庭的企业家才能和暂时性收入

如果可以，请解释一下，为什么家庭经济学的理论和经验研究会完
全忽视家庭收入的持久性和暂时性部分。我记得，多萝西·布雷迪[9]基
于美国 1935—1936 年小城市、乡村和农场的数据所作出的家庭收入研
究并未得到重视。玛格丽特·G·里德[10]关于家庭暂时性收入部分巨大
差异的分析也被忽视了。甚至更糟糕的是，米尔顿·弗里德曼[11]在此
理论上的发展和应用也被忽视了。

多萝西·布雷迪研究暂时性收入的线索是 1935—1936 年城市、乡
村和农民家庭的资产和负债的变化。通过考察家庭资本形成的各种形
式，并对不同时期不同地点的其他家庭行为加以分析，玛格丽特·里德
拓展了布雷迪的研究。米尔顿·弗里德曼在布雷迪和里德的基础上，进
一步建立了企业家才能和暂时性收入之间的密切联系，即：工薪阶层家
庭的持久性消费和持久性收入的比率明显高于企业家家庭，"企业家和
非企业家家庭的持久性消费和持久性收入之间的比率差异比我们之前考
察的更大、更稳定"[12]。

在思考造成这种忽视的原因时，我排除了对持久性或暂时性收入概念学术上的敌意，也排除了家庭收入研究不知道使用这种概念的理由。原因在于，布雷迪、里德和弗里德曼是在一个更广泛的经济条件变动情形下进行分析的。在他们的分析中，他们没有排除重建均衡时所需的企业家才能。在这个重要的问题上，就分析家庭经济行为的非标准方法来说，其使用余地肯定会受到更多的限制。

5. 关于经济回报的分配

最后我要突出一下本章的主题。这样做并不是因为我头脑不清。我会解释对这一点我为什么羞于启齿。

我认为，在以收入或财富表现的经济回报的分配中，可观察的变动在一定程度上是家庭一代人行为的结果，而禀赋的分配则是两代人甚至多代人行为的结果。有关这方面的理论及其应用，我们的知识还是很充足且有用的。

另一部分经济回报的分配是长期中经济条件变化的结果。无疑，这部分才是我们目前要考虑的问题的中心。食品价格的下降给穷人带来的好处远远多于富人。在李嘉图时代，劳动者家庭至少要支付工资的一半来购买食品。而随着现代化进程的推进，北美和西欧国家家庭在食品方面的花费不到总收入的 1/5。农业生产率和农业经济效率的提高缓和了个人收入分配的不公平。国民收入中属于地主的份额减少了，因为李嘉图形式的地租相对于其他来源的收入变少了。因此，收入分配中的不公平也减少了。库兹涅茨[13]从长期的角度研究发现，国民收入中来自资产的比例从大约 45％ 降到 25％，而来自劳动的收入则从 55％ 上升到 75％。[14]

我的假说是，1900 年以来，美国每小时劳动实际工资的 5 倍增长改变了家庭内部和代际的个人收入分配。因此，最重要的是人们的时间价值还在不断增长。

6. 结论

家庭改革的问题留给别人去研究吧。生养子女是家庭自己的事情。

家庭不会消失。从家庭的经济行为可以看出，它是一个反应灵活且充满活力的实体。家庭最近出现的变化并非都是坏事。恰恰相反，其中大多数与最优经济行为一致。

虽然从对家庭行为的经济分析中我们得到了很多启示，但我认为我们应该拓展研究内容，把其他经济变化和家庭中的因素（例如，"寿命革命"，以及商品、耐用品和服务的相对价格的巨大改变等）联系起来。很难解释基于持久性和暂时性收入概念的高水平家庭收入的研究为什么会被忽视。此外，在我们的研究工作中，经济条件变化时家庭的企业家行为也被忽视了。

与家庭对其经济禀赋的分配相比，以下因素要重要得多：实际人均收入普遍上升对分配产生的影响，收入结构及其持久性和暂时性部分的变化，收入中来源于人力资本部分（即工资、薪水及企业家才能的回报）相对于收入中来源于资产部分的比重上升。

注释和参考文献

［1］See Gary S. Becker, *A Treatise on the Family*（Harvard University Press, Cambridge, Mass., 1981），figs 11.1，11.5，pp. 237 - 256.

［2］Ibid, fig. 11.6, p. 248. 这样的情侣现在大约有 200 万对。

［3］Milton Friedman, *A Theory of the Consumption Function*（Princeton University Press, Princeton, NJ, 1957）.

［4］Rati Ram and Theodore W. Schultz, "Life Span, Health, Savings and Productivity," *Economic Development and Cultural Change* 27（Apr. 1979），399 -421.

［5］*World Development Report 1983*（World Bank, Washington DC, July 1983）.

［6］参见 Theodore W. Schultz, "On Economics and Politics of Agriculture," 载于 Theodore W. Schultz（ed.），*Distortions of Agricultural Incentives*（Indiana University Press, Bloomington, Indiana, 1978），根据美国农业统计局的数据更新。也可参见 A. J. H. Latham and Larry Neal, "The International Market in Rice and Wheat, 1968—1974," *Economic History Review*, 2nd ser., 36（May 1983），260 - 280, app. 2, cols. B, G。文章说明了在印度和伦敦出现的大米和小麦价格的联系。

［7］Daniel Sumner, "Off-Farm Labor Supply and Earnings of Farm Family Members," unpublished PhD dissertation（University of Chicago, 1977）.

［8］T. Paul Schultz, "Changing World Prices, the Wages of Women and Men, and the Fertility Transition: Sweden 1860—1910," *Journal of Political Economy* 93：6（Dec 1985），1126 - 1154.

［9］Dorothy S. Brady et al., *Changes in Assets and Liabilities of Families, Five Regions*（US Department of Agriculture, Miscellaneous Publication No. 464,

Consumer Purchases Study: Urban, Village and Farm, US Government Printing Office, Washington DC, 1941). See also their *Family Income and Expenditures*, *Five Regions*, *Farm Series* (USDA, Miscellaneous Publication No. 465, US Government Printing Office, Washington DC, 1941).

[10] Margaret G. Reid, "Effect of Income Concept upon Expenditures Curves of Farm Families," in *Studies in Income and Wealth*, 15 (National Bureau of Economic Research, New York, 1952).

[11] Friedman, *A Theory of Consumption Function*.

[12] Ibid., p. 227.

[13] Simon Kuznets, *Modern Economic Growth* (Yale University Press, New Haven, Conn., 1966).

[14] 也可参见我对库兹涅茨分析的详细阐述,Theodore W. Schultz, "The Economics of the Value of Human Time," 载于 Theodore W. Schultz (ed.), *Investing in People* (University of California Press, Berkeley and Los Angeles, 1980)。

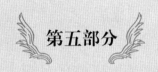

第五部分

政府、经济学和政治学

第1章　政府在促进收入增长中的作用 *

我们每个人对繁荣和进步都甚为看重。要实现它们，公民的能力极其重要。但是迄今为止我们并不知道实现最优收入增长所必需的组织要求和技能。

我的评论基本上限于贫穷国家[1]，并且我的讨论针对大部分贫穷国家，它们只依靠对现有资源的利用且这种利用还存在许多浪费，从而没有获得太多经济增长。在这些国家，要实现对它们至关重要的经济增长，有必要花费努力和资本去做三件事：增加可再生产品的数量；提高生产性个体的素质；改进生产技术。第一件事使得有形资源的存量增加，后两件事使得无形资源的存量增加。一些经济增长也可以通过扩大市场规模来实现。与此相反，上述资源产生的部分收益，会为不可再生要素的报酬递减所抵消，尽管这种抵消程度因国而异。

那么，政府在促进收入增长中的作用是什么？它不仅取决于人们如何看待经济增长过程，也取决于人们如何理解获得和配置努力与资本以增加资源存量并扩大市场规模的最佳方法。目前，人们对资源贫乏国家的浪费过于关注，认为这些国家还存在经济增长可以持续获得的诸多闲置资源。而且，相对于给定努力和资本支出下的最优经济增长率所要求的无形资源存量来说，人们过于强调有形资源的积累。这就意味着私人努力和公共努力的方向需要重新定位，这一问题留待本章后面部分再研究。

需要认识到，对政府在促进经济增长中的作用，目前的各种看法有

---

* 本章首次发表于 Leonard D. White（ed.），*The State of the Social Sciences*（University of Chicago Press，Chicago，Ill.，1956），pp. 372 – 383。该书 1956 年版权为芝加哥大学出版社所有。

着很大差异。问题远远没有解决。考虑到整个世界形势，与这些问题相关的事实和标准或价值观存在广泛的差异，没有人会对此感到奇怪。经济发展已经成为许多国家的一个重要目标，我们的良好社会思想在这些国家受到怀疑。接受了西方价值观的一方处于守势，它的社会政治组织形式也是如此。一种新的活跃的民族主义已经在这些国家的土壤之中扎根，它们刚刚从殖民主义中释放出来。它们正在努力实现内部统一和自主管理，害怕外国资本、经济援助和其他帮助的进入。要解释这种新民族主义的经济政策，一些重商主义的基本思想比我们当中流行的经济发展观点更合适。民族之间为争夺政治权力正发生的激烈斗争也对此产生了深刻影响。从宣传方式来看，它们各自的经济系统很明显又彼此倾轧。但没有这么明显的是，俄罗斯和中国的经济发展经验，以及最近尤其是西欧国家生产和收入的迅猛增长，同政府在促进经济增长方面的作用之间是否有关联。然而，我们需要认识到，舆论已经为意识形态所左右，结果，讨论、交流和不产生误解日益困难。而且，随着争夺权力的国际斗争白热化，政治学和经济学再度被混合在一起。很难相信这些问题没有或将来不会严重影响到我们有关政府作用的观点。

我们也要注意到，当政府积极行动时，它们选择建议时并不是完全中立的。大多数这些政府管理着贫穷国家。它们最多想采取一些可以增加自己国家生产、收入和财富的措施。这么做的必要性是紧迫的；操作视野几乎总是短视的。这些政府转而向少数富裕国家或虽然很穷但取得了显著进步的国家寻求建议。它们想要的和通常所接受的意见多半都体现了政府的作用，没有人会对此感到惊奇。这里提到的注意事项并不是指责这种倾向或所提出的建议，而是说明存在这样的特点。

有必要讨论一下经济增长的意义。它在这里意味着一个上升中的收入流，此时产出增长率会超过人口增长率。相应地，我将使用的经济增长就是指人均收入的提高。这样来定义经济增长有几个理由。一个高于人口增长率的收入增长率是目前大多数开始实施经济发展计划国家的目标。我想利用的数据也用于说明这一概念。我不想陷入目前许多国家都存在的老生常谈问题，即人口增长吸纳了所有的新增产出，结果人均收入没有提高。要承认确定收入时有许多概念上和度量上的困难，但我不会在这里涉及它们。我也不会考虑个人收入分配，除非它受到提高生产性个体素质的那些度量方式影响。[2]

现在我将详尽论述一下这一命题：对于大部分国家，只是简单地让所谓的闲置资源变得更有生产率并不能实现经济增长。与事实相反的看法其实普遍地存在着。最近几年出现的大量文献认为,一个国家,无论其可支配资源多么贫乏,都能够通过对现有资源重新组合来创造奇迹。这种观点的主要根据在于,人们发现农业部门许多工人的边际生产力不仅远远低于其他部门,而且确实为零[3];当然,几乎所有穷国的农业部门都非常重要。有人怀疑大量资源闲置是 20 世纪 30 年代大规模失业的后果。

据我所知,穷国没有任何证据表明,在其他条件不变的情况下,从农业转移出一小部分现有劳动力,例如 5% 的比例,不会降低其产出。当然,我排除了下述情况:向农耕中投入新增非劳动资源,导致资本对劳动的替代,或者引入更好的技术。考虑到农业生产要素中存在的广泛替代现象,几乎不可能构建这样一个理论模型,能够允许任何一部分劳动供给的边际生产力为零。

秘鲁最近正修建一条沿安第斯山脉东坡到廷戈玛丽亚(Tingo Maria)的公路,所使用的农业劳动力大多来自附近可以徒步到达的农场;由于这些劳动力的退出,该地区的农业生产迅速下降了。在巴西的贝洛哈里桑塔(Belo Horizonte),城市建设洪流吸引了附近乡村的工人,导致了农业生产的削减。

穷国农业劳动的边际生产力之所以非常低,其原因在于其由传统资源构成的糟糕资源集合,但它的边际生产力并不等于零。而且,这些国家劳动的边际生产力通常都很低。下面这种情形在很多国家经常存在,即很长时间、经常是数十年,农业近似处于一种静止状态,人们发现劳动的平均价值和边际价值几乎一致,这种一致程度甚至超过美国那种迅速发展的经济。在一个"技术约束假设"基础上,埃考斯[4]对这种资源闲置观点作了更细致的阐述,他的落脚点不是基于该观点的理论逻辑,而是基于其相关性。

我所看到的史实如下:一个实际上长期处于静止状态的穷国,无论是在农业与其他经济部门之间还是农业内部,都不可能在要素配置上表现出任何明显的错误,而一个处于迅速增长的国家,更可能因为经济发展而使得某些领域被忽视或受到抑制。例如,西欧、英国、加拿大和美国,比那些经济增长很少或没有增长的穷国[5],有着更多这种资源配置错误现象。

然而,有少数国家存在例外情况,这使得我开始对本章在此的论断加以限制。通过利用现有闲置资源,这些例外国家能够实现相当可观的产出增长。它们包括阿根廷和智利,或许还有巴拉圭。阿根廷这个并不太穷的国家，其表现就足够明显。对该国农业部门早期增长而近期下降的一项研究[6]表明，当前的农业产值比人们所预期的低了整整三分之一，这种预期的依据来自该国农业资源特点和 20 世纪 40 年代早期就开始取得的进步，以及具有可比资源的其他国家的农业增长。然而阿根廷为它的愚蠢经济行为付出了高昂代价。比起只是简单地提高其优良的可支配资源集合效率，它本来可以获得更高的产出。

智利虽然不算穷，但考虑到其已有资源集合，它长期未达到最优状态，主要原因在于它要对付通货膨胀。根据观察和可获得的数据，我大胆猜测，为了对付长期的巨额政府收支不平衡，智利放弃了五分之一到四分之一的正常产出。通货膨胀本身不会导致严重的资源错配。除了灵活的产品价格和要素价格，灵活的汇率，以及面对货币贬值而不断调整的利率，还可以使用的其他方式就是对货币和准货币征收特别税。然而，其中的矛盾在于，当通货膨胀发生时，政府通常被迫采取行动，削弱价格的灵活性，并对外汇和外贸加以限制。而且，许多在穷国特别缺乏的管理甚至企业家才能，都被用来实施这些控制手段了。随着被控制的价格和汇率与其基本经济"真实"值之间的差异日益加大，腐败的激励就会增加，并且，尽管这些腐败可以对一些极度扭曲措施进行局部纠正，但公共和私人作为整体需要为此付出高昂代价。[7]

现在可以讨论本章先前所提出的命题了。除了在阿根廷和智利等少数国家，致力于利用现有闲置资源不会导致太多经济增长，因为它们相对来说并不是很重要。流行观点认为穷国很大一部分农业劳动的边际生产力为零，这只是一个错觉。相反，认为这些穷国的任何农业劳动都远远低于其平均生产力，也很令人怀疑。一般而言，这一点似乎是正确的，即要素比例失衡的确存在，但这并不足以为政府的经济增长方案提供有力的支持。因此，把政府放在这个位置并承担这样的功能是错误的。

现在让我说明本章某些部分谈到的看法，即最为重要的经济增长取决于特定无形资源存量的增长，这些资源通过生产技术水平、人类个体素质以及传统可再生产品存量的增加来体现。它们都需要投入努力和资本；都需要在同一时间增加；只是集中关注有形资源集合是错误的，产业化被看作实现最优经济增长率之路通常就是这种错误认识的表现。

在接下来的部分，我只给出一种大概的分析方法。大多数对经济增长的理论构建基于下述信念（假设）：使用从狭义上构想的资本作为基本变量，这种狭义资本被局限于可再生产品的存量。在我的知识范围内，还没找到证据来支持这里所定义的可再生资本品增量对经济增长具有首要作用的看法。

正如法布里坎特利用国民经济研究局（NBER）的丰富研究所作的解释所指出的，美国经济史肯定不会支持上述有关可再生资本品在经济增长中的首要贡献与地位的看法。[8] 过去 80 年（从 1869—1873 年到 1949—1953 年），美国人均产出以 1.9％的年均（复合）增长率不断上升。在研究这一非凡经济增长（即人均产出的提高）的来源时，法布里坎特只把它的十分之一归功于有形资本存量的增加，这种有形资本包括厂房、机器设备、存货和外汇净资产等建筑设施（不包括消费者的家用工具、军用资产以及土地和地下资产）。[9]

法布里坎特这样写道，"对于给定劳动和有形资本，我们已经学会为消费和投资生产出越来越多的产品：每单位投入的产出提高了近四倍，或者其年增长率大约为 1.7％……这种国民效率的提高是一个显著的持续过程。"他也指出，80 年中几个主要时期和经济的各个角落都出现了国民效率的这一上升趋势。因此，根据法布里坎特，自美国内战以来，美国显著的经济增长（人均收入的提高）大约有十分之九来自劳动和有形资本存量增加以外的因素。人们可能不一定认同这些精确的结果，我相信，法布里坎特也会认为，随着基本研究的进行，这些结果会得到大幅度的修正。但是这些估计的方向和数量范围，甚至可以解决许多概念上和测度上的困难，它们是如此重要以至在构建经济增长理论时不能忽略。

当然，有人更喜欢具有可比性的估计，这些数据来自一个或多个穷国的经济增长过程，例如，墨西哥和巴西，以及日本的长期发展过程。然而，遗憾的是，目前没有这样的估计数据；没有多年充满困难并经常枯燥乏味的研究，就无法得到这种数据。因此，我们在构建理论时必须利用现有数据。[10]

那么，用什么可以代表经济增长呢？内战后的美国经验——它们同人们在穷国观察到的经济发展过程并非不一致——不支持下述观点：经济增长（人均产出的上升）全部或更主要是取决于可再生产品存量的增加。法布里坎特称这一人均产出上升的关键因素为"国民效率的提高"，即可观察到的产出与劳动和可再生产品投入比率的增加。这意味着经济增长部分地由可再生产品存量的增量决定，部分地，或可能更大程度地，由导致国民效率提高的因素决定。

因此，这里的经济增长使用三个基本变量的某种函数代表，每一个变量（可能在很大程度上）都由分配到它们身上用于促进其发展（即增加其数量）的努力和资本决定；这些变量是本章一开始就提到的：（1）可再生产品的数量；（2）生产性个体的素质；（3）生产技术水平。此外，市场规模的扩大可以提高国民效率，也成为这一过程的一种特殊要素。这些变量都要放到一个允许非再生性要素报酬递减从而阻碍经济增长的理论框架中来加以分析。

在进一步发展这种分析方法时，我认为把人类个体的素质和生产技术水平作为经济变量是有意义的，也就是说，这些变量至少有相当一部分是由资源配置决定的，即在很大程度上由促进其发展的努力和其他投入决定。有人可能认为这一方法只是对以既有资本存量增加为基础的经济增长理论的一种扩展。我并不反对这种理解；然而，即使把该方法看作一种理论上的扩展，它也对经济增长依赖的资本和相应努力作了完全不同的界定。

我最后的讨论将指出这种方法对于政府作用的意义。我之所以讨论这些，是出于前面已经提到的某些忧虑。

首先让我重新陈述一下本章前面部分已经得出的两个重要推论：

（1）姑且不论这种政府作用是否适当，贫穷国家的政府依据所谓的闲置资源来采取经济发展计划是错误的。

（2）贫穷国家的政府把工业化作为一切经济发展计划的核心也是错误的。这种做法会导致以前从来没有出现过的"要素比例失调"。

我认为其余部分的观察是尝试性和探索性的：

（1）对于大多数穷国，通过追加努力和资本来提高其生产性个体素质而导致的产出增长，看起来比用等量投入来增加可再生产品存量带来的增长要超出很多，尽管后者在经济发展计划中通常得到优先考虑。这表明相对多的资源应当配置到例如健康服务、营养知识进步以及教育等方面。在那些可以提高生产性个体素质的资源配置方法中，健康服务似乎比教育的效果相对要好一些。

政府在这些极其重要领域的作用是什么？肯定不能认为它不重要。我认为波多黎各可以作为典型事例来说明，在为经济发展准备高素质的生产性个体时，政府能够和应当做些什么。墨西哥在扩大教育基础和深化专业人才的培训上也做得不错。通常大多数穷国对健康服务配置的资源太少，而波多黎各和墨西哥却是例外。这两个国家的政府在这一领域都发挥了明显积极的作用。

（2）经由大学、研究机构、农业试验站、推广服务机构以及其他方式，为了提高技术水平——科学活动、技术研究、新的生产技术开发与传播——而花费的努力和资本，如果以经济增长来衡量，其回报率无疑非常高。想必穷国可以引进来自富国的更高水平生产技术。然而，这种可能性会比人们通常所认为的要受到更大的限制。富国所发展起来的技术更为适合劳动比资本昂贵的经济体。基础科学和技术知识可以引进，但这些知识和可在穷国应用的生产技术之间差距通常非常大。

洛克菲勒基金会与墨西哥政府之间有关玉米研究的优秀合作表明，使用美国的杂交玉米和玉米育种科学知识，为墨西哥开发有用的玉米品种，并不是一件容易的事。工作良好的试验站就很难找到。即使在美国，仍然有很多州无法提供让人满意的条件来进行这些农业研究。组织各种推广服务，把有用的知识传授给农民，是最近才出现的创新活动，并且尚未得到充分认可。

政府在这一领域的作用最为复杂。国内外企业作为新技术有效传播者的功能也非常容易为政府所低估。看起来从美国到拉丁美洲的更有用技术的传播是通过商业企业进行的，而不是经由其他单一渠道，尽管基金会、大学、第四点计划（Point Four），以及美国所支持的农业、教育和医疗方面的宗教活动对技术转移也起到了非常重要的作用。然而，政府能够、实际上也必须发挥重要作用，不仅要为企业开展技术传播创造条件，而且要为科学活动、技术研究、试验站和推广服务机构建立制度基础。

（3）就把努力和资本配置到增加可再生产品存量方面来说，正如我已经强调过的，许多穷国过于看重工业化，而不注重提高生产性个体的素质和生产技术水平。其他部门，例如农业、矿业、交通运输和通信业、金融业、流通业以及服务业，通常也只在经济发展计划中得到很少的关注。这里允许我再次提请注意波多黎各和墨西哥所取得的成就，可以推断它们在这一复杂领域找到努力和资本的最优组合以推动经济增长方面，比大多数国家做得更好。

（4）让我也指出一个众所周知并被长期接受的事实，即政府的不稳定性，就像达摩克利斯之剑一样，会对经济增长中投入的一切努力和资本产生严重的负面影响，大多数穷国都具有这样的特征。

从个人角度来看，我们将继续赋予繁荣和进步以极高价值。我们自己想得到这些东西，我们也乐于帮助许多其他国家的人民得到它们。然而，我们对经济增长的理解远远未能令人满意，并且在帮助穷国及其政府实现这一重要目标上也做得相当糟糕。本章的主旨就在于表明，我们在这方面能够而且应当做得更好。

注释和参考文献

[1] 本章的研究仅限于"贫穷"国家，基本上是指那些没有实现经济增长或只有极小经济增长的国家，尽管本章后面部分的大多数内容也可应用于"富裕"国家。

[2] 我提供的经济增长定义更为接近 W·阿瑟·刘易斯教授在《经济增长理论》（*The Theory of Economic Growth*）（George Allen & Unwin，London，1955）第一章使用的概念。

[3] See P. N. Rosenstein-Rodan, "Problems of Industrialization of Eastern and South-Eastern Europe," *Economic Journal*, 53 (June-Sept. 1943), 202.

[4] R. S. Eckaus, "Factor Proportions in Underdeveloped Areas," *American Economic Review*, 45 (Sept. 1955), 539.

[5] 但是即便在这些西方国家，由于经济迅速增长，这些受到抑制或被忽视的领域也不存在足够的闲置资源。

[6] 我在这里所指的研究是芝加哥大学的马托·巴列斯特罗斯所做的。

[7] 巴拉圭是一个特例，它使用一种极其简单的政策来对外贸交易活动"征税"以增加公共收入，这极大地损害了其主要产业——养牛业的产出增长。

[8] Solomon Fabricant, *Economic Progress and Economic Change*, in the 34th Annual Report of the National Bureau of Economic Research (New York, May 1954).

[9] 当然，这种资本新增数量中很大部分仅仅是为了满足人口增长的需要。我们不考虑产出上的这一特别成就和这些资本所作出的贡献，因为我们在此关心的是超出人口增长所余下的产出增加。

[10] 可以找到一些部门数据，例如，有些数据来自克拉伦斯·穆尔在芝加哥大学时为了确定墨西哥和巴西农业产出与投入变动所做的研究。

第 *2* 章　经济学和政治学之间的矛盾 *

　　在应邀写作有关经济发展部分的这篇论文时，有人问我："你的专业努力是否产生了作用？"每当我在国会委员会上作证时，我的答案都是"否"。我在整个拉丁美洲演讲得越多，那里的经济扭曲现象就越严重。在印度，费边主义战胜了我无可挑剔的经济学。尼日利亚的官员和我一致认为，对棕榈果征收高额出口税实际上是竭泽而渔。的确如此。我们都是对的。1929 年，我第一次冒险进入苏联。1960 年，苏联科学院犯了一个错误，请我去做演讲，从那之后农作物歉收就成为自然界的正常现象。1980 年，我在北京大学的演讲和复旦大学的系列讲座真正地产生了效果。中国的农业经济政策迅速走上正轨，其研究生则选择去芝加哥以掌握经济学的核心。

　　政治活动和经济活动很明显都需要人类行为参与其中，还不清楚的是它们之间存在一种劳动分工。我们接受阿林·杨的判断，经济学中最有成就和最有启发性的思想就是"劳动分工依赖于市场规模"这一定理。[1]有关政治市场的新分析思想刚刚起步。这种政治市场的特点是什么？就劳动分工、专业化以及扩大政治活动规模的收益而言，它们是否同经济市场具有可比性？

　　然而到现在为止我们还不知道这两种市场的最佳结合点。问题是，如果用一种市场的活动去替代另一种市场的部分活动，要替代到什么程度，才能让特定国家的人民享受到更好的服务？同时，这里并不缺乏矛盾。

　　经济学与政治学之间的矛盾，就像婚姻中的情况一样，是人类生活

　　* 本章首次发表于 Gerald M. Meier 和 Dudley Seers（eds.），*Pioneers in Development*，该书 1984 年版权为国际复兴开发银行（International Bank for Reconstruction and Development）即世界银行（World Bank）所拥有。重印得到牛津大学出版社许可。感谢 J. J. 麦格雷戈、杰拉尔德·M·迈耶和世界银行三位匿名读者的批评性意见。

的一部分。引入政治市场没有减少这些矛盾，发展经济学同样不能减少它们。发展经济学的支配性影响，过度增加了政府部门所不能有效承担的经济功能。从政策传统上来说，这已经成为政府的一种责任。杰拉尔德·M·迈耶在他的论文《形成阶段》结束时，对这一经济学的新分支进行了精彩的总结："人们可以……把20世纪50年代主流的发展经济学视作结构主义，其特征在于贸易悲观主义，强调对新物质资本进行有计划的投资，利用剩余劳动储备军，接受进口替代产业政策，信奉中央计划的调控，依赖国外援助"[2]。这正是我们批评这种发展经济学为什么会有如此糟糕起点的原因所在。

当谈到农业生产经济学时，一些国家的政府就像根据月相来种植庄稼的农民一样富有经验。饥荒则提供了另外一个视角。在非洲的部分地区，大多数这些饥荒在很大程度上是当地政府国内政策导致的后果。把饥荒当作由干旱造成的，这总是很方便的做法。

无论贫富，全世界大部分人都有着经济上和政治上的期望。经济学家对这些期望所知不多。人们在寻找有用的信息，但他们似乎对经济学家提供的信息评价很低。政治家则很谨慎地对待那些关注长远目标而对自己没有什么价值的学院经济学家。"农产品的未来成本是什么？"当考虑这一问题时，我曾经写道：

> 农业产品未来的成本前景是什么呢？从纯粹的经济机会来看，降低成本的前景是乐观的，但从政治上的所作所为来看，这一前景不容易出现。同时，国际粮食会议形成了许多难有作为的报告，而社会思潮产生了强大的意识形态观念。但是报告和观念并不生产粮食。幸运的是，植物和动物并不读报告，它们也不会歧视任何政府的价值观念。[3]

对于自己的农场，卑微的传统农民也要比只懂经济学的富国专家更有优势。农民对他的土地、当地气候以及其努力工作的期望回报知道得很多，这些都是所谓的专家不知道的。农民也知道，雨、风和太阳并不会关心他和他的家庭是否能够生存下去。害虫和疾病严重危害着他的庄稼。大自然总是很吝啬的。这种默默无闻的农民是农业现代化不可或缺的经济个体。他斤斤计较地盘算自己的边际成本和收益。他对改变自己及其子女命运的关注并不比我们少。

完全自给自足的农民家庭非常稀少。日益加深的专业化长期以来已经成为时代的主旋律。食物供给无法脱离农业经济的生产力，农业也不是唯一的经济实体。然而，传统农业下农民的行为似乎过于简单，而不能被视作经济活动。它看起来就像是没有熟练技术、价值为零的劳动。这些幻觉充斥于我们的思想。

无论是评价经济学还是政治学知识，理论和证据都至关重要。我将从那些人们需要注意的各种误导性观念、错误的概念和缺乏依据的零碎理论开始进行评析，它们困扰着经济学对农业问题的思考。无论什么原因，农业所受的伤害已经超过了糟糕的经济学本应对它造成的影响。在我自己的职业生涯中，好像花了太多精力来批判这种经济学。

眼前就有一个例子。以 1910—1914 年相对价格为基础的美国农产品平价是一个流行的经济学概念。在艾奥瓦州立大学的时候，我竭尽所能地揭露了这一概念内部错误的经济学逻辑。我埋葬了它，但是它不会死亡！农业收入平价概念更为糟糕，但它产生的经济危害要小一些。农业供给管理，使用播种面积配额进行生产控制，嚷着和平的口号向国外倾销粮食的经济学，这些都是糟糕的经济学。我也就人造黄油和黄油的价值进行过争论。这些就是伪经济学的几个例子，这种冒牌经济学是美国一些农业政策曾经并在某种程度上继续依赖的基础。某些高收入国家也不能完全避免这种糟糕经济学的影响。

在 20 世纪 50 年代期间，我关注人力资本，以解决经济增长中无法通过传统生产要素增加来解释的那一部分谜团。然后，我转向低收入国家的农业生产力，主要想弄明白为什么这些国家农业部门的表现同美国相比会差很多。

我转而向发展经济学寻求指引，这是一门用来刻画低收入国家最优经济增长率的经济学新分支学科。我天真地忽略了该学科是由生活在高收入国家的经济学家建立的这一事实，我以为他们的思想没有受到任何关于农业的知识所蒙蔽，我不知道他们的理论建立起来就是为了到国外去使用。由于我对农业的偏爱，他们有关低收入国家经济增长中农业作用的看法让我感到非常震惊。他们理论的主旨如下：农业中的机会在经济增长中最不具有吸引力；对农业的投资是不值得的；首要的和最重要的是工业化。农业可以提供启动工业化所需要的大量资本；它可以为工业提供无限劳动供给；它甚至能够以零机会成本来提供大量劳动，因为农业中有相当多劳动力的边际生产力为零从而是多余的。所需要的政策和管理手段是促使农产品价格下降，以便有利于城市消费者，从而可以推动工业化。发展中国家的农民对正常经济激励不起反应，而是经常采取相反的行为，这意味着农产品的供给曲线是向后弯曲的；并且现代农业投入要素的不可分性要求使用大农场来以最低的成本提供农产品。

我在《改造传统农业》一书中对这种经济理论及其政策含义进行了批评。[4]我认为（第 10 页）发展经济学的这一方法"根源于某种经济思想，这种经济思想是同大萧条时期大规模失业相关联的……'隐性失业'的概念……被推广到工业化程度很低或没有进行工业化的国家，并且在推广的过程中形成了这样一个教条，即这些国家农业中相当大比例劳动力的边际生产力为零"。

在我的分析中，重要的第一步就是明确传统农业的根本特征。下一步是"确定通过投资方式改造这种农业是否有利可图"（第 24 页）。

> 当农民局限于使用传统生产要素时，他们……对经济增长贡献很小甚至没有贡献，因为在要素配置上几乎不存在明显的无效率……还因为用于增加传统要素存量的投资，作为经济增长源泉其代价昂贵。这两个命题，即要素的有效配置和投资的低边际回报率，能够明确地表述为一个可以进行经验检验的假说。还有另外一个假说，即尚存在其他可供选择的生产要素，它们作为经济增长源泉的成本要相对低些。

就传统农业的配置效率而言，我的任务是检验"传统农业中，生产要素配置无效率的情况相当少见"这一假说（第 37 页）。我借助了索尔·塔克斯和 W·戴维·霍珀的实地研究提供的数据，前者是热爱经济学的人类学家，后者在完成实地研究和博士学位论文之后选择了经济学。

> 索尔·塔克斯在《廉价资本主义》（*Penny Capitalism*）一书中所作研究给出的数据表明，在危地马拉帕纳哈切尔（Panajachel），人们十分贫穷然而有效率。该研究以下面的话开始：这是"一个微观层次上是'资本主义'的社会"（第 41～44 页）。

> 对印度塞纳普尔（Senapur）的分析，以 W·戴维·霍珀《中印度北部一个村庄的经济组织》（1957 年康奈尔大学博士学位论文）的研究为基础，结果表明当地人贫穷但有效率（第 44～48 页）。

我并不惊奇，我对农业劳动边际生产力为零这一教条的批评，触及了某些人敏感的神经。我的结论如下：

> 穷国农业中部分劳动边际生产力为零是一个错误的教条。它的根源值得怀疑。它依赖的理论假设不可靠。在分析 1918—1919 年印度流行性感冒导致农业劳动力死亡对农业生产的影响时，进行的一项严格检验表明，这一教条无法获得任何支持（第 70 页）。

当我写作《改造传统农业》一书时，政治市场正严重地损害经济市场。强烈的意识形态差异妨碍着经济学家之间达成共识。但是，回头看来，那些遇到了与我们同样的意识形态冲突的早期经济学家，他们有着不同而同样误导后人的教条。重农主义者认为只有农业才创造经济剩余——他们的第三种租金。几个农本主义者仍然信奉这一教条。我们不要忘记，斯密、李嘉图以及休谟都把农业看作不思进取的部门。

休谟指责农民具有懒惰倾向。他的看法简单明了："懒惰习性天然盛行。很多土地没有耕种。那些被耕种的土地，由于农民缺乏技能和勤勉，也没有达到最大产出。"[5]斯密和李嘉图认为手工业和商业是可以进步的，而农业是那些游手好闲的土地贵族的温床。尽管懒惰的诋毁之言已经失去了往日的作用，一些发展经济学家认为，非洲部分地区的农民会做得更好，只要有巨大压力存在，无论是增加地租还是压低农产品价格。我强烈反对这种看法。[6]

经济体系服从报酬递减的历史法则，在农业领域更是如此，这一信条不仅为罗马俱乐部所持有，而且为一些著名的经济学家普遍接受，阿尔弗雷德·马歇尔并没有从李嘉图农业土地报酬递减的静态看法中完全摆脱出来。[7]

一位经济学家科林·克拉克，在 1941 年得出结论说，世界初级产品价格正急剧上升。他预测说，到 1960 年"初级产品的贸易条件比 1925—1934 年的平均水平将改善 90％"[8]。（把如此迅猛的价格相对提高当作一种"改善"纯粹是一种扭曲解释。）他的预测走错了方向。错在哪里？问题不在于他的人口变量。人口急剧增长程度远远超出他的假设。问题也不在于他的工业化增长率。克拉克简单地假设土地的报酬递减会长期维持下去，这一点被事实证明错了。[9]农业用地越少越好，就像中国香港和新加坡，难道不可能吗？或许马克·吐温会欣赏这样的经济学的。

五十多年前，在我的第一篇学术论文中[10]，我给出证据表明农业中已经出现了长期"报酬递增"，并且我认为，以静态均衡条件为基础的报酬递减概念，无法用来分析经济条件变化时的回报。在那篇论文中，我选择了一个短语"基于进步的观点"，现在我不会使用它了，因为这容易被指责为阶级行为！一个更为安全的术语是"经济状态的变动"。我知道任何经济体系中的经济活动都不可能只遵循惯例、单调重复和达到最大幸福。经济变迁明显是普遍存在的。这些变动充满了风险和不确定性、成功与失败的对立，以及利益冲突。在亚当·斯密看来，"进步状态确实是一种鼓舞人心的健康状态"，而"静态是沉闷无趣的"。

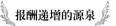

约翰·斯图亚特·穆勒不赞同这种看法。他写道，"我倾向于相信它（静态）整体上是对我们现有状态的极大改进。"我认为值得庆幸的是，在忙碌的进步与平静重复的经济生活之间的选择，不是由科学家、经济学家或世界银行决定的。

大部分这种新发展经济学的一个主要错误在于下述假设，即标准经济理论不能充分解释低收入国家人们的经济行为，因此需要一种不同的经济理论。[11]在此目的上建立的各种模型得到了广泛的赞赏，这种情况持续到它们被认为最多不过是一些智力上的好奇才结束。于是，冈纳·米尔达尔转向文化和社会等领域来解释印度糟糕的经济绩效。这些领域的一些学者对于如此使用其研究成果感到不安。然而，当我使用人类学家的数据时，他们却慷慨地给予了我帮助。现在越来越多的经济学家认识到，正如在高收入国家所做的一样，标准经济理论是可以用来分析低收入国家所面临的稀缺性问题的。

忽视经济史则是另一个错误。古典经济学形成之时，西欧的大部分人还只能从自己的土地获得维持生存的必需品，并且寿命短暂。因此，早期经济学家所面临的问题与今天那些低收入国家存在的主要问题相似。在李嘉图时代，英国家庭劳动收入的大约一半花费在食物上。这恰是现今许多低收入国家的状态。马歇尔告诉我们，当李嘉图1817年出版他的《政治经济学及赋税原理》时，"英国劳动者的周工资经常低于半蒲式耳上等小麦的价格"[12]。现今印度农民的周工资则接近两蒲式耳小麦的价格。[13]懂得一个世纪或更早以前欧洲穷人的经验和成就的相关知识，在很大程度上有助于理解今天低收入国家的问题及各种可能性。对我的研究目的而言，这种理解比有关地表、生态环境或者未来计算机的详尽知识更为重要。

标准经济理论有其局限性。下面我将讨论其中的一部分。然而，这些局限性并非专门针对低收入国家的。

1. 推卸责任的借口

农业绩效受到的损害很容易被归因于糟糕的气候，或者农民的反常行为，或者人的生育能力，从而掩盖了经济政策的失误。季风或者干旱也被当成罪魁祸首。因为是在达科他州长大的，我知道气候影响的好坏本是农民正常预期不可分割的一部分。埃塞俄比亚多年来也是如此。该国目前的饥荒很大程度上是政府经济政策的后果。牛津大学莫德林学院院长基思·格里芬写道：

> 1982 年，我受埃塞俄比亚政府的邀请，带领一个由西方经济学家组成的大型团队，对该国经济政策进行全面调查。在当年 9 月提交的报告中，我们强调农村的恶劣情况，并相当坦率地指出经济的主要弱点在于农业。农业部门的全部生产的年均增长率只有 1.7%（从 1974—1975 年到 1979—1980 年）。也就是说，人均农业产出以平均每年大约 0.8% 的速度递减。如果这一趋势持续下去，将会导致悲惨的后果，它会使得这一容纳该国 85% 人口的部门迅速贫困下去。很明显，这种情况是不能被继续容忍下去的。
>
> 唉，情况还是在持续。我们的警告被忽视了，我们的政策建议遭到拒绝，在考察团的赞助者联合国机构的默许下，我们的报告被该国政府束之高阁。[14]

苏联、波兰以及相当多的其他国家，其农业绩效的低劣，并不是大自然的过错。

按照低收入国家农民真正的经济利益所向，他们并不受传统所制约。目前在这个问题上，有力证据表明一旦有机会改变他们的经济命运，这些农民是能够利用这一机会的。

很流行的借口是指责人口过多。我不想暗示人口增长率过高不会导致一些严重问题，因为肯定要考虑医疗设施和学校等额外成本。但是人口增加不应该用来掩盖经济政策的失误。

农业绩效之所以表现不佳，真正的罪魁祸首在于农民缺乏可以从中得到回报的经济机会。

2. 分析工具

当经济学家开始研究低收入国家人们的经济行为时，并不能随意使用一切有用的经济学工具。现在我们可以使用的工具有：广义资本概念，它包含了人力资本；知识概念，其经济价值可以识别和测度；经济失衡概念，它出现在现代化过程中；人类主体概念，它具有处理失衡现象的能力；对经济激励扭曲的本质和影响的概念。接下来我将简要评析一下这些概念。

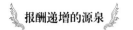

2.1 欧文·费雪的广义资本概念

尽管马歇尔认同费雪主张广义资本的精湛论点，他还是认为费雪"在确保与市场有关的现实性讨论的必要性方面考虑得太少"[15]。然而，费雪的概念并没有促进人力资本研究的深化。这一概念是从试图说明那些无法由传统生产要素解释的国民收入增长中脱颖而出的。

在美国经济学会会长就职演说的开头部分，我这样说：

> 尽管很明显人们可以获得有用的技能和知识，但不太清楚的是，这些技能和知识是资本的一种形式，这种资本很大部分是有意识投资的产物，在西方社会它比传统的（非人力）资本要增长得快一些，其增长也是经济体系最为明显的特征。人们普遍看到的是，国民产值的增长比土地、工时和可再生物质资本的增加要快得多。人力资本的投资可能是解释这种差异的主要因素。[16]

我最初的人力资本概念使我转而研究发生在人身上的投资，即对教育、健康、就业和创业经验等方面的投资。不久我发现资本理论中的资本同质性假设带来了很坏的影响。十余年来，人力资本概念被用于研究美国和低收入国家农民的教育问题，此后，我就有关人力资本的政策问题和研究课题写了一篇综述。[17]

到 1971 年为止，思想和研究的相关进展包括两个基本部分："'资本'部分依赖于这一命题，即特定类型的支出（牺牲）创造体现在人身上的、未来可以提供服务的生产性存量。另一部分依赖于'时间'的分配，这使得经济学可以处理一系列广泛的非市场行为。"这两部分之间的联系非常密切：

> 增长环境下人力资本的发现，揭示了人力资本形成中被放弃的收益的重要性。微观理论对放弃的收益这一概念加以推广，建立了时间配置理论。在微观家庭理论方面的这种推广，为分析非市场行为开拓了一个新的研究领域。

可以使用有力的证据来说明经过严格定义的人力资本。但是，这一定义同样会遇到某些困扰一般资本理论尤其是经济增长模型中资本概念的含糊问题：

> 资本具有两面性。这种两面性所阐述的经济增长过程——这一过程通常是动态的——通常并不一致。这一结果是必然的，因为成本故事讲述的是沉没投资的寓言，另一个故事则同这些投资引起的

期望服务流现值有关，它会随着经济增长而变化。但更糟糕的还是作为增长模型中资本加总基石的资本同质性假设……这一假设对分析经济增长动态学并不合适。由于非均衡状态下资本回报率存在差异，经济增长动态学的基础表现为有差异的资本，无论资本加总方式是依据要素成本，还是依据资本在不同生命时段所提供服务的现值。现有增长模型没有一个能够证明这些有差异的资本是同质的。但是我们为什么要作茧自缚呢？即使我们观察不到这些异质性，我们也得发明它们——因为它们是经济增长的主要源泉。它们之所以是经济增长的主要源泉，原因在于它们是经济增长的驱动力。这样一来，经济增长的本质要素就被这些加总所掩盖了。

很少有人会怀疑，提高人们能力的投资对于经济增长以及从消费中获得的满足程度的确很重要。[18] 现在我们知道，忽视人力资本使得对经济增长的分析产生了偏差。土地过于受到重视。现代化进程中农业土地的经济重要性下降不易被察觉。[19] 我们开始发现专业化与人力资本增长密切相关。我将回头再来分析专业化与人力资本之间的相互作用。国际资金提供者，包括国际捐赠机构的一些严重投资政策失误，主要是低估人力资本价值所产生的后果。

2.2　马歇尔的格言："知识是生产最强大的发动机"

目前我们对农业研究的成本与收益所知甚多。无论是理论研究还是投资政策分析，过去几十年来这方面所取得的成就都令人印象深刻。农业研究对经济增长的贡献也得以识别和度量出来。有组织的研究活动被看作经济中的一个子部门，它专门从事知识的生产。

因循兹维·格里利谢斯在芝加哥大学博士论文《研究成本与社会收益：杂交玉米及其相关创新》中的经典研究，对农业研究的经济价值的分析开始逐步兴盛起来。该研究为这一领域的一系列博士论文奠定了基础，其他学者也就此作了大量分析工作。[20] 在发现和形成农业研究的国际视野方面，我们应当大力感谢许多杰出的农业研究企业家：乔治·哈拉和 F. F. 希尔；三位具有冒险精神的科学家——理查德·布拉德菲尔德、保罗·C·曼格尔斯多夫和埃尔文·C·斯泰克曼；还有弗兰克·帕克、拉尔夫·卡明斯、诺曼·博洛格、戴维·贝尔和尼尔·布雷迪，以及可以列在这一名单上的其他人。[21]

国际农业研究中心无疑获得了成功。目前有由 35 位捐赠人资助的 13 个中心，其年度总预算超过了 1.9 亿美元。[22] 这种国际范围的研究在很大程度上应归功于洛克菲勒基金会和乔治·哈拉、当时任福特基金会副会长的 F. F. 希尔，以及其他重要的研究型企业家。

尽管这些研究中心很成功，我发现它们还是存在四个方面的缺陷：(1) 它们无法替代低收入国家的现有国家试验站和实验室；(2) 它们与高收入国家重要的研究型大学和试验站之间过于缺乏联系；(3) 负责分配经费的中心管理处，在下述意义上有些管得太多了，即研发人员花了过多时间来撰写课题申请书，以"证明"其研究的合理性；(4) 有几个中心，例如尼日利亚就有一个，只关注当地食品生产而忽视了重要的出口商品。更一般来说，把研究局限于食品生产，尤其是撒哈拉以南非洲地区的食品生产，是同经济比较优势原理不一致的：实际收入的大幅度提高来自以木本作物和纤维作物为主的出口增长。最近的一份《世界发展报告》就明确和令人信服地支持了这一观点。[23]由于生产和贸易中比较优势具有经济上的重要性，那些只促进部分非洲地区粮食作物生产的农业研究就不是最优的。

以 1980 年不变美元价格计算的全世界范围内每年的农业研究支出，从 1959 年的大约 20 亿美元，增加到 1980 年的 70 亿美元以上。[24]从现在开始到未来的 10～15 年，全球粮食供给很明显会高于没有这些农业研发支出的情形。农业粮食生产的实际成本将会继续下降。农业在经济中的比重也会继续下降。

政府扭曲了农业激励的国家无法从农业研究的贡献中获得全部好处。在那些激励没有受到扭曲的开放市场经济中，以高产量新品种和其他发现为源泉的农业生产增长率是最高的。中央计划经济，尤其是苏联，很明显就存在这样的扭曲。埃及、中部非洲的许多地方、部分中美洲，以及其他地区，也有明显的扭曲现象。[25]

2.3 没有经济失衡的经济增长是不可能的

对现有研究目的而言，这一命题有两个含义。第一个含义是，即便在最为有利的情形下，当生产和分配的变化引起实际收入提高时，经济失衡不可避免地会出现。它们无法通过法律、公共政策来加以逃避，口头上的花言巧语更不可能回避。第二个含义涉及对人类个体的激励和采取的可以恢复均衡的行动。

假如农业能够实现长期均衡，农民的经济行为将像传统农业中的所作所为。农耕活动基本上就是例行公事。这里不存在新技术，耕种的土地、使用的装备和劳动不会发生变化，各种农业资源的生产力会保持不变，需求也会不变，进而使得相对价格不变。在这些条件下，长期成本、风险和收益几乎肯定能够确知。因此，这种情形事实上不需要企业家活动；常规管理就足够了。

然而农业并没有处于这样一种均衡状态。相反，农业被改造成一种生产效率日益提高的活动，这一过程通常被称为"现代化"，其间，当出现新的更好的机会时，农民的行为会产生改变。这种处理失衡的能力在经济现代化过程中具有很高的价值。[26]

很多模型都假设了一个平稳而极度快乐的经济现代化；然而，真正的现代化过程充满了各种各样无法进行保险的风险、一些导致无法预料的收益与损失的真正不确定性，以及经济条件改变引起的政治冲突。尽管以市场为导向的经济相对于中央计划经济具有比较优势，然而这些经济会遭遇到通货膨胀与通货紧缩、繁荣与萧条，以及各种各样的不规范经济行为。

均衡理论隐含的结果和传统农业中农民的经济行为似乎是一致的。但是当经济条件发生变化时，这一理论的含义同包括农民在内的经济主体行为就没有多少共同点了。以理论研究为基础的均衡理论能够扩展到适用于经济条件变化的情形吗？一个途径是在失衡与企业家行为之间建立联系。这种方法可以使用能够让人信服的证据加以支持，经济学家经常提到这一点，即当开放市场经济的任何一部分发生失衡时，就会产生经济主体采取行动恢复经济均衡的激励。用莱尔·欧文的话来说，就像地球的重力对那些来自外太空而离地球足够近的岩石和金属碎块具有吸引作用一样，当存在重新配置资源的激励时，经济均衡会具有吸引失衡的倾向。[27]

这些激励的本质及其对经济主体行为的经济意义，在经济理论中还没有得到说明。

2.4　没有企业家的经济学

那种忽视企业家在现代化中所起作用的经济理论，就如同在演出《哈姆雷特》时没有"丹麦王子"一样。[28]

在处理同成本、收益和风险有关的问题时，全世界的农民都是精打细算的经济人。在他们自己那个小型配置领域内，他们就是进行微调工作的企业家，其微调是如此精准，以至高收入国家的经济学家看不出他们是多么的有效率。尽管对涉及自己农场企业的新事件在感知、理解和反应上，农民因其学历、健康和经验而有所不同，但他们都具有一种基本的人力资源，即企业家才能。在大多数农场企业中，还存在第二类企业，即家庭。这里，家庭主妇从事着经济活动，就配置自己的时间并在家庭生产中使用农产品和所采购的商品而言，她们也是企业家。企业家才能被数以百万计的男性和女性在小型生产单位中提供，它使得农业成为高度分散化的经济部门。在政府取代并承担了这些企业家作用的场合，农业现代化的效率反而很低。在那些政府没有推行农业国有化的地方，农民和农村家庭主妇的企业家才能具有重要的作用，他们所能得到的经济机会能产生很大的影响。

无论考察处于现代化过程中经济的哪一部分，我们都可以看到，许许多多的人有意识地重新分配自己的资源，以应对经济条件的变动。

> 重新配置资源的能力并不仅限于从事商业活动的企业家才具有。无论是出售劳动还是自我雇用的人，都会随着工作价值的变动而重新配置其服务。家庭主妇也会投入时间来组合家庭生产中采购的产品和服务。同样地，当期望收益以及从教育中所获个人预期满足程度的价值发生变化时，学生会在购买的教育服务上重新配置自己的时间。消费机会也在变动。由于纯粹的消费活动需要耗费时间，很多人会随消费机会的变化而重新配置自己的时间。[29]

很明显，就农业而言，

> 低收入国家数以百万计的农民都有能力在土地、劳动及机会的利用方面作出改变……应对失衡状态的必要性会起到良好的引导作用。尽管低收入国家的农民很少甚至没有受过教育，他们近来的行为表明他们具有相当高的学习能力；他们颇有智慧，在采用新的高产粮食品种上取得了成功。再考虑到低收入国家需要的农业研究的贡献，以及投入到这些国家农业发展中的大量追加资本，明显可以看出，新一代农民在把这些研究成果和追加资本转变成粮食生产增长方面具有很强的能力。[30]

同时，现有理论无视企业家作用的经济价值，使用标准生产函数理论的实证研究也没有估计过企业家对生产所作贡献的价值。

2.5　经济激励的扭曲

各个国家都有自己的政府；与经济领域有关的政府行为实际上是对"政治市场"的回应。许多高收入经济体的政治市场对农产品估价过高，而大多数低收入经济体与之相反。

正如我在本章开始所提到的，新发展经济学主张的经济政策严重扭曲了低收入国家的农业激励。当时我就对它们表示反对，并将继续这么做。政府和一些经济学家似乎并没有理解生产者激励对实现最优生产力增长所起的重要配置作用。由于激励失误，农业的真正经济潜能没有被挖掘出来。这种没有实现的经济潜能可以用来衡量全球农业中普遍存在的经济失衡程度。[31]

政府也有做得对的时候。恰巧在 20 世纪 60 年代中期就有一个显著的例子。戴维·霍珀讲到了这一案例。[32] 尽管新德里 1966 年初就有人呼吁政府禁止进口高产量种子，农业部长还是决定进口新型墨西哥矮秆小麦种子。大约 18 000 吨这种小麦种子在春末时从墨西哥运送过来。新种子适宜在旁遮普的农田及邻近地区种植。印度小麦价格要比进口小麦价格略低一些。即便如此，新种子产量的增加提高了小麦种植的盈利性。旁遮普的农民企业家迅速采用了新品种，原因是这样做更为有利。印度的小麦产量从 1966 年的 1 100 万吨提高到 1984 年的 4 600 万吨。土地所有者获利了；农业劳动者的实际工资率上升了。我们称之为一场绿色革命。但是在成就展现之前，印度国内外出现了许多批评，它们只是预测这种经济"进步"的负面社会效应，而不是寻找方法把旁遮普的成功推广到其他地方的农业中去。方法倒是有了，但目前因为缺乏激励而受到抑制。许多国家都处于这种激励状态，即现代化过程中农民进行那些可以提高农业生产力的投资无利可图。

3. 提高投入品的质量

提高投入品质量的过程提出了下述三个问题：（1）质量的特性是什么？（2）这些特性的成本是什么？（3）当从质量中得到的收益超过了成本时，什么因素决定了达到新均衡的过程和所需要的时间？质量的特性可以识别并加以度量；这些特性的成本也能够确定，均衡过程亦然。[33]

我们要大力感谢格里利谢斯对投入品的开拓性研究，这一贡献始于他在博士论文中有关杂交玉米的研究。在他的论文中，下面三篇对于展示他的方法和结果应当排在第一位，即：《测度农业投入：一个批评性综述》、《对生产率增长源泉的测度：1940—1960 年的美国农业》以及《研究支出、教育和总量农业生产函数》。[34] 与目前大多数其他经济部门给予的相关信息相比，格里利谢斯及其追随者的研究，告诉了我们更多有关农业投入品的经济学知识。

有关农业产出和投入的官方统计数据的改进表明，学术研究并非徒劳无功。[35]然而，这些统计数据没有充分考虑到物质资本的异质性；它们排除了人力资本投资以及农民后天获得能力所提供服务的经济价值。农业研究所作贡献的成本和收益都被忽略了。在正常条件下，理想的统计数据将表明，实现的产出价值等于投入品的服务价值加上利润或减去损失。而美国的统计数据显示，20 世纪 70 年代产出增长超过投入增长1～3.5 倍。当然，在那样一个对生产率下降有太多困扰的时刻，我们可以很舒心地接受这种生产率数据。

个人作为经济主体所需要的素质，可以通过其健康、教育和培训的工作效应与配置效应呈现出来。[36]这些素质的源泉来自人力资本的投资。该投资的回报则不会很快就产生，投资的价值会贯穿一个人从青少年到成年整个生命阶段。

涉及个体素质提高的经济学，其核心要点包括：（1）农民购买的投入品（这是素质的一个重要来源，因为随着时间的推移，所购买投入品的增加会对农业现代化有着显著的影响）。（2）非农部门，它是高质量投入品的主要源泉；购买它们的激励取决于这些投入品的盈利能力。（3）当期成本，以及研究的私人成本和公共成本。（4）通过人力资本投资而提高的农民的素质。

4. 推动经济增长的专业化和人力资本途径

的确，我们经济体系最明显的特征是人力资本的增长。没有它，人们得到的只能是艰辛的体力劳动和贫穷，除非能从财产中获得收入。在威廉·福克纳《闯入坟墓的人》一书中，描写了一个发生在清晨的场景——一个贫穷孤独的农夫在田间劳作。没有技能和知识的人会陷入极端糟糕的无所依靠的境地。[37]

在经济现代化过程中，劳动分工、专业化和人力资本的报酬递增紧密交织在一起。我们亲爱的自给自足的鲁滨逊·克鲁索，或者在封闭经济中生存的一个自给自足的家庭，或者在很少有或几乎没有国际贸易的加勒比小岛上生活的一小群人，这种微观经济实体，只具有最低程度的劳动分工、传统的专业化形式和低回报的人力资本。

国家之间在自然禀赋、生产性物质资本以及包括知识在内的人力资本上有着极大的不同。东亚有少数资源不那么富足的国家或地区，在经济绩效上明显比大多数国家和地区要好。看看中国香港、韩国、新加坡和中国台湾：它们没有石油，没有铁矿石；其中两个还是没有农业的城邦。韩国和中国台湾的人均耕地面积远远少于中国大陆。哈里·T·大岛将中国香港、韩国、新加坡和中国台湾（也将日本包括在内）生产率的迅速提高、就业和教育的显著上升，以及生育率的急剧下降，同印度尼西亚、马来西亚、菲律宾和泰国的较差发展绩效进行了比较。[38]

我对所选择的三组实体经济绩效的评价如下：（1）位于增长率前列的是四个有冲劲的、成功的东亚经济体；（2）接下来是印度尼西亚、马来西亚、菲律宾和泰国四个经济体（马来西亚接近并有资格进入我第一组的"四小龙"集团）；（3）在大部分热带非洲和一部分加勒比与拉丁美洲地区，存在着一些经济绩效很差的经济体。

为什么经济绩效会有如此大的差异？是拥有或没有煤、石油、铁矿石及其他矿产造成的后果吗？是耕地面积和生产力不同的结果吗？我对相关证据的解释表明，答案是"否"。当市场伴随交易而不断扩展时，专业化行为会受到刺激，这种专业化是以劳动分工提高生产力为基础的，并且，经济现代化也会带来人力资本的报酬递增。

正如表 V.2.1 显示的那样，新加坡和牙买加的经验藏有专业化与发展之间如何关联的秘密。这一秘密的核心是劳动分工，劳动分工则依赖于市场规模。新加坡的市场很大，而牙买加的市场很小。阿林·杨的经典论文《报酬递增与经济进步》揭开了这一秘密。报酬递增来源于更为发达的劳动分工，后者可以引起产出增长而同时生产成本不必呈现相应比例的增加。用杨的话来说，"经济变迁具有了进步性并在一个动态的均衡中自我扩展"[39]。

表 V.2.1　　　　两个小国的经验：新加坡和牙买加

比较内容	新加坡	牙买加	单位
共同点			
1982 年中期的人口	2.5	2.2	百万人
1982 年女性的预期寿命	75	75	岁
1982 年的外债	1.4	1.5	十亿美元
不同点			
面积	224	4 232	平方英里
人口密度	11 160	520	每平方英里
1970—1982 年的经济（GDP）			
增长率	8.5	−1.1	％
1982 年的出口	20 800	730	百万美元
1982 年的进口	28 200	1 370	百万美元
人均 GNP	5 910	1 330	以 1982 年美元计价

资料来源：World Bank, *World Development Report 1984* (Oxford University Press, New York，1984).

有关这一问题的研究的显著进展来自舍温·罗森的《专业化和人力资本》一文。[40]他的看法如下：

> 专业化、贸易和投资于具有比较优势的生产，其激励来源于使用人力资本产生的报酬递增。不可分性意味着投资的固定成本部分与对投资的后续利用相互独立。因此回报率随着资本利用而递增，并能够通过尽可能密集地使用专业化技能而获得最大化。因此，即便生产技术规模报酬不变，禀赋相同的个体也有把技能上的投资专业化并相互交易的激励……现代经济的极高生产力和复杂性在很大程度上都可以归因于专业化。

长期而言，经济现代化和经济发展的核心内容就是人力资本，也就是说，体现为人身上所具有的能力和知识，而不是体现为土地、其他自然资源或物质资本的其他形式所具有的性质。数十年来，经济中首要的和最重要的就是对人口素质的投资。

5. 自我评价

有必要作一个自我评价；我沉迷于对自己进行更好的判断。在20世纪三四十年代，我过于看重削减国际贸易壁垒对美国农业经济复苏的作用。然而当我研究世界农业问题时，我1964年的《改造传统农业》一书却对贸易的经济作用缺乏关注。我1971年的著作《对人力资本的投资：教育和研究的作用》也忽视了贸易。当涉及要去除国家内部诸多价格扭曲现象时，消除贸易壁垒就是实现经济效率和获得福利收益的一个重要手段了。

我花了数十年时间才明白，虽然我的分析很有道理，为准备和陈述国会证词所耗费的大量时间，对国会的行为却没有显而易见的影响。我也慢慢地知道，为国际经济委员会服务、为政府或国际代理机构工作，只不过降低了我的时间价值。如今我坚信，我的比较优势在于从长远角度思考问题。

当有人为了说明一个观点以支持或反对我，而引用我已经发表的著述时，我就从中得到了职业快乐。我希望有人尤其是相关专家能阅读我的著作。比之版税，我更为看重对我著作的翻译。我最快乐的事就是我的《对人进行投资》一书已经被翻译成九种语言。

6. 结论

（1）国际机构、捐助团体、低收入国家的政府以及私人对人力资本是否有足够的投资？从长远视角来看，答案是否定的！

（2）在知识生产部门是否有足够的投资？农业研究领域的情况相当好。展望未来，知识投资的长期回报率可能会持续高于其他投资的正常回报。

（3）政府和国际机构是否对农业土地的经济贡献估计过高了？答案是肯定的，部分原因在于盛行的李嘉图租金观念，没有看到农业土地的大部分生产力因人为所致，并且农业土地的替代物是农业研究所开发出来的。农业土地的经济重要性很明显正在降低。

（4）经济组织产生了最优经济激励吗？就农业而言，中央计划经济国家处于最为糟糕的状态。许多高收入经济体政府所形成的激励对农产品过于重视，而大多数低收入国家，尽管存在粮食短缺，情况正好相反。

（5）对于作为现代化结果而出现的经济失衡，企业家应对这种失衡能力的经济价值是否得到充分认识？答案是否定的。遗憾的是，标准经济理论倾向于忽略企业家的存在。经济政策的应用也忘记了这种经济主体——它可以解释经济学中产生的许多错误。

（6）从专业化和人力资本中获得的经济利益紧密交织在一起。

我怎能知道我的专业研究是否产生了任何作用呢？无论如何，我所知道的是，对于经济发展还有很多我所不知道的东西。

注释和参考文献

［1］ Allyn Young, "Increasing Returns and Economic Progress," *Economic Journal*, 38 (Dec. 1928), 527 - 542.

［2］ Gerald M. Meier and Dudley Seers (eds), *Pioneers in Development* (Oxford University Press, 1984), p. 22.

［3］ See above, Part IV, No. 2.

［4］ Theodore W. Schultz, *Transforming Traditional Agriculture* (Yale University Press, New Haven, Conn., 1964).

［5］ David Hume, *Writing on Economics*, ed. Eugene Rotwein (University of Wisconsin Press, Madison, 1955), p. 10. 感谢内森·罗森伯格提到这一点。

［6］ 很多经验证据表明，当非洲可可、棉花、咖啡、花生或者棕榈果的出口价

格变得有利可图时，农民的供给反应是富有弹性的。这样，对非洲农民的诽谤是没有道理的，为了达到目的而仍然用殖民地眼光来看待他们则更是犯了严重错误。

[7] Alfred Marshall, *Principles of Economics* (Macmillan, London, 1930); see the preface, p. xv, which is from the 8th edition and dated October 1920.

[8] Colin Clark, *The Economics of 1960* (Macmillan, London, 1943), p. 52. "导言"的写作时间是 1941 年 5 月 15 日。

[9] 参见 Theodore W. Schultz, "Connections between Natural Resources and Economic Growth" 一文的讨论，重印于本书第二部分第 2 章"自然资源与收入增长之间的联系"。

[10] Theodore W. Schultz, "Diminishing Returns in View of Progress in Agriculture," *Journal of Farm Economics*, 14, No. 4 (Oct. 1932), 640 - 649.

[11] 本段和下面两段选自我的诺贝尔经济学奖获奖演说，重印见于 Theodore W. Schultz, *The Economics of Being Poor* (Blackwell, 1993), Part I, No. 1。

[12] Marshall, *Principles of Economics*, p. xv.

[13] Theodore W. Schultz, "On the Economics of the Increases in the Value of Human Time over Time," in R. C. O. Matthews (ed.), *Economic Growth and Resources*, vol. 2 (Macmillan Press Ltd., London, 1980), reproduced in *The Economics of Being Poor*, Part III, No. 7, as "A Long View of Increases in the Value of Human Time."

[14] Letter to the Editor, *The Times* (London, Nov. 10, 1984). J. J. 麦格雷戈提醒我注意到这封信。

[15] Marshall, *Principles of Economics*, app. E, "Definitions of Capital," pp. 785 - 790.

[16] Theodore W. Schultz, "Investment in Human Capital," *American Economic Review*, 51, No. 1 (Mar. 1961), 1 - 17, reproduced in *The Economics of Being Poor*, Part II, No. 1.

[17] Theodore W. Schultz, "Human Capital: Policy Issues and Research Opportunities," in *Human Resources*, 50th Anniversary Colloquium VI (National Bureau of Economic Research, New York, 1972), pp. 1 - 84. 下面的引文来自本研究的第 2~3 页。

[18] 参见 Theodore W. Schultz, *Investing in People: The Economics of Population Quality* (University of California Press, Berkeley, Ca., 1981). 世界银行资助的各种研究对这些关系进行了高水平的讨论。其中一本知名著作就是 Dean T. Jamison and Lawrence J. Lau, *Farmer Education and Farm Efficiency* (Johns Hopkins University Press, Baltimore, Md, 1982); 以及 George Psacharopoulos, "Returns to Education: An Updated International Comparison," in Timothy King (ed.), *Education and Income*, World Bank Staff Working Paper No. 402 (Washington DC, 1980), 73 - 109。

［19］参见本书第二部分第 1 章"农业土地的经济重要性正在下降"。

［20］与此相关的研究参见 Theodore W. Schultz, *Investment in Human Capital: The Role of Education and of Research* (Free Press, New York, 1972), chapter 12。

［21］参见 Elvin Charles Stakman, Richard Bradfield, and Paul C. Mangelsdorf, *Campaigns against Hunger* (Harvard University Press, Cambridge, Mass., 1967) 一书的索引。

［22］对这些中心的详细分析参见 Vernon W. Ruttan, *Agricultural Research Policy* (University of Minnesota Press, Minneapolis, Minn., 1982), chapter 5。

［23］World Bank, *World Development Report 1982* (Oxford University Press, New York, 1982), 40 - 77.

［24］J. K. Boyce and R. E. Evenson, *National and International Agricultural Research and Extension Programs* (Agricultural Development Council, New York, 1975); and M. Ann Judd, J. K. Boyce, and R. E. Evenson, "Investing in Agricultural Supply," Yale University Economic Growth Center Discussion Paper No. 442 (New Haven, Conn., 1983).

［25］从研究发现中得到的收益不平衡很大部分是价格与贸易扭曲的结果；对这一问题的研究参见 Theodore W. Schultz, "Uneven Prospects for Gains from Agricultural Research Related to Economic Policy", in T. M. Arndt, D. G. Dalrymple and V. M. Ruttan (eds.), *Resource Allocation and Productivity in National and International Agricultural Research* (University of Minnesota Press, Minneapolis, Minn., 1977), 578 - 589; 也可参见 Theodore W. Schultz, "The Economics of Research and Agricultural Productivity," (IADS Occasional Paper, New York, 1979)。

［26］参见本书第一部分第 3 章"应对失衡能力的价值"。

［27］Lyle Owen, "The Mincy Meteorite," *The Ozarks Mountaineer*, 31 (Dec. 1983), 40 - 43.

［28］引自威廉·鲍莫尔，"理论中的企业是缺少企业家的……在讨论《哈姆雷特》时排除掉了丹麦王子"，载于 "Entrepreneurship and Economic Theory," *American Economic Review*, 68 (May 1968), 68 - 71。在通常看到的宏观理论中，企业家是一个未知数。

［29］同上。

［30］Theodore W. Schultz, "Investment in Entrepreneurial Ability," *Scandinavian Journal of Economics* (1980), 437 - 448, reproduced in *The Economics of Being Poor*, Part III, No. 6.

［31］D. Gale Johnson, "Food Production Potentials in Developing Countries: Will They be Realized?," Macalester College Bureau of Economic Research Occasional Paper No. 1 (St. Paul, Minn., 1977); and D. Gale Johnson, "International Prices and Trade in Reducing the Distortions of Incentives," in Theodore W. Schultz （ed.），*Distortions of Agricultural Incentives*（Indiana University Press，Bloomington，Indiana，1978），195 – 215.

［32］David Hopper，"Distortions of Agricultural Development Resulting from Governmental Prohibitions," in Schultz（ed.），*Distortions of Agricultural Incentives*，69 – 78.

［33］See Theodore W. Schultz，"On the Economics of Agricultural Production over Time," *Economic Enquiry*，20（Jan. 1982），10 – 20.

［34］兹维·格里利谢斯的三篇论文分别发表于 *Journal of Farm Economics*，42（Dec. 1960），14；*Journal of Political Economy*，71（Aug. 1963），331 – 446；*American Economic Review*，54（Dec. 1964），961 – 974。

［35］See *Economic Indicators of the Farm Sector：Production and Efficiency Statistics，1979*，US Department of Agriculture Statistical Bulletin No. 65（Feb. 1981），90.

［36］Finis Welch，"Education and Production," *Journal of Political Economy*，78（Jan. —Feb. 1970），35 – 59；and also "The Role of Investment in Human Capital in Agriculture," in Schultz（ed.），*Distortions of Agricultural Incentives*，259 – 281.

［37］Schultz，"Investment in Human Capital"（The Free Press，New York，1971），p. 47.

［38］Harry T. Oshima，"The Industrial and Demographic Transition in East Asia," *Population and Development Review*，9（Dec. 1983），583 – 607.

［39］Young，"Increasing Returns and Economic Progress," 533.

［40］Sherwin Rosen，"Specialization and Human Capital," *Journal of Labor Economics*，1（1983），43 – 49.

译后记

    报酬递增是经济学皇冠上失落的一颗明珠。尽管包括本书作者在内的不少学者一再拾起了它，然而，对于现今的主流经济学来说，它仍然是一个异端。很大的原因，可能是在于"报酬递增同完全竞争不相容"，即使不限于完全竞争假设，报酬递增同主流经济学的均衡理念也是存在冲突的。然而，现实生活中普遍存在大量的报酬递增现象，像分工、技术、制度、网格带来的回报超出收益的现象比比皆是。主流经济学仍然傲慢地生活在报酬不变或报酬递减的世界之中。

    本书作者，西奥多·W·舒尔茨，大名鼎鼎，译者就不赘言了。书名的关键词就是"报酬递增"，探索其源泉与影响、与主流经济理论的冲突或一致。

    全书共分五大部分，19 篇论文。第一部分"搜寻报酬递增"，是全书的方法论基础；第二、三、四部分主要是把报酬递增思维用于分析农业土地及其经济政策问题，当然，有时也超越这一范围，例如对土地以外的自然资源的分析（第二部分第 2 章），以及对家庭经济学的讨论（第四部分第 2 章）；第五部分则讨论了经济学家和政府对现实世界的影响及其相互之间的冲突。

    本书从"搜寻报酬递增"入手。报酬递增的理论源泉可以追溯到亚当·斯密的分工与专业化思想，专用性人力资本则是报酬递增的重要源泉之一。对人力资本的研究就是舒尔茨的主要研究领域之一，他在这一领域也作出了重要贡献。报酬递增同主流经济理论的冲突，在农业领域的研究中表现得最为明显。传统农业经济学认为土地就是报酬递减的，农民是非理性的，传统农业生产缺乏效率。舒尔茨则坚持认为，包括农民在内的一切个体都是理性的，传统农业生产已经处于其长久以来所形成的惯性均衡状态，因而是有效率的。从这一点来看，舒尔茨的"新古典"传统甚至比当时的主流经济学更为彻底。他认为，在传统农业生产要素集合内进行投资，回报率很低。然而，农业研究及对农民进行人力资本专业化投资，改变了传统农业生产要素集合，带来了报酬递增。这也同高收入国家农业土地的重要性日益下降的客观现象是一致的。显然，这些深邃的见解对于像中国这样的发展中国家"改造传统农业"具有很大的启发意义。

除此之外，在我看来，舒尔茨这本英文版本出版于二十余年前、其实际写作年代更早的著作，还提出了一些包括美国在内的很多国家都存在的学术与政治的关系。比如第三部分和第五部分，在不止一处提到了独立的经济学术研究受到政府政策、利益集团或研究经费的左右，行政官员自上而下地指挥着学术研究的方向，学者花大量时间写标书证明其研究的价值所在，结果，学者丧失了基本的判断能力，学术研究水平上不去。然而这些问题直到今天都没有得以妥善解决，未来还可能一直存在下去。在此强调这些，只是希望引起有良心和有资格的学者的注意与思考，希望能够找到学术研究的正确方向及组织学术研究的合理方法。

本书的翻译分工如下：致谢、导论和第一、二、五部分由李海明副教授翻译，第三、四部分由赵波副教授翻译，最后由李海明副教授校订、统稿。本书的翻译也得到了中央高校基本科研项目（SWU1309369；SWU1309383）和重庆市人文社会科学研究基地重点项目（13SKB021）的资助，在此表示感谢。

所有翻译尽量保持在"信、达"的层次，"雅"则难免令读者失望。由于译者学识所限，错误在所难免，恳请读者批评指正。

李海明
2015 年 11 月于重庆北碚

图书在版编目（CIP）数据

报酬递增的源泉/舒尔茨（Schultz，T. W.）著；李海明，赵波译. —北京：中国人民大学出版社，2016.1

（诺贝尔经济学奖获得者丛书）

ISBN 978-7-300-21672-0

Ⅰ.①报… Ⅱ.①舒… ②李… ③赵… Ⅲ.①报酬递增-研究 Ⅳ.①F244

中国版本图书馆 CIP 数据核字（2015）第 163255 号

"十三五"国家重点出版物出版规划项目

诺贝尔经济学奖获得者丛书

报酬递增的源泉

西奥多・W・舒尔茨　著

李海明　赵　波　译

李海明　校

Baochou Dizeng de Yuanquan

出版发行	**中国人民大学出版社**	
社　　址	北京中关村大街 31 号	**邮政编码**　100080
电　　话	010－62511242（总编室）	010－62511770（质管部）
	010－82501766（邮购部）	010－62514148（门市部）
	010－62515195（发行公司）	010－62515275（盗版举报）
网　　址	http://www.crup.com.cn	
经　　销	新华书店	
印　　刷	涿州市星河印刷有限公司	
规　　格	160 mm×235 mm　16 开本	**版　次**　2016 年 1 月第 1 版
印　　张	16.75 插页 2	**印　次**　2019 年 5 月第 2 次印刷
字　　数	263 000	**定　价**　65.00 元

John Wiley 教学支持信息反馈表

www. wiley. com

老师您好，若您需要与 **John Wiley** 教材配套的教辅（免费），烦请填写本表并传真给我们。也可联络 **John Wiley** 北京代表处索取本表的电子文件，填好后 **e-mail** 给我们。

原书信息

原版 ISBN：

英文书名（Title）：

版次（Edition）：

作者（Author）：

配套教辅可能包含下列一项或多项

教师用书 （或指导手册）	习题解答	习题库	PPT 讲义	学生指导手册 （非免费）	其他

教师信息

学校名称：

院/系名称：

课程名称（Course Name）：

年级/程度（Year/Level）：□大专 □本科 Grade：1234 □硕士 □博士 □MBA □EMBA

课程性质（多选项）：□必修课 □选修课 □国外合作办学项目 □指定的双语课程

学年（学期）：□春季 □秋季 □整学年使用 □其他（起止月份_____）

使用的教材版本：□中文版 □英文影印(改编) 版 □进口英文原版(购买价格为____元)

学生：_____个班共_____人

授课教师姓名：

电话：

传真：

E-mail：

联系地址：

邮编：

WILEY-约翰威立商务服务（北京）有限公司

John Wiley & Sons Commercial Service (Beijing) Co Ltd

北京市朝阳区太阳宫中路 12A 号，太阳宫大厦 8 层 805-808 室，邮政编码 100028

Direct＋86 10 8418 7815　Fax＋86 10 8418 7810

Email：iwang@wiley.com